U0945757

《明清实录清远史料辑录》

编 委 会

明清实录清远史料辑录

清远市档案馆　编　　　钟洁华　点校

中国·广州

图书在版编目（CIP）数据

明清实录清远史料辑录/清远市档案馆编；钟洁华点校．—广州：暨南大学出版社，2022.11

ISBN 978-7-5668-3518-5

Ⅰ．①明…　Ⅱ．①清…②钟…　Ⅲ．①清远—地方史—史料—明清时代
Ⅳ．①K296.53

中国版本图书馆 CIP 数据核字（2022）第 183712 号

明清实录清远史料辑录
MINGQING SHILU QINGYUAN SHILIAO JILU
编　者：清远市档案馆
点校者：钟洁华

……………………………………………………………………

出 版 人： 张晋升
责任编辑： 郑晓玲
责任校对： 孙劭贤　陈皓琳
责任印制： 周一丹　郑玉婷

出版发行： 暨南大学出版社（511443）
电　　话： 总编室（8620）37332601
营销部（8620）37332680　37332681　37332682　37332683
传　　真：（8620）37332660（办公室）　37332684（营销部）
网　　址： http://www.jnupress.com
排　　版： 广州尚文数码科技有限公司
印　　刷： 广州一龙印刷有限公司
开　　本： 787mm×1092mm　1/16
印　　张： 14.5
字　　数： 295 千
版　　次： 2022 年 11 月第 1 版
印　　次： 2022 年 11 月第 1 次
定　　价： 88.00 元

凡 例

《明实录》《清实录》作为官修史书，对明清两代重要事件进行实录，保存了大量有关清远地区的史料，许多内容是包括《明史》《清史稿》及地方志在内的文献所缺载的。充分挖掘和利用这部分史料，对研究清远明清历史具有重要意义和价值。

一、资料来源

明代历经16朝，其中13朝有实录，另有清初编成的《崇祯实录》十七卷，以及仿照实录体裁编写的《崇祯长编》（残存六十六卷），本次辑录依据国立北平图书馆藏红格抄本，若红格本缺卷缺页，据别本补。清代历经12朝，其中前11朝有实录，另有《宣统政纪》，本次辑录依据中国第一历史档案馆的大红绫本。

其中，《明实录》中校注所言各种版本对应的简称分别为：广本（广方言馆本）、阁本（天一阁本）、抱本（抱经楼本）、库本（内阁大库旧藏抄本）、嘉本（嘉业堂藏旧抄本）、李本（高阳李氏看云忆弟居抄本）。三本指广本、阁本、抱本。

二、空间范围

本次辑录史料以现今清远市的行政区域为限，以明清两代行政管辖范围为地域空间：明代广州府的清远县、连州及所领阳山、连山二县，韶州府的英德县；清代广州府的清远县，韶州府的英德县，连州直隶州（辖阳山、连山二县），佛冈直隶厅，连山绥瑶直隶厅。

三、时间范围

本次辑录以《明实录》《清实录》的起止为上下时间断限，以编年体例编排，按年、月、日系事。

四、内容范围

本次辑录内容涉及清远地区的政治、经济、军事、文化、自然等方面，包括区划沿革、机构设置、职官任免、赋役赈济、剿办贼匪、地方治安、自然灾异、奖惩荫恤等史料。人物方面，人名加“____”，在外任职的清远籍人员姓名以黑体字区分，该条史料加“＊”标记。

为保存史料原貌，本次辑录原则上整条史料全文录入，但对内容与清远地区无关的文字做了部分删节，以“……”代之；内容同时涉及清远和其他地区，但又无法省略的文字，则据原文一并摘录。

五、文字标点

《明实录》《清实录》原书中的繁体字均改为正体简体字；原书中的错字或据其他版本用字差异而判定为错字的，直接改正；原书中的异体字一般直接改为正体字；对于无法识别或原文缺失的文字，以“□”代之。

实录中对明清两代少数民族的侮辱性称谓，一律予以改正，如“獞”改为“壮”、“猺”改为“瑶”、“狼”改为“俍”、“獠”改为“僚”；另外，因古地图影印自旧志，为保持其版本及地理要素的完整，图中“獞”“猺”等字不作修改。

六、出处注法

每条史料的末尾，标明该条史料具体出处，包括何朝实录、卷数，以备翻检核对。

《明实录》《清实录》卷帙浩繁，在辑录过程中难免脱漏舛误，敬请方家不吝指教，以便修改。

目　录

附　录

后　记

上　编　《明实录》

太祖高皇帝实录

洪武元年四月初一

征南将军廖永忠至广州之东莞县，何真率官属迎见。真，东莞人，尝为淡水场管勾。元末兵乱，岭南盗贼蜂起。真遂退而家居，已而群盗剽掠其乡，乃结豪民、集义兵保障乡里，及乱兵据惠州，真率众复之，以功授惠州路通判。升同知[①]，进宣慰使司都元帅府元帅。时南海寇邵宗愚陷广州，真率众击走之。元立江西分省于广东，以真为参政，又升左丞，遂据有广东诸州郡。至是始降。

赣州卫指挥使陆仲亨等帅师略定英德、清远、胥江、连州、肇庆等郡县，进攻德庆。元守将张鹏程驱众弃城遁，仲亨等遂引兵会广州。

明实录/太祖/卷三十一

洪武二年三月十五日

以封州之封川、开建二县隶德庆府，阳山县隶连州。寻并封州于新州，桂阳州于连州。

明实录/太祖/卷四十

洪武二年三月十九日

改英德州为县，隶韶州府。

明实录/太祖/卷四十

洪武二年四月初十

……罢连州，以所辖阳山、连山二县隶韶州府。

明实录/太祖/卷四十一

---

① 升同知：广本“升”上有“寻”字。

洪武三年九月十九日

并韶州府连山县入阳山县。

明实录/太祖/卷五十六

洪武七年四月初八

命置铁冶所官，凡一十三所，每所置大使一员，秩正八品，副使一员，秩正九品。是时，各所岁炼铁额：江西南昌府进贤铁冶岁一百六十三万斤，临江府新喻冶、袁州府分宜冶岁各八十一万五千斤，湖广兴国冶岁一百十四万八千七百八十五斤，蕲州府黄梅冶岁一百二十八万三千九百九十二斤，山东济南府莱芜冶岁七十二万斤，广东广州府阳山冶岁七十万斤，陕西巩昌冶岁一十七万八千二百一十斤，山西平阳府富国、丰国二冶岁各二十二万一千斤[①]。太原府太通冶岁一十二万斤，潞州润国冶、泽州益国冶岁各十万斤。

明实录/太祖/卷八十八

洪武八年三月二十四日

德庆侯廖永忠卒。永忠，巢县人，楚国武闵公永安弟也。元季，永安起义兵，保巢湖。岁乙未，以兵来归，从上渡江，累官至同知枢密院事。戊戌，领兵出太湖，遇伪吴吕同佥兵战湖中，舟胶浅水，遂陷于吴。上以永忠勇而善谋，命袭兄职。己亥，领兵攻宜兴、池州、枞阳，克之。庚子，伪汉陈友谅寇龙湾，永忠率水寨兵逆战，败之。辛丑，取安庆，攻江州。州城临江，守备甚严，永忠度其城之高下，造桥于船尾，名曰天桥，以船乘风倒行，逼其城，桥接城上，士卒登城，克之。以功升中书省右丞。壬寅，克南昌。癸卯，援安丰，取庐州。从上伐伪汉，与友谅大战于鄱阳之康郎山，敌船围御舟，永忠操所乘战舰直冲其围，殊死战，围乃解。复冲友谅楼船而焚之，已而友谅中流矢毙。甲辰，从上征武昌，还京，升中书平章政事。上以漆牌二，书“功超群将，智迈雄师”八字赐之，悬于门。乙巳，取泰州。丙午，从大将军徐达伐张士诚，拔湖州之德清县，进兵围姑苏，克之。未几，上命御史大夫汤和为征南将军，以永忠为副将军，率师伐闽，由海道进克福州、延平，获元平章陈友定，送京师。明年戊申，上即位，命永忠为征南将军，率师征两广。师至广州，元左丞何真降。破伪参政邵宗愚寨，斩宗愚以

---

① 二十二万一千斤：嘉本“千”下有“四”字。

徇。于是惠州、德庆、肇庆等郡，循、连、新、梅、桂阳等州皆降。进兵广西，次梧州，元达鲁花赤拜住降。进克南宁。两广[①]既平，永忠就抚，安其人民。其地有以魇魅蛊毒杀人者，永忠捕得之，磔于市，害遂息。民怀其惠，有为之立祠者。师还京师，上命皇太子率百官迎劳于龙湾。比入见，上大悦，抚慰甚至。又命皇太子送还其第。三年，从大将军徐达北征，克察罕脑儿等地。是年，论功行赏，赐号开国辅运推诚宣力武臣，阶荣禄大夫，勋柱国，封德庆侯，授以铁券。四年，诏以永忠为征西副将军，率师伐蜀。五月，师至瞿塘关，关守甚固，永忠设奇破之。遂率兵长驱，沿江州县望风款附[②]。舟次铜锣峡，伪夏主明昇降。永忠号令严明，人莫敢犯。师入重庆，有一卒取民七茄，立命斩之。明昇已降，成都尚未下，其守将之家多在重庆，永忠户加抚慰。成都之人闻之，皆感慕其威惠，遂出降。蜀平。五年，率师北征，至和林省哈敦、孛剌等处，追袭元将王保保，不获而还。六年，督舟师出海捕倭。还京师，至是卒，年五十三。上赙遗之甚厚，以其子权袭爵。

明实录/太祖/卷九十八

洪武十二年十一月二十七日

清远县民房文广聚众作乱。

明实录/太祖/卷一百二十七

洪武十三年十一月二十四日

复置……广东广州府连山县……

明实录/太祖/卷一百三十四

洪武十四年四月二十九日

改阳山县为连州，寻复置阳山县隶之。

明实录/太祖/卷一百三十七

① 两广：嘉本作“广西”。

② 望风款附：嘉本“款”作“迎”。

洪武十四年十一月二十九日

广州海寇曹真自称“万户”，苏文卿自称“元帅”，合山贼单志道、李子文、李平天于湛莱、大步、小亨、鹿步、石滩、铁场、清远大罗山等处，据险立寨，攻掠东莞、南海及肇庆、翁源诸县。南雄侯赵庸率步骑舟师一万五千余人，分道击之，进至鹿步，卒与贼遇，山深道阻，官军与战，多陷没者，贼亦伤死甚众。已而，贼构大步车、茭塘诸蛮急趋南雄侯船。南雄侯以精锐与战，贼势稍却。会广东参政阎钝、千户张惠率军民来援，遂并力击败之。贼乃弃资装器械水中，驾虚舟而遁。我军乘快舸追之，擒一千七百余人，获船六百余艘，复遣指挥徐质等帅师攻鹿步、蓼涌、石滩、清远雷乡诸寨，破之，转攻湛莱、小亨、泷水，又破之，擒贼二万余，贼属八千有奇，斩馘五千余，获兵器一万九千、船一千二百、马牛九百。遂招降番禺等县民三千三百余户复业。

明实录/太祖/卷一百四十

洪武十五年闰二月初四

南雄侯赵庸率兵讨阳山、归善等县蛮寇，平之。又克灯心、龙湖、龙归、大牛、成家塘、潭源洞等寨，生擒贼首万户、营长、都公、少公等数十人，斩首千余级，招降二千九十户。事闻，命赏将士有功者绮帛各有差。

明实录/太祖/卷一百四十三

洪武十五年十月二十三日

调广州左卫后所官军守御清远县，潮州卫前所官军守御程乡县。

明实录/太祖/卷一百四十九

洪武十六年九月十九日

广东清远县瑶贼作乱。都指挥使王臻率兵讨之，降贼众一千三百七人，送京师，命给衣粮，发泗州屯田。惟贼首麦至清遁入矮岭大罗山，臻复以兵捕之。

明实录/太祖/卷一百五十六

洪武十七年正月二十三日

广东都指挥使王臻讨清远等县瑶寇，平之。初，瑶寇作乱，臻率兵讨击，招降其党，惟贼首麦至清等遁入矮岭大罗山寨。臻复以兵捕之，至是，擒至清并其众七百一十九人，诛之，瑶寇悉平。

明实录/太祖/卷一百五十九

洪武十七年八月十四日

置广东清远守御千户所。

明实录/太祖/卷一百六十四

洪武二十一年正月二十六日

广东韶州英德等县民周广全等聚众作乱，都指挥同知花茂将兵讨平之。

明实录/太祖/卷一百八十八

洪武二十二年正月十八日

改广东肇庆千户所为肇庆卫，清远千户所为清远卫，惠州千户所为惠州卫。

明实录/太祖/卷一百九十五

洪武二十六年七月二十五日

广东韶州府乐昌县盗起，杀县官，发仓库，劫掠民资。命清远卫指挥雍文率兵讨捕之。

明实录/太祖/卷二百二十九

洪武二十九年五月二十九日

广东连山县盗起，烧劫县治，命广东都司发兵捕之。

明实录/太祖/卷二百四十六

太宗文皇帝实录

洪武三十五年八月十五日

增设……广东阳山县西岸、星子二巡检司……副巡检各一员。

明实录/太宗/卷十一

永乐元年七月十一日

广东布政司言：水坏连州儒学及河源、曲江、英德三县城垣、廨宇、坛庙，乞修理。从之。

明实录/太宗/卷二十一

宣宗章皇帝实录

洪熙元年七月二十一日

升……永平府卢龙县知县叶瑄、福建同安县知县刘性同、广东英德县知县陈汭为监察御史。瑄行在山西道，性同行在贵州道，汭行在四川道。

明实录/宣宗/卷四

宣德三年八月十六日*

以九年考最，升行在山东道监察御史朱仲安为河南按察使，户部员外郎**黎璿**为四川布政司左参议，四川按察司佥事于庭颐为山东按察司副使，陕西道监察御史高翔、广东布政司左参议汪渊俱以疾命冠带闲居。

明实录/宣宗/卷四十六

宣德六年十二月十九日

降工部主事谢孚广东连山县典史。孚初以淫秽得罪，至是，行在吏部言：孚已罚役，例当对品改除。

上曰：田野民无行人，犹绝之，此人尚可依品授官乎？遂降典史。

明实录/宣宗/卷八十五

宣德九年六月十四日*

调四川布政司左参议**黎璿**为山东布政司右参议。

明实录/宣宗/卷一百十一

英宗睿皇帝实录

正统四年闰二月初四

并广州府清远县横石马驿于水驿，以广东左布政使王俊得言“二驿密迩，舟楫为便，骑乘可省”故也。

明实录/英宗/卷五十二

正统五年七月十二日

广东广州府连州阳山县民邓亚贰等奏：臣邻境黄莲、大罗诸山，瑶民二百户有奇，素未驯服，时为民患，请遣官同臣等招之，俾附籍供役，则顽狠向化，良民得安。从之。

明实录/英宗/卷六十九

正统七年五月二十四日

裁省广东布政司军器局大使、副使，南雄府通判、知事、检校，连州、万州、崖州同知，清远、阳春、石城、灵山、定安、海丰六县主簿，从左布政使吴扬等奏，其事简也。

明实录/英宗/卷九十二

正统八年三月二十八日

命广东连山县农桑丝折纳米，从典史莫孟希奏也。

明实录/英宗/卷一百二

正统九年五月初八日

革广东韶州府英德县河泊所。

明实录/英宗/卷一百十六

正统十一年六月十一日

四川石砫宣抚司土官舍人马应文、广东琼州府昌化县土官舍人符应乾、广州府清远县瑶首周保、肇庆府新兴县瑶首何凯明等贡方物，赐以彩币。

明实录/英宗/卷一百四十二

正统十一年七月初六

陕西河州卫番僧剌麻领占遣其徒亦失领占等，湖广永定卫土官舍人覃潮，广东广州府清远县瑶头张成山等贡马驼及方物，赐钞、彩币、表里、袭衣有差。

明实录/英宗/卷一百四十三

正统十二年六月初十

湖广施州卫忠健宣抚司土官副使潭暹，并广东广州清远县瑶首黄庆名、儋州昌化县黎人峒首赵克勇、云南楚雄府南安州土官判官李保等来朝，贡马及方物，赐钞、彩币、表里有差。

明实录/英宗/卷一百五十五

正统十四年二月十八日

命出广东广州连州阳山县见贮仓粮粜银赴京。

明实录/英宗/卷一百七十五

正统十四年四月十七日

广东东莞县民邓恭言七事：一、钦州密迩交阯，居民衣服语音举相似而难别白，乞遣官诣彼变其衣服，俾从中州设立乡学，变其语言，悉从华言，则风移俗美，而异服殊音易于辨矣。一、广东诸司所系重囚，乞免死发充军于钦、廉州要害卫所，以御外侮。一、乞准两广之人于钦州中盐，以广军储。一、乞将边海义仓迁入城内，以绝寇盗觊望之心。一、南雄大庾岭崒嵂险峻，东连福建，西接广西，北距江西，南跨广东，诚为要冲之所。其南雄、南安二千户所，宜广十年之储，以备不虞。一、清远、韶州俱当要路，近年城池常有颓缺，乞为增高加厚，以慎封守。一、韶州、南雄沿江田土，洪武中因其荒弃数多，与减粮额。今官民税户陆续垦种成田，乞遣官丈量，增回原额，以给军饷。上命廷臣议行。

明实录/英宗/卷一百七十七

景泰二年六月二十一日

……杨氏，广东连州民邵守琪妻，俱弱龄守节，勤纺绩以养老抚孤，始终无玷，皆旌其门曰“贞节”。

明实录/英宗/卷二百五　废帝郕戾王附录第二十三

景泰三年七月二十七日

初，南安守御副千户徐昌子政出幼袭职，以其父尝坐事，调广东清远卫，未任而故，诉愿纳草免调。户部尚书金濂援例奏请，许之，收政草一万二千束。兵部尚书于谦以事不由己，奏递政赴广东。寻以其称冤，又逮赴刑部问罪，政屡诉冤。户部屡为奏请，终不听。政竟赴广东，户部乃请给与草价，实不及什之二。其母萧氏复诉因纳草荡尽家业，事既不允，男政复被递解，往返万里，人劳财散，不胜困苦，实为冤枉。奏凡八上，濂耻不能辩，因奏请增给之，而并递萧氏及其家人往广东。时各部政务多事因循，惟濂与谦稍负气，然好自用而不恤人困，公论胥病焉。

明实录/英宗/卷二百十八　废帝郕戾王附录第三十六

景泰三年十一月十三日

升广东广州后卫指挥使徐宁、惠州卫指挥佥事张通、清远卫指挥佥事尹通，俱署都指挥佥事事，分守泷水、德庆等处地方。从总督两广军务、太子太保、左都御史王翱奏请也。

明实录/英宗/卷二百二十三　废帝郕戾王附录第四十一

景泰五年七月初八

广东清远等县瑶头李应清等二百十七名[①]来朝，贡方物，赐钞、绢有差。

明实录/英宗/卷二百四十三　废帝郕戾王附录第六十一

---

① 二百十七名：广本、抱本无“百”字。

景泰七年五月二十五日

广东英德县塔冈、高道、中潭等山瑶头何福海等来朝，各贡方物，赐钞、绢[1]有差。

明实录/英宗/卷二百六十六　废帝郕戾王附录第八十四

景泰七年七月初五

……广东英德县瑶首黎志满等来朝，贡方物，赐钞、彩币、表里有差。

明实录/英宗/卷二百六十八　废帝郕戾王附录第八十六

天顺元年九月初一

……广东广州等府清远等县抚瑶把总袁珎等来朝，贡马及方物，赐彩缎、绢、钞有差。

明实录/英宗/卷二百八十二

天顺二年十月二十七日

巡按湖广监察御史宋有文奏：连山、贺县壮贼约四百余流劫江华县诸乡村，人民逃窜。命湖广、广西镇守总兵等官设法剿捕之。

明实录/英宗/卷二百九十六

天顺二年十二月二十八日

巡按广东监察御史吕益等奏：广西流贼四千余越境攻破连山县，戕杀官军，已而复劫杀阳山县及连山诸村寨[2]。兵部请令两广总兵官武进伯朱瑛、都督同知欧信等调兵剿捕。从之。

明实录/英宗/卷二百九十八

① 赐钞、绢：广本“绢”作“币”。

② 连山诸村寨：广本、抱本“山”作“州”。

天顺三年三月十七日

巡抚两广右佥都御史叶盛等奏：连山及贺县壮贼纠众流劫。湖广江华县乞会调两广、湖广官军克期剿杀。从之。

明实录/英宗/卷三百一

天顺三年七月二十九日

四川行都司建昌卫土官舍人安铭、广东英德县瑶首夏永安等俱来朝，贡马及方物，赐钞、彩币、表里有差。

明实录/英宗/卷三百五

天顺五年十一月初五

敕镇守湖广太监郭闵曰："得左监丞杨敬及总兵官都督颜彪奏：'广东连山一带见有广西壮贼于彼住种，切近湖广江华、锦田诸处，连年出没为患，乞选调官军操习，刻期会合剿灭。'已允所奏。尔即会同总兵、巡抚官督同参将等官各将所在官军、土兵、民壮选集，整饬器械，于衡、永等处操习听用，毋得推托误事。"

明实录/英宗/卷三百三十四

天顺七年九月十六日

升广东布政司照磨所检校李瑛为德庆州试知州，时巡抚佥都御史叶盛等官会举。瑛常从总兵官剿捕瑶寇及修复连山县城池，俱有劳勩，且请夷情，今任满，乞升德庆知州，庶慰舆望，故有是命。

明实录/英宗/卷三百五十七

天顺八年正月十五日

广西流贼夜入广东清远卫，守备指挥王瓒等委城走避。都指挥尹通、按察佥事王鼎为贼所执，指挥马龙被杀，军民死者甚众。贼烧毁城楼，尽劫官库及民财而去。既而通、瓒、鼎俱用银赎回，镇守左监丞阮随以贼攻破城闻，并乞治瓒等失机之罪。章下兵部，请令江西清军御史驰往广东，同巡按御史执问如律。从之。

明实录/英宗/卷三百六十一

宪宗纯皇帝实录

天顺八年正月二十九日

先是，天顺七年十一月，广西流贼夜入广东清远卫城，守城官军弃城遁。贼毁城楼庐舍，纵狱囚杀驿丞钟奎，掠官民男妇及财畜，凡三日，始遁去。时佥事王鼎、都指挥佥事尹通在城中，不能拒御。至是，清远县知县谢智等奏始至，上命兵部勘实，罪之。

明实录/宪宗/卷一

天顺八年六月初六

修筑广东四会、英德二县城。

明实录/宪宗/卷六

成化元年正月二十六日

少保吏部尚书兼华盖殿大学士李贤等言，翰林院编修丘濬见朝廷以两广贼势已极[①]，遣总兵官调军讨之。

濬，广东人，深知彼处贼情，因条陈用兵事宜于臣。谓今两广人心、物力、军马、财用，大非总兵颜彪时比。当是时，贼徒未甚多，军威未甚挫，民财未甚竭，人心未甚离。自其行师无律，而我之军威始不振；自其纵兵虏掠，而民之财力始大屈；自其杀平民以为功，而人心始日离，贼徒始日盛。继其后者，非尽反其所为，决不能成功也。

今日用兵之策，大要有二：曰逐、曰困而已。攻与战则在乎因机制变，不可以遥度也。盖贼之在广东者当逐之，在广西者当困之。何也？广东本无贼，贼之来皆自广西，而后居民之无所依归者，为之驱胁耳。使广西之瑶、壮尽归巢穴，彼必不能独立，此所以必逐之也。广西之贼非不欲一鼓直抵其巢穴，兽狝而草薙之，但山径险狭，虽有百万官军，亦无所用之，此所以必坐困之也。

一、逐之之策。盖广东十府，残破者六，其地方相去或一二百里，或六七百

① 贼势已极：广本、抱本“极”作“急”。

里，或远至千里，或出此则贼往彼[①]，我往彼则贼出此，巧相回避，迄难成功。若从一路逐之，必不可得。须分为四路：一路自广州三江口趋肇庆府，历四会、封川等县，溯流而上至藤江；一路自肇庆府之新兴过阳江，抵高州府界，捣电白、信宜，出茂名、化州，由间道径岑溪等县界；一路自藤县直溯北流江登陆，由郁林、博白、陆川出石城，抵雷州，复自石城往廉州之灵山，下横州江；一路自广州之连州径贺县，出平乐府。四路之兵，俱会于浔州，所至之处，必须穷搜极追，且招且剿，驱之出境，而后已然，此亦约其大略而已，若分兵之或多或少，遇贼之或邀或伏，又在临时处置。

明实录/宪宗/卷十三

成化元年四月二十三日

两广蛮贼流劫广东英德等县，杀虏人民，总兵官都督同知欧信等调兵剿捕之，前后斩获贼级五百四十颗，夺回被虏男妇四百二十九人。

明实录/宪宗/卷十六

成化元年七月初三

广东都指挥桂福、守备连州千户管贤敛所部银二百七十两馈之，福阳未受而驭众益苛急。旗军谭道坚率众逃避州城西山坡，书黄旗为激变字，令其党具状诉之。巡按御史涂棐差人抚治之，而劾奏福等罪，命逮问福如律。

明实录/宪宗/卷十九

成化元年七月二十七日

命故广东都指挥同知尹通子铎袭父原职清远卫指挥使。

明实录/宪宗/卷十九

---

① 或出此则贼往彼：广本、抱本“或”作“我”。

成化元年十一月十三日

升广东连山县知县孔镛试高州府知府，灵山县知县林锦试廉州府知府。先是，二府为流贼攻陷，而廉州府印为贼所毁，知府饶秉鉴等弃城走。巡抚都御史叶盛及广东三司累疏言镛等才力精健，且熟知地方贼情，宜加旌擢。至是，两府陷，贼报适至，吏部遂请以镛为高州知府，锦为廉州知府，别铸印以给之，故有是命。

明实录/宪宗/卷二十三

成化五年十一月初四

巡抚广东右副都御史陈濂等奏：高、廉、雷、肇四府及连州密迩广西，流贼出没，调遣官军动经岁月，且或规避隐匿，行伍无定，劳逸不均，以故将不知兵，兵不识将。臣等议欲分兵为四哨，新兴、泷水、阳江、新会等为左哨，灵山、永安为右哨，石城、信宜并雷州为前哨，德庆抵连州为后哨。每哨以四千人为率，用都指挥、按察司佥事各一员统之，分为八班，常以一班守廉州，一班守高、雷，互相策应，半年以次受代。大抵二班在边而六班休息，或贼势众则调一班或二班协佐，若大江迤南、迤北有警则调六班赴之。如此则劳逸均，将士专，战胜攻克可以为经久之法。事下兵部，请仍行各官复核。从之。

明实录/宪宗/卷七十三

成化五年十一月初五

升高州府知府孔镛为广东按察司副使。镛以进士知连山县，擢知府事。广西蛮贼犯境，辄身先士卒往御之，不避艰险，或躬入贼巢抚谕之，多所感化。至是，广东巡抚都御史等官交章请授宪职，专守高、雷二府，抚治民夷，修浚城池，遇廉、肇邻境有警，率兵应之。下吏部复奏，从其议。

明实录/宪宗/卷七十三

成化七年十一月十七日

设湖广守御宜章县后千户所。宜章界于广东阳山县松栢、蓉家二峒，民瑶杂处。洪武末，有贼出没其间，因分调茶陵卫后所官军之半，设黄沙、栗源二堡以守御之。至是，以宜章武备渐弛，而茶陵地非要害，乃并调其所官军之半于宜章，俾之统辖二堡，建治立名，择本卫威望素著指挥一员，往来提督。从御史江浙等议也。

明实录/宪宗/卷九十八

成化九年四月初十

两广总兵官平乡伯陈政等奏：湖广苗贼流劫广西灌阳县等处，把总都指挥马义等率兵剿败之，斩首共二十颗。广西蛮贼流劫广东阳山县等处，左参将都指挥杨广等率兵屡败之，前后斩获一百十五人[①]。奏至。上以贼虽屡败，余党尚多，命政等速剿除之。

明实录/宪宗/卷一百十五

成化十一年八月初六

命故广东都指挥佥事杨璟子雄袭父原职清远卫指挥使。

明实录/宪宗/卷一百四十四

成化十五年二月十一日

命广东都指挥同知周俊守备连州等处，都指挥佥事杜洪守备高、雷，都指挥佥事杨武守备钦、廉。

明实录/宪宗/卷一百八十七

成化十五年八月十九日

增置广东韶州府英德县主簿一员，从巡抚都御史等官言其户口日繁故也。

明实录/宪宗/卷一百九十三

① 一百十五人：广本、抱本“百”下有“七”字。

成化二十年二月十九日

广东清远县雨雹大如拳。

明实录/宪宗/卷二百四十九

成化二十年二月二十九日

广东清远县大雷电、雨雹。

明实录/宪宗/卷二百四十九

成化二十二年六月二十一日

降江西赣州卫指挥佥事戴贤为广东广海卫正千户，雷升为惠州卫正千户，吉安所正千户李釜为南海卫副千户，副千户甘恺为东莞所百户，会昌所镇抚张辐为清远卫总旗。

明实录/宪宗/卷二百七十九

成化二十二年八月十二日

监察御史吕璋等言：致仕吏部尚书尹旻在任之时，假窃名器，滥开幸门，是以无耻小人争先奔竞。若刑部右侍郎倡钟以菲才骤升卿佐，迩者丁忧还乡，于沿途擅起人夫，僭用军器，民隐不恤，孝心何在？户部右侍郎秦纮，先以御史谪调外任，以何才能复迁今官？大理寺丞刘瓛、顺天府丞黄杰俱以亲旧夤缘迁擢。御史刘璧、于璧、高辅皆素乏清誉而得滥升，璧又升湖广按察司副使，辅太平府知府。礼部员外郎杨棨恃其妹婿尹龙声势，靡所不为。顷者棨丁父都御史浩忧，居家指以丧葬，科害乡人，怨声满路。翰林院编修王敕与龙往来甚稔，出妻行酒，丑声外闻。刑部员外郎袁弼、监察御史张鼐、给事中马龙、大理寺寺副苏泰又皆私相比附，交通贿赂。凡此辈于旻父子慕热手之炎威，望风川骛；仰薰天之势焰，借影星奔。乞播间之祭，宁顾妻子之羞；务穴隙之窥，甘为国人之贱。猿攀蚁附，相依桃李之门；声应气求，同入鲍鱼之肆。大坏士风，殊伤清化。况此辈但知为旻父子之恩，岂知为皇上之宠。背德异心，安可望其感德以效劳，尽心以图报？乞下钟等于狱，明正其罪，以抑奔竞之风。吏科给事中王质等亦以为言。上曰：

钟等奔竞私门，营求升职，大坏士风。钟、杰已逮问，纮等俱降一级，在京者调外任。时杰已以他罪降，于是降纮为广西布政司右参政，刘璧云南鹤庆军民府同知，辅福建都转运盐使司同知，调瓛广东连州知州，棨福建漳州府通判[①]，弼陕西宁州知州[②]，于璧山西辽州判官，肅湖广郴州判官，泰陕西秦州判官，敉湖广夷陵州判官，马龙陕西岐山县县丞。纮初拟云南，刘璧河东陕西都转运盐使司同知，诏特改之。时尹旻既去，凡山东人之仕于朝者，贤否虽殊，与夫素所厚者，皆为仇党所侧目，是举殆一网尽之矣。

明实录/宪宗/卷二百八十一

① 通判：抱本作“同知”。

② 知州：广本、抱本作“同知”。

孝宗敬皇帝实录

弘治二年九月初三

工部右侍郎孔镛卒。镛，字韶文，直隶长洲县人，本出曲阜，为孔子六十九代孙。登景泰五年进士，授江西都昌知县，改广东连山。用巡抚都御史叶盛荐，升高州知府。再迁广东按察司副使，改广西，升按察使，寻转左布政使，食正二品俸，进都察院右副都御史，巡抚贵州。及是，赴工部之召，道卒，赐祭葬。镛性廉介，莅事精敏，在都昌有善政。连山瑶、壮掠残县治，度多胁从，招使来归。高州流贼据茆洞，众至万余，镛肩舆入其营，开谕逆顺，贼感泣求降。在贵州，边夷扰清平、都匀者，剿之，捕鸡背苗、僚之恃险为乱者，边徼以宁。镛历官所至有声，尤长于制寇云。

明实录/孝宗/卷三十

弘治二年十一月十三日

户部尚书李敏等言：近差科道官往广西体访孝穆皇太后的派宗，夫诚足以慰圣母在天之灵而隆皇上孝思于无穷也。臣唯科道官员，体访固不敢不尽其心，但恐前日保勘起送纪贵之人，畏罪怀刑，先事弥缝，则是非颠倒，真派终不可得。乞如唐德宗访求沈太后故事，宁受百欺，唯求一是，凡先保勘起送人等，一切不加追究，仍请敕总镇都御史[①]等官榜谕贺县乡村镇市人等，有能灼知孝穆皇太后宗支源流者，从实具报，庶几的派可得，而可以少释皇上风木之怀矣。上乃敕总督两广军务兼理巡抚都御史[②]秦纮曰：朕奉祖宗丕图，君临天下，夙夜惓惓，所不敢忘者，圣母孝穆皇太后劬劳罔极之恩，无能为报。去岁尝命内外官员于广西贺县寻访母后宗亲，加之恩典，用以上慰圣母在天之灵，下以少纾朕风木之怆。不料访察非真，以致今岁广东连山县民李福自陈的派，而纪贵、纪旺以壮人冒认，事下，该部复奏，令廷臣会审，情辞俱有可疑。朕诚不能为怀，特差科道官再加体访。乃闻有惧罪，密遣奸细去彼打点弥缝，买属里老亲邻人等，欲令颠倒是非，混乱真假者。果若此，则的派何由可得？彼小人情弊，安能逭其罪哉！兹事至重，朕以卿风宪大臣，素秉公直，特专委托。敕至，卿即差的当土人，于连山、贺县

① 总镇都御史：三本“都”上有“两广”二字。

② 兼理巡抚都御史：抱本“抚”下有“右副”二字。

及湖广江华县崇化乡等处，密切体访。仍出榜于三处地方，晓谕乡村镇市土壮人等，有能灼知圣母孝穆皇太后宗姓源流，明白真正者，许从实开报，审究来历。果有根据，即为奏闻，重加升赏。体访之际，如有似前扶同欺罔，夤缘回护，以真为假，以假为真者，必重罪之。其有奸细之人，即解京处治，使小人之计不行，斯为允当。夫孝有不及，而推本敦亲，以尽区区之心者，此朕之不得已也。卿其体斯至意，毋怠毋忽，庶无负于委托。钦哉！故敕。

明实录/孝宗/卷三十二

弘治三年七月十五日

治纪贵、纪旺等诈冒皇亲罪有差。初，孝穆皇太后尝自谓广西贺县人，家姓纪氏，亲族幼，弗能知也，太监郭镛闻而识之。上在东宫时，太监陆恺者本姓李，自称为孝穆皇太后亲兄，镛心知其伪，弗发。恺尝托镇守两广太监顾恒访其叔李福边与兄以来。恺姊壻韦父成知其家无人，乃冒承之，得官田数顷，府县遂以戚畹目之，而增设其所居里，名曰迎恩。纪贵者，亦本李姓，名父贵，及弟祖旺，谋于田主邓璋曰：韦乃异姓，犹可冒以致富，我同姓，顾不可乎？璋遂与伪撰宗系图上之府县，且讦父成之伪，府县亦莫之辩也。上即位，遣太监蔡用往访求，无所得，里老遂妄举父贵、祖旺以对。用欲取悦于上，弗复究实，遂与都御史宋旻、太监韦眷、安远侯柳景、御史唐相、布政使侯英、按察使林符、都指挥纪瑛、知府李庭芝、通判俞玑共成之。以二人至，诏改父贵为纪贵，祖旺为纪旺，授官赐第，并金帛、庄田、奴婢甚众。父成歆艳其贵，因从至京争辩。上命镛偕恺审验，镛比用力为弥缝，令父成驰驿归。未几，上命镛往祭纪氏先茔，且焚黄，继命工部郎中顾余庆修治茔墓。湖广监生蒋灏、周绅知父贵等诈，乃挟其佃户连山县壮人李友广偕来，教之争诉，以徼后福。时听选知县廖宾，广西平乐县人，计右父贵，为之奏辩。会以友广为诈，下户部发遣，而尚书李敏亦言其可疑。上命司礼监、内阁及多官会审，竟莫能辩，乃遣户科左给事中孙珪、监察御史滕祐往廉之。灏与绅恐珪等去得其情，又令江西分宜县人高龙往连山，诈称锦衣卫百户，潜来侦察，虚喝县人具友广贯址供状，冒为孝穆皇太后族，俟科道官至，但据此上之。珪等至贺县，微行遍询于人，悉其伪也，乃还劾用等罔欺，下狱。命多官鞫治，法司议拟以闻。得旨：纪父贵、祖旺诈冒母后宗支，滥受官职，高龙诈称私行体察事务，扇惑人民，俱依律处决。郭镛本知其伪，党比蔡用，欺罔不言，亦当诛，姑宥之，黜为小火者。南京新房闲住周绅、蒋灏、廖宾俱为民，李友广摆站，陆恺致起伪端，法尤难宥，但尝有奉侍陵寝劳勤，发茂陵司香。既而翰林院侍读曾彦、都御史屠镛等请宥李父贵、李祖旺、高龙之死，以为其情可矜。上从其言，以父贵、祖旺充福建镇海卫军，高龙充辽东铁岭卫军。

明实录/孝宗/卷四十

弘治四年八月十七日

命广东都司都指挥佥事郑晧之子绶代为清远卫指挥使。

明实录/孝宗/卷五十四

弘治七年四月二十三日

赐庆成王府安湘县君并仪宾郭誉、临洵郡君并仪宾王仲、宁南里县君并仪宾张达、番禺县君并仪宾田洁、灵丘王府仪真郡君并仪宾高尚仁、罗白县主并仪宾王良臣、赵府恩县县主并仪宾薛振、山阴王府宁乡县主并仪宾孟继儒、庆府英德县君并仪宾夏琳、韩府澄城郡君并仪宾徐尚质、合江郡君并仪宾张友、沈府岳阳郡君并仪宾刘环、秦府融县县君并仪宾吴崇礼、宜山郡君并仪宾祝赞诰命冠服如制。

明实录/孝宗/卷八十七

弘治十七年十二月二十日

广东连山县典史何宗奏：本县旧治为贼残破，新徙县治窄狭，且频岁贼发，乞下总镇等官调兵剿捕，复修旧治。兵部复奏谓：宗所言镇、巡等官皆匿不以闻，请下所司核治。上曰：彼处县治既云为贼残据，镇、巡等官何为久不奏报？其情必有隐匿，令巡按监察御史阅实以闻。

明实录/孝宗/卷二百十九

弘治十八年正月二十三日

复设广东按察司佥事一员，专驻清远县，督捕盗贼，升直隶松江府同知吴廷举为之。

明实录/孝宗/卷二百二十

弘治十八年三月二十六日

广东南海县十三村遗贼五百余人复肆劫掠，有司莫能禁，巡按监察御史聂贤请兵讨之。兵部议谓：观聂贤所奏，则是近省之地无处无贼矣。两广帅府职专兵民之寄，而乃无一言及此，今虽有事思恩，然内郡地里岂可委置不顾？且清远等处贼势渐炽，通因言者建议，增设兵备佥事一员，即今恐未到任，宜即降敕两广总镇等官酌量缓急。若广西思恩之事已有成效，即可移兵东出；如彼事方殷，或暑气尚炽，辄难轻动，可督令新任佥事吴廷举暨广东三司掌印、巡、守等官相机逐捕。凡军中事机，听以便宜从事。

上曰：地方贼情猖獗，总镇等官何为隐匿不奏？可降敕切责，令计处剿除，不许怠忽误事。

明实录/孝宗/卷二百二十二

弘治十八年四月二十三日

兵科给事中潘铎、监察御史王凯等交章劾奏巡抚两广都御史潘蕃及总兵官毛锐，谓：蕃叨膺重寄，历任五载，善誉无闻。凡地方报贼情之缓急，人民告官吏之贪酷，辄痛责告报之人，不听断理。往者贼据连山县治及劫高明官库，蕃等皆隐不奏。又南海县十三村等处盗贼纵横，惟巡按御史聂贤奏请除剿，蕃等竟无一字上陈。其欺天罔人，旷官废事，一至于此！近蕃等奏，土官岑濬结党兴兵，攻陷府治，请调兵致讨。今师行五月，未见捷报，迹其素履，恐不足以办此大事。请将蕃放归田里，锐取回闲住，毋重贻地方之累。

兵部复奏谓：蕃、锐为科道官交章论劾，其人必有不称委任者，但临事易将，理势未宜。又连山、高明之事，亦行勘未报，请姑俟捷奏、勘报至日奏处。从之。

明实录/孝宗/卷二百二十三

武宗毅皇帝实录

正德元年四月二十一日

初，广东南海县之丰湖、乐塘堡诸村盗魁禤玄祖等，及清远县之池水乡黄华峒、四会县之马山都、番禺县之石马村诸瑶，各结聚肆掠，稔恶弗悛。总督军务都御史潘蕃等以闻。时广西方用兵，先帝敕蕃等审度时势，必不容已，即移从征汉土官军征剿之。及上即位之诏，听群盗自归免罪，于是蕃等令乡老谕之。玄祖等知罪无可宥，寂无一人吐实，乡民尝被其毒者，又往往以剿请。乃议进兵，先丰湖、乐塘，而后及于马山等处。左参将马澄、佥事许眀攻蒋岸等八村。都指挥同知王永、佥事吴廷举攻望冈、宗屋等十一村。都指挥佥事何清、左布政使柴昇攻军营等三村。都指挥佥事王春、右参议罗荣攻上李坑等四村，俱破之。移兵马山、池水，复破之。黄华、石马诸瑶亦惧而遁，乃罢兵。最所斩获①首从三千六百七十五人，俘其属一千二百四十七人。至是，蕃以捷奏，上赐敕褒之及太监韦经、总兵官毛锐，升其奏捷者各职一级，仍赏文绮衣一袭、宝楮千贯。

明实录/武宗/卷十二

正德元年九月二十一日

广东连州贼梁苟龙等越湖广、广西之境劫掠为患，府江两岸道梗不通，守臣以闻。上命总镇等官亟议征剿，不许因循贻患。

明实录/武宗/卷十七

正德二年二月十一日

吏部奉旨查议：天顺以后，添设内外大小官共一百二十九员，其间地要政繁，不可裁革者七十员。……非要地而事简，可革者五十九员，……在外二十五员：……广东按察司清远兵备佥事一员……

明实录/武宗/卷二十三

① 最所斩获：广本“最”作“计”。

正德二年四月初三

巡按广东监察御史陈霖奏：官兵以正月二十九日进剿连山县瑶贼，贼乘夜袭韶州府同知韩铣营，铣死焉。我兵死者无算。是后，诸军与战，乃颇有斩获，计首级一百八十七颗。命有司知之。

明实录/武宗/卷二十五

正德二年七月二十五日

升赏广西富、贺等县，广东连州等处平贼有功官军五千九百五十三人有差，太监潘忠岁加米十二石①；总兵毛锐四十石；巡抚都御史熊绣已致仕，赏文绮二袭，白金十两；都指挥李铭、王春，纪功御史张津、陈霖各文绮一袭，白金五两；参政王臣、翁健之，副使郑岳，佥事吴廷举各文绮一袭；参政管琪，参议钟文俊，佥事丁隆、李希贤各白金三两。

明实录/武宗/卷二十八

正德四年正月二十七日

总督两广军务左都御史陈金等奏：广东连山县旧治乃洪武初年建置，土地衍沃，山水环绕，且通舟楫，足以御防夷寇，天顺中为贼攻毁，暂迁小水坪岭，险阻多瘴，居民不便。宜迁复故址，岁拨官军民壮千人分番戍守。从之。

明实录/武宗/卷四十六

正德四年闰九月初九

录故韶州府同知韩铣子为国子生。正德二年正月，兴兵剿连山壮贼。众未集，铣率民兵先至，营近贼巢，贼以夜冲营，势孤无援，战而死。至是，广东佥事吴廷举上其事，请加恤典，故有是命。

明实录/武宗/卷五十五

① 岁加米十二石：抱本“二”作“三”。

正德六年九月初二

广西怀、贺等县瑶贼平。初，贺县贼首覃公浪、吴父昊等纠合怀集县贼覃父敬[①]、连山县贼李公旺等杀劫乡村，遂引平乐县鱼狗等峒[②]贼出府江东西两岸，钩劫官商船货，为患凡三年。总兵安远侯柳文会都御史林廷选、太监潘忠督副总兵张文渊、左参将金堂等以兵讨之，攻破岩、峒、巢、寨二百七所，擒斩四千四百七十余人，俘获千二百三十余人。捷闻，赐敕奖励，仍升赏奏捷者如例。

明实录/武宗/卷七十九

正德七年七月二十一日

录广西平乐、梧州等府县，广东连山等县，湖广锦田等处功，升赏官军七千九十六人有差。太监潘忠，都御史林廷选，总兵官柳文，各赏银二十两，纻丝三表里。御史陈奎、王昊[③]，副总兵张文渊，左参将金堂，各银十两，纻丝二表里。布政王倬，参议黄清[④]、孙烱[⑤]，按察使翁茂南，副使江潮，佥事张芝、陈阳，都指挥吴坤、王佐，各银五两，纻丝一表里。

明实录/武宗/卷九十

正德十年四月十六日

兵部复巡按广东御史高公韶奏：广州之新宁、清远，及新会之白水，番禺之后山，肇庆之恩平、阳江，德之逯水、罗傍，惠之河源、龙川，潮州饶平之滦洲、清远，负山滨海，民夷杂居，盗贼啸聚，频年不已。皆地方任事之人利于用兵征剿，而不利于扑灭故也。盖扑灭于始发，其为力易，为费少，而军门之功不显。俟其猖獗而后调兵征之，则有功而升赏行矣。殃民养乱，皆由于此。乞敕两广总督、镇守等官，凡遇贼发，即责限督捕，有功亦议升赏。必不得已，至于用兵，须画定地方贼首姓名，毋令含糊延蔓，以图报功。其有仍蹈前弊者，劾奏重治，

---

① 覃父敬：广本“父”作“文”。
② 鱼狗等峒：广本“狗”作“昫”。
③ 王昊：广本“昊”作“杲”。
④ 黄清：广本“黄”作“王”。
⑤ 孙烱：广本“烱”作“纲”。

则人皆自奋，盗贼可除，而用兵之惨可少舒矣。从之。

明实录/武宗/卷一百二十三

正德十年七月二十九日

右副都御史刘巘卒。巘，字廷珍，其先江西安福人，以祖戍济南，遂家焉。巘举成化戊戌进士，授刑部主事，转员外郎、郎中，升大理寺左寺丞。以尹龙故，谪广东连州知州。数年，量移苏州府同知，升河南府知府、陕西布政司参政，遂升都察院右佥都御史，巡抚大同。以事改大理寺左少卿，移病罢归。刘瑾用事时，起为都察院左佥都御史，巡抚辽东，升右副都御史致仕。巘为人无闻，尝自为墓志，纪其平生，盖多夸大之辞。末年出处，乃讳言而欲掩之。

明实录/武宗/卷一百二十七

正德十一年七月二十日

免广东连山等十一县正官来朝；雷州府、德庆州及潮阳等四县以佐贰官代之；钦、崖等五州，清远等二十二县以首领官代之，皆以盗贼未宁故也。

明实录/武宗/卷一百三十九

正德十二年正月二十九日

广东连山县野火延入城，毁官廨，民居殆尽，老弱死者甚众。

明实录/武宗/卷一百四十五

正德十二年三月二十五日

户部署郎中丁致祥自广东还，奏盐法四事。一、广东、海北二提举司自成化初年至今，不以通关奏缴所征之课，见贮者不及四分之一，余皆称停征，及灶户拖欠，无从查考。宜下巡盐御史，每岁终奏缴通关。一、成化初，都御史韩雍于肇庆、梧州、清远、南雄立抽盐厂，又于惠、潮、东莞、广州、新会、顺德盐船经过之处设法查盘，每官盐一引抽银五分，许带余盐四引，每引抽银一钱，名为便宜盐利银，以备军饷。至都御史秦纮，许增带余盐六引，抽银六钱。此外，有余盐许令自首，每引抽银二钱。至于今，则官盐一引不复抽银，以余盐六引共抽银九钱，引目自此积滞，私盐自此通行。宜复纮旧法，止准六引，余者尽数没官。一、自成化以来，亦不缴引目，盖私盐无禁，引目不行。宜令巡盐御史将各年退引并故商引目尽数拘收，岁终与通关并缴。一、广东盐场岁办额课与《诸司职掌》所载不同，恐有那移迁就、乘机埋没之弊，宜令巡盐御史按查修举，或灶丁缺者，量为佥补。户部议复。从之。

明实录/武宗/卷一百四十七

正德十四年五月二十七日

录广东乐昌及连州等处会剿瑶贼龚福全等功，升赏分守左参将、都督佥事陈义，及汉、达官军，土官，头目，乡夫五千四百六十七人有差，非奏带者，仍令巡按御史查勘以闻。

明实录/武宗/卷一百七十四

正德十六年三月初四

广东清远、四会二县遗贼复纠集余党至千人①，纵横流劫。都御史萧翀等以闻。兵部议：广东连年用兵，亦尝屡致克捷，如杨旦、萧翀等所奏，则二县已平，今未及一年，何以又称盗贼复炽？宜令翀会总镇②、总兵等官，督军剿捕，刻期殄灭，以赎前罪。若仍蒙蔽贻患，决难轻贷。俟事宁日，巡按御史仍通核前后失事者，具以状闻。从之。

明实录/武宗/卷一百九十七

① 至千人：抱本作“千余人”。

② 令翀会总镇：广本“翀”下有“等”字。

世宗肃皇帝实录

嘉靖十年闰六月十七日

裁革……惠、高、韶、肇、南雄、琼州六府，连、德庆、崖、儋、万五州，龙门、从化、新宁、清远、香山、连山、阳山、归善、博罗、海丰、河源、龙川、长乐、兴宁、电白、石城、潮阳、海阳、揭阳、程乡、饶平、曲江、英德、翁源、乳源、仁化、乐昌、保昌、始兴、高要、四会、新兴、阳春、高明、阳江、恩平、广宁、泷水、封川、开建四十县各训导一员……南海、清远、广海、惠州、碣石、潮州、肇庆、神电、雷州、廉州十卫各知事一员。

明实录/世宗/卷一百二十七

嘉靖十四年十二月初二

广东连州盗文兴隆等起，佥事吴玭、参将程鉴等剿平之。

明实录/世宗/卷一百八十二

嘉靖二十七年二月十二日

广东连山等县瑶贼苏德贵等作乱，命抚镇官协图剿捕，毋得怠缓。

明实录/世宗/卷三百三十三

嘉靖二十七年七月初八

初，广西贺县贼首倪仲亮、连山县贼首李金等各盘据弓山、黄南诸巢，抄掠郴、桂、衡、永各州县三十余年，官军数出讨之，不克。至是，提督两广侍郎张岳、总兵平江伯陈圭议调广西土兵及两广汉、达官军、民兵七万余人，分哨进剿，檄湖广会兵夹攻，大破，平之，擒斩三千一十九级，俘获二百八十六人。捷闻，下兵部议赏格，复称：在两广督兵入贺县巢，则副总兵沈希仪、佥事俞则全；入连山巢，则参议朱宪章、都指挥梁希孔；总理饷馈，则参议朱道澜、佥事奚良辅；阅视功次，则副使沈宏、黄光升；在湖广应援夹击，破鞍马、白石二巢，则副使潘子正、参议洪世文。诸臣功俱当录，而希仪决策指麾为诸将先，并张岳、陈圭俱当以首功论，巡按御史萧世延、杨以诚、黄如桂后先协赞，亦宜量赏。得旨：升岳为都察院右都御史，圭荫一子为锦衣卫百户，仍赏银五十两、纻丝四表里；希仪升实授都督佥事，赏银三十两、三表里；世延、以诚、如桂、宪章等以下各赏银币有差。

明实录/世宗/卷三百三十八

嘉靖二十七年十二月十五日

两广总督都御史张岳、总兵平江伯陈圭督兵击连山贼余党，破之，凡擒斩四百二十四级，俘获一百一十人。捷闻，兵部乞录抚镇官并参议朱宪章、署都指挥佥事梁希孔等功，而治靖远守备张廷佐、徐濬，广州府知府胡凤等失事之罪。得旨：岳、奎各赏银四十两、纻丝三表里，宪章、希孔二十两、一表里，廷佐等逮问。

明实录/世宗/卷三百四十三

嘉靖三十二年正月二十八日

提督湖、广、川、贵军务，兵部右侍郎兼右佥都御史张岳卒。岳，福建惠安人。正德丁丑进士授行人，率同官谏毅皇帝南巡，杖阙下，调南京国子学正。上登极，复行人，历司副，至礼部主客郎中，出为广西督学佥事。以改江西，坐前所贡士黜落多，谪广东提举。起知廉州，迁浙江督学副使、右佥都御史，抚治郧阳。改江西，进右副都御史，总督两广军务。讨封川文德大猾脑诸巢，平之，进兵部右侍郎。明年，平阳、怀远诸壮进攻马鞍、鱼窝，平之。召改刑部为御史，奏留，不果行。又明年，平连山壮，寻进右都御史。时镇筸、铜仁诸苗叛乱，朝议请遣大臣一人视师①，诏以岳往。岳筹度苗情，谓前时主抚守皆非计，乃大集土、汉兵，檄诸将分道进剿，斩获以数千计。会有思州之败，诏夺一官。未几，恶酋尽殄，首恶龙许保等前后就擒，三方底定，功未上而岳卒。其后，兵部核上其功，复右都御史，赠太子少保，谥襄惠，赐祭葬如例。

明实录/世宗/卷三百九十三

嘉靖三十三年三月二十一日

桂阳瑶贼赵文通等坐与居民舒廷昌争田，系蓝山县狱，久之得释。文通遂聚众纠连山贼千余人作乱，拒伤官军。巡按御史朱瑞登以闻，因请治蓝山知县古时俊失出重囚，及守备郴桂指挥俞钟瑞等不能捍御之罪。诏时俊等各停俸，戴罪视

① 视师：广本、阁本作“总视湖广川贵师”。

事，仍令抚臣亟图抚剿毋缓。

明实录/世宗/卷四百八

嘉靖三十六年二月二十五日

兵部复提督两广侍郎谈恺奏：广东新兴县塘宅堡为广、肇二府喉舌之冲，瑶贼出没之地，宜修筑城垣，创建参将衙门，令参将钟坤秀移兵屯驻其地。又广、肇二府地方旷远，山峒联络，兵备官督理难周，宜如御史戴璟议，以岭南道兵备兼分巡，辖南、韶二府并广州府属连州、连山、阳山、清远一带相连州县卫所，以岭南道分巡官兼兵备，辖广州府及所属番禺、南海、东莞、三水诸县及各卫所，各就近督理行事，从之。

明实录/世宗/卷四百四十四

嘉靖四十年九月二十五日*

选授知县**李邦义**、陈瓒、林命、陆凤仪俱给事中，**邦义**兵科，瓒刑科，命工科，凤仪南京户科……

明实录/世宗/卷五百一

嘉靖四十一年十一月十一日*

升刑科左给事中丘橓、工科左给事中李瑜俱为都给事中，吏科给事中董遂、兵科给事中**李邦义**、刑科给事中陈瓒俱为右给事中。橓、**邦义**俱兵科，瑜、瓒俱刑科，遂礼科。

明实录/世宗/卷五百十五

嘉靖四十二年四月初十*

升户科右给事中赵灼、工科右给事中王治、兵科右给事中**李邦义**、刑科右给事中陈瓒俱左给事中，工科给事中林命、兵科给事中沈寅俱右给事中。灼、命吏科，治、寅礼科，**邦义**、瓒仍本科。

明实录/世宗/卷五百二十

嘉靖四十二年四月十六日

提督两广都御史张臬以擒斩英德大陂、蒲昌等峒贼卓文昌、何子爱、李富来闻，并叙参政冯觐、佥事贺泾等功，论指挥汪克振等罪。诏下，巡按御史勘实奏报：文昌、子爱巢大陂众约二千余，占峒凡二十九所；富，本河源小长江巨贼李亚元之党徒，据蒲昌。三十六年大征时，文昌等畏诛，皆佯受招安，师旋即攻掠如故。去岁张琏、林道曦既平，议者请因旋师之便，袭取文昌、子爱，夷荡诸峒，移师扑灭富，则亚元势孤，异日议剿亦易。总督张臬不能用，比大兵既解，文昌等益披猖，四出流劫乳源、翁源、曲江等处。是时，又有大小罗山贼数百，突劫曲江之黄村，遇参政冯觐舟，环而拥之，挺刃索赏。觐以所携酒、米、金、帛倾舟予之而去，闻者丑之。觐乃执诸郡邑所获贼谍冯应科等数人，指为围舟胁赏者，戮于市以自解。既而，购得文昌、子爱、富，抚按官遂盛张功伐，以为觐劳。然是时英德、河源诸巢峒贼鸱张如故。文昌等虽亡，其势不为衰减也。

明实录/世宗/卷五百二十

嘉靖四十三年二月初五*

升兵科左给事中**李邦义**为都给事中，吏科右给事中辛自修、户科右给事中邓楚望俱左给事中，吏科给事中季科，刑科给事中冯成能、欧阳一敬俱右给事中。**邦义**户科，自修、一敬本科，楚望、科礼科，成能兵科。

明实录/世宗/卷五百三十

嘉靖四十三年十一月二十七日*

户科都给事中**李邦义**劾奏：总督漕运巡抚都御史王廷拘滞不谙国计，请更简才望者代之。吏部复：廷赋性淳朴，外若无所长，然能实心任事，未可轻易也。诏留廷用。①

明实录/世宗/卷五百四十

① 本段据库本残页校。

嘉靖四十四年四月十三日

升……福建福清仓副使闻钻为广东连州判官。

明实录/世宗/卷五百四十五

嘉靖四十四年六月十三日*

升……户科给事中欧阳一敬论劾礼部尚书兼翰林院学士董份，工科都给事中**李邦义**论劾巡抚江西都察院右副都御史周相各不职。诏罢份为民，相致仕。

明实录/世宗/卷五百四十七

嘉靖四十四年八月初六

广东山贼卓文胜等拥众劫掠乳源、英德等县，结巢板坑。南韶兵备佥事刘稳、游击将军戴冲霄、乳源县知县李继芳督兵讨之，连破三巢，生擒文胜等一百余人，斩首四百余级。捷闻，兵部以稳先有擒斩黄朝用功，请加升宪职，仍旧兵备。冲霄等请先赏银币，其功次候勘明议处。从之。

明实录/世宗/卷五百四十九

嘉靖四十五年四月初四*

升山西左布政使吴三乐为光禄寺卿，户科都给事中**李邦义**为顺天府府丞。

明实录/世宗/卷五百五十七

穆宗庄皇帝实录

隆庆元年正月二十一日*

吏部复通政使司右通政王正国等自陈疏，拟正国及提督誊黄右通政姜宝，太常寺少卿罗良、魏承诏，太仆寺少卿李邦珍、李一元，顺天府府丞**李邦义**俱留用……从之。

明实录/穆宗/卷三

隆庆元年二月初十*

升顺天府丞**李邦义**为南京鸿胪寺卿。

明实录/穆宗/卷四

隆庆元年九月十六日

裁革广州府属三水县主簿、训导各一员，清远县县丞、训导、横石递运所大使各一员……韶州府知事、通济仓副使各一员，曲江、英德二县训导一员……

明实录/穆宗/卷十二

隆庆二年四月二十一日

巡按广东御史王同道勘上，嘉靖四十三年以来，广东官兵剿英德等处山贼，斩首一千四百九十三级，具列诸臣宜赏者以闻。兵部复奏。得旨：荫提督两广侍郎吴桂芳、巡抚南赣都御史吴百朋各一子为国子生，总兵吴继爵一子锦衣卫所镇抚，升总兵俞大猷祖职一级，参将蔡汝兰、副千户王如澄、守备李宁、指挥陈璘各实职一级，指挥杨烨等署职一级，赏参政李佑等银有差。既而，继爵以无子辞荫。上允之，加太子少保。

明实录/穆宗/卷十九

隆庆二年七月初四

升赏……广东英德、乳源等处获功阵亡官军易彪等七十七人。

明实录/穆宗/卷二十二

隆庆二年十月二十六日

升赏广东河源、和平①、英德、龙门、从化等处地方获功阵亡被伤汉土官军黄显等四千五百八十一人有差。

明实录/穆宗/卷二十五

隆庆三年正月二十七日

以广东惠州府河源县、归善县地广多盗，增建长宁县于鸿雁洲，永安县于安民镇。长宁设咋坪、长吉、黄峒、象冈巡检司四，割河源、英德、翁源田粮三千三百七十六石与之；永安设驯雉、宽仁巡检司二，苦竹驿一，割归善、长乐田粮四千二百四十七石与之。从巡抚都御史熊桴奏也。

明实录/穆宗/卷二十八

① 和平：广本、嘉本“平”下有“翁源”二字。

神宗显皇帝实录

隆庆六年六月二十日

提督两广军务、兵部右侍郎殷正茂奏，剿平河源、从化、英德等处贼党，前后擒斩六百七十二名颗，招降六十六名。疏推前督臣李迁分布方略，及南赣抚臣督同协剿，因叙总兵张元勋、佥事何子明、按察王化及参将、把总等战功，以及府、县学与有劳勚者，疏下兵部。是役也，凡用兵一万三千余人，其乡民兵不与焉。自五年十月至今年闰二月乃竣役。

明实录/神宗/卷二

隆庆六年七月二十日

准陕西苑马寺卿郑一龙赴部调用。一龙由广西臬司升寺职，行至清远，江水泛涨，偶遭覆舟之变，遂致耽延。陕西按臣参其久不赴任，而广西巡按李纯朴勘一龙原无规避情由，故部拟从之。

明实录/神宗/卷三

万历三年二月初十*

通政使司左通政倪光荐、右通政李琦、提督誊黄右通政王篆、大理寺左少卿王友贤、右少卿王廷瞻提督四夷馆，太常寺少卿刘大受，太常寺少卿**李邦义**、何源，太仆寺少卿何起鸣、乌昇，顺天府府丞李己，各以考查自陈。吏部复。得旨：倪光荐等俱照旧供职，**李邦义**调南京，李琦降一级调外任。

明实录/神宗/卷三十五

万历三年三月初六*

南京吏科给事中史朝铉、广东道御史蒋科等纠拾户部尚书王国光、工部右侍郎陈一松、原任兵部右侍郎吴百朋、原任大理寺少卿孙光祐、原任郧阳巡抚汤宾、太常寺少卿**李邦义**、应天府丞汤标各不职状。奉旨：王国光、陈一松、吴百朋俱留用，汤宾等已有旨了。

明实录/神宗/卷三十六

万历五年五月十五日*

先是大学士张居正等请考选庶吉士日期，命定期十五日。至是取沈自邠、顾绍芳、杨起元、敖文祯、姚岳祥、杨德政、万象春、张鼎思、庄履丰、冯琦、费尚伊、何雒书、史继宸、甘雨、陆可教、李植、张志、**马象乾**、林休徵、张养蒙、高尚忠、冯梦祯、汪言臣、张文熙、余继登、曹一鹏、王国、吴尧弼卷进呈。命俱改庶吉士，与一甲进士沈懋学等俱送翰林院读书。

明实录/神宗/卷六十二

万历五年十二月初十

先是，广西岑溪六十三山、七山、那留、连城等处与罗旁接壤，瑶、壮啸聚为患。至是，贼首潘积善等畏威求抚，愿归地输粮。总督凌云翼以闻，并请于连山等处设指挥千户五员，分兵屯守，以防芽孽。部复如议。命赏云翼、巡抚吴文华银币，参政王原相、佥事王一卿、参政蔡汝贤、副使徐时可升级有差。

明实录/神宗/卷七十

万历六年九月初五

广东大庙、陈黎等巢剧贼，依山负险，纠党横行，突出英德、清远等县地方，劫财杀人。各官兵奋勇捕擒，斩首一百三级，俘获一百四十九名，及器仗、牛、马诸物。上嘉其能，巡抚凌云翼等各赏银有差。

明实录/神宗/卷七十九

万历六年九月初七

总督两广都御史凌云翼题，大庙各巢山深林密，贼易盘据，剿灭之后，尤当预防，列为善后七事：其一，议白芒山下置造营房教场，将韶州、清远二营之兵更番哨守，一应材木工费随于本山土产酌量处分；其二，议选韶州、清远卫所才能武官一员，训练营兵，比照营兵事例，半年一替，以资弹压；其三，议将大庙各贼没官田租二千余石，除量给业主粮差外，收割分取，以为建创兵营之资；其四，议将三水寄庄民田责令英德附近排年承买，令其各自佃种，以便觉察奸萌；其五，议今受田之民[①]自新村以至上下二汰，二十里内分筑土围十余，以安新集之众；其六，议令英、清二县排年自河傍直通上下二汰，开路筑桥，以通往来；其七，议集编氓联为保甲，置备器械，以助守望。从之。

明实录/神宗/卷七十九

万历七年九月二十六日*

授庶吉士庄履丰、陆可教、杨德政、冯琦、杨起元为翰林院编修，顾绍芳、何雒书、沈自邠[②]、余继登为翰林院检讨，张鼎思、史继辰、张养蒙、费尚伊、高尚忠、万象春为六科给事中，王国、甘雨、李植、**马象乾**、汪言臣、曹一鹏、张文熙为各道御史。

明实录/神宗/卷九十一

万历九年十月初十

设宜善巡检司于广东连山县，以瑶目莫京彪等愿附编氓故也。

明实录/神宗/卷一百十七

万历十年五月初七*

礼科都给事中石应岳等题：窃见四月末旬彗星出于五车，前此雨泽愆期，风霾蔽日，人民疫死，农务无依。继此下月朔日有食之，在河西则赤光白气匝绕半天，浮图峪、白石口则台房箭具，天光烧毁。在浙江则标兵殴辱抚臣，在灵州则士卒屠戮参将。臣愚不知天文星纬之术，然备观史册，天象变异，皆所以警戒人主也。今天异人变叠见，可谓警戒矣。倘或不知惺悟，增修德政，上干天怒，祸可言乎。唯陛下当天心仁爱时，念人民之失所，睠贼盗之滋章。抑左右之专欲，斥侍从之谀佞。用虽锱铢勿轻，恩虽戚近勿滥。损燕私过度之乐，罢营缮不急之工。用人必唯其公，议狱必求其当。简择将帅，慎固边圉。以及蠲恤之旨屡颁，

① 议今受田之民：抱本“今”作“令”。

② 沈自邠：抱本“邠”下有“敖文祯”三字。

而有司尚有阻格侵削者；条鞭之法虽详，而守令尚有额外科罚者；均丈之法虽行，缉访之令虽申，而郡县尚有假手作弊、避罪要功者。种种时政，皆当严禁。御史**马象乾**等亦谓：朝廷一面蠲贷，有司且奉文以催征；一面节省，使者又衔命而织造。春蚕未成，罗绮之办愈急；秋稻未熟，粟米之赋更严。民力既竭，人心易摇。唯陛下加意修省，以图实政。报曰：玄象示异，朕心实深儆惕。内外大小臣工，其一体痛加修省，务实保民，用答天戒。

明实录/神宗/卷一百二十四

万历十六年十一月二十七日*

大学士申时行等自陈不职，乞赐罢斥，谓：张鲸处分未定，御史**马象乾**切责臣等，既不敢委曲调停，犯众论之公，又岂可窃禄苟容，贻清朝之玷？唯有引罪乞身，庶不至上误国事，下启群疑耳。上谕：张鲸事已处分，言官逞私，波及章奏，皆朕亲裁，卿等谁为阿从？且忠谨昭著，公清素闻，何必因言求退？宜即出赞理，不准所辞。

…………

河南道御史**马象乾**奏：先是，御史何出光等论列东厂太监张鲸，有旨令策励供事。比刑部勘问复请，有旨鲸候处分，而供事如故。党与虽惩，元凶漏网矣。臣不胜痛愤。窃谓皇上英明不世出，往冯保怙借宠灵，操弄威福，一发其奸，弃如脱屣。今鲸恶不全保下，而去鲸不若去保之断，何也？岂鲸日夜以微劳陈乞，而皇上过听之，遂使大憝盘据宫闱，千人指之不能去，万贿坐之不能动，三尺行于疏贱，而贵近则格，成何法纪？至治极辨之世，不能胜一狐媚豢养之奸，上亏圣德，下贻后忧，成何景象？臣等小臣，所赖力清君侧，善成圣德者，非一二阁臣乎？连日以来，累息延颈，冀必有言，而寂无闻也。则又冀台谏之交章，职票拟者当分别是非，少塞众怒，而竟无闻也。古者阴阳不调，方外有警，且归责宰辅，况禁近之地，贽御之人，昭昭于目前，危而不持，焉用彼相？昔武宗朝逆瑾擅权，内阁有刘健等，九卿有韩文等，叩阍力争，持章不下，使瑾皇怖，乞南乞闲不可得。诸臣即不欲过激如往辙，力劝皇上远其人而不诛，夺其权而不借可耳。何至以阿意顺旨为调停，以局促避怨为忠原，使四海疑谤尽归朝廷，亏损圣明，郁积众愤，无论非宰相之事，亦非张鲸之福也。伏乞皇上以臣言下内阁，令其自陈，出鲸罪案，使远近传闻，则明断过寻常万万矣。疏入，上震怒，下**象乾**镇抚司打问。

明实录/神宗/卷二百五

万历十六年十一月二十八日*

大学士申时行等疏救御史**马象乾**，谓：臣等既以失职仰负圣眷，又以拒谏累及言官，臣等乃万世罪人，宁与**象乾**同赴司刑，万无觍颜在位之理。且不见近日张居正之事乎？皇上始为居正谴责言者，卒之公论不容，身受恶名，家被显祸。若**象乾**得罪，臣等异日即居正之续耳。伏乞圣慈鉴察，曲全臣等。谨封还御批，具题以闻。不报。

明实录/神宗/卷二百五

万历十六年十一月二十九日*

大学士许国、王锡爵各疏申救**象乾**。国疏云：言官言事，乃其职耳。祖制特许风闻，虽误不究，况据事直陈者乎？臣为讲官时，易朝廷为张居正挞辱言官，臣心痛愤，恨不及食居正之肉。今乃蹈其覆辙，使旁观者复欲食臣之肉，如万世讥笑何？且近日论张鲸疏甚多，悉置不闻，乃独为臣等发愤究问，使臣等得罪于天下后世，又甚于鲸矣。锡爵疏云：**马象乾**论臣等阿从失职，义正词严，皇上宜赐采行，使人知前后诏旨俱出臣等票拟，原非圣意，则人情自定，圣德有光矣。奈何抵之罪乎？先年张居正以夺情迁怒，徂击言官，臣于是时稍能诮让居正，为言者解，所以居正败而臣得进用。夫皇上本以忤居正用臣，而今又即以处居正之事处臣，臣之不才，纵不能道扬主德，维持国论，亦何忍见朝堂之上再有此异常举动，使天下万世谓臣外援忤权之名以进身，内挟当权之势以沮众？臣今日即死，上何以见九庙在天之灵，下何以见刘健等于地下，明何以谢举朝士大夫之公论，幽何以辞张居正之鬼责哉？臣身轻如羽，使万世蒙诟而有益于皇上，臣不敢避。今身既不肖，有累言官，而又并累圣明以咈谏之名，不唯不可一日立朝，且不可一日为人矣。语多激切，俱不报。

明实录/神宗/卷二百五

万历十六年十二月初一*

大学士申时行等具奏廷谢，报闻。是日疏救李沂，谓：张鲸之事，言官交章论劾，何独李沂一人致干圣怒？及取其疏读之，果属狂缘，李沂系庶吉士，授官未及两月，新进书生，不识忌讳。若居正、冯保在日，彼犹未入仕途，原无恩仇，何为报复？不过风闻建白，心实无他，似不必深罪。且昨为**马象乾**所言，皇上犹为臣等曲全，褒臣雅量，况皇上天地之量，何所不容，而苛求一无知之小臣哉？不报。

明实录/神宗/卷二百六

万历十六年十二月初四*

镇抚司打问过给事中李沂奏上，御批：李沂既刑究明白，拿在午门前，杖六十，斥为民。文书官刘成将本到阁，阁臣申时行等大惊，欲具疏救，且留御批未发。刘成不可，竟持去，而上已遣太监张诚出监杖矣。时行等惶遽上疏曰：李沂上干圣怒，已蒙打问，死生未保，再行廷杖，重复加刑，恐万无主理，此累朝以来所未有。仰累圣德，关系不小，臣等不能匡救，必难觍颜在列。伏望少霁天威，俯全言官垂死之命。躬诣会极门候旨。有顷，传谕云：先生每说话，依得的依了，依不得的也难依。如前日**马象乾**就依了李沂，放下各处贪官污吏不说，却说我贪，这等捉污君父，岂可轻宥！时行等复向张诚极言，诚不可，竟杖之。

明实录/神宗/卷二百六

万历十八年七月初三*

巡按福建御史**马象乾**以病乞回籍，下部议，仍敕以后御史差满，各回道听考，如诈托告病者参处。

明实录/神宗/卷二百二十五

万历十九年四月初九*

吏部复河南道御史**马象乾**等条陈六事，均有裨计典。一、稽核当实，其考语册文外另造一册，列所访事实送部，以凭黜陟。一、论拟当虚，毋姑免见在而以去任者塞责，毋党护正官而以卑秩者充数。一、采集当广，其《五花考语》册文，预行司道府州县从实开送抚院，抚院参酌，访明攒造，毋得转委滋弊。一、开报当预考语事迹册，俱限九月终送部，过期者以怠玩参罚。一、交际当禁，一切公程私饩概从禁革，尤当自京官始。一、署摄当议，不许听凭请托，私庇亲旧，仍将署印官通行考核，分别荐劾。着依议行。

明实录/神宗/卷二百三十五

万历二十七年十二月初四*

升南京兵部署郎中**钟万禄**为山东佥事，备兵临清。

明实录/神宗/卷三百四十二

万历二十八年八月初一

先是，守备湖广少监杜茂以地方鼓噪，疏参镇守人员。上以地方兵、备、府、县等官不行禁戢，必有主使情弊，令各降一级。于是吏部拟降调湖广副使万振孙广东参议，承天知府王禹声福建盐运使司同知，钟祥知县邹元弼广东连州判官。疏入，上令改拟，又拟降调振孙广西参议，禹声河东、陕西[①]盐运使司同知，元弼贵州普安州判官。上以为湖广各官纵容生员倡乱激变，坐视规避，夺振孙职，令为民当差；禹声、元弼各降三级，调边方用。吏部再拟降调禹声贵州贵阳府通判，元弼贵州按察司照磨，各添注。上怒各官党护要救禹声等，俱夺职，令为民当差，不许朦胧推用。

明实录/神宗/卷三百五十

万历三十年闰二月十三日*

升山东按察司佥事**钟万禄**为右参议兼佥事，整饬霸州兵备。

明实录/神宗/卷三百六十九

万历四十年五月二十九日

革广东清远县知县孙一仁、吴川知县李文渊，各为民追赃，因本省巡按以贪奏也。

明实录/神宗/卷四百九十五

万历四十七年正月二十三日*

升杨元吉为柴沟、陈承祚为徐州、**白元洁**为临元、杨茂都为琼崖各参将……

明实录/神宗/卷五百七十八

---

① 陕西：抱本无此二字。

万历四十八年三月二十四日*

巡按云南潘濬奏：依酉兄弟相戕，各勾交夷长驱广南，举兵攻杀。临元参将**白元洁**职专防交，乃拥兵观望，不行征剿，且驭军无律，纵容总哨残暴广南，相应查参革任。部复：将**白元洁**革任回卫，永不叙用，仍移文云南、广西抚、按、镇、道，严禁交夷不许越境残扰内地，如或故违，听两省会议剿处。令不许越境残扰内地，如或故违，听两省会议剿处。从之。

明实录/神宗/卷五百九十二

熹宗哲皇帝实录

天启元年正月二十一日*

吏部续考科道等官，李精白、萧基、明时举、王志道、朱钦相俱给事中。精白礼科，基、时举俱兵科，志道、钦相候补。邹复宣、张纮、毕佐周、李日宣、徐景濂、温皋谟、陈保泰、夏之令、晏春鸣、王祚昌①、**吴其贵**俱试御史，候补曾熙丙②南京河南道御史，报可。

明实录/熹宗/卷五

天启元年六月二十日*

补考选御史**吴其贵**四川道、姚应嘉贵州道。

明实录/熹宗/卷十一

天启三年二月初四*

命御史梁之栋巡按河南，**吴其贵**巡按甘肃，乔承诏巡按福建。

明实录/熹宗/卷三十一

---

① 王祚昌：李本作“王昌祚”。

② 曾熙丙：李本作“鲁熙丙”。

崇祯长编、崇祯实录

崇祯五年十月二十三日

广东巡按梁天奇疏报：广、惠、韶三府所属龙门、从化、增城、长宁、翁源、英德各县界中有白梅等峒，素称贼薮。春夏间，惠、潮九莲山余贼窜入其中，聚党为害。岭南守巡道布政使林贽、副使洪云蒸督令参将李相、蔡时春讨平之，因列其功级以闻。章下所司。

明实录/附录/崇祯长编/卷六十四

崇祯十六年十月初六

张献忠遣部将以二百余人趋连州，南赣兵备副使王孙兰驻韶州，兵不满百，使十辈请兵，得羸卒七百人，复以他警，一夜撤去。至是闻之，遽自经。知州踰城遁，乐昌、乳源、仁化自溃，韶州吏民缒而逃尽。

明实录/附录/崇祯实录/卷十六

下　编　《清实录》

世祖章皇帝实录

顺治四年九月二十七日

南赣巡抚刘武元奏报：所属瑞金、石城、兴国、英德等州县土贼悉行剿平。下兵部察叙。

清实录/世祖/卷三十四

顺治八年七月十一日

……连州及东安、西宁二县各设游击一员，马步兵一千名，中军守备一员，千总二员，把总四员……清远、三水二县各设守备一员，兵三百名，把总二员……英德县守备一员，马步兵三百名，把总二员……

清实录/世祖/卷五十八

顺治十三年八月十九日

裁广东广州左卫、右卫、前卫、后卫，广海卫、惠州卫、碣石卫、肇庆卫、神电卫、南海卫、清远卫、潮州卫、雷州卫、廉州卫、海南卫经历。

清实录/世祖/卷一百三

顺治十三年九月初九

移广东岭南守道驻扎清远县，从巡按御史张纯熙请也。

清实录/世祖/卷一百三

顺治十四年七月初二

复设广东雷、连各瑶峒社学一所，教读一名。

清实录/世祖/卷一百十

顺治十四年八月十三日

裁广东东莞县白沙，三水县横石、西南，乐昌县黄圃，英德县清溪、浛光，始兴县黄塘，恩平县恩平，镇平县蓝坊，海丰县长沙港、甲子门，各巡检司巡检。

清实录/世祖/卷一百十一

顺治十五年四月初八

以平南王尚可喜既加岁俸，因添注其军功于册，曰：尔驻扎广东，同靖南王统领官兵，围困南雄府，有贼三千余，突出西门来犯，击败之。用云梯攻克南雄府，杀贼兵六千余，擒获伪总兵杨杰、董洪信、郑国林等，斩之，安定南雄府百姓。又前往韶州府招抚官民，并招抚韶属六县，俱各归顺。又同靖南王统领官兵招抚英德、清远、从化，俱各归顺。及抵广东省城，分汛攻围，发谕招抚不服。有伪部院杜永和遣伪侯伯张月、李云泰、李建捷等率贼兵七千余，并广西伪国公陈邦付、庞太监、伪伯马宝等统贼兵万余迎犯，尔亲督官兵败之，擒获伪副将魏廷相等八员，并招抚海寇梁标相等，获船一百五十只。又发官兵，先用红衣炮攻打西关，城上炮火矢石交加，难以攻克，尔亲督官兵奋勇攻战，遂克其城，杀贼六千有余，百姓底定，行令所属州县，俱各投诚。又遣官兵招抚增城县，有惠州府收养满洲五人，转送来京。又将所获伪滋阳王等八人当即枭示。有海寇围困潮州府，尔行谕漳镇发兵往援，贼方败遁。又发官兵恢复肇庆，平定高、雷、廉等府。又前招抚海寇梁标相等复行反叛，流毒地方，尔发官兵击斩之，安定百姓。又广西桂林告变，贼犯梧州，尔密授将士方略，恢复城邑，安抚人民。闻贼李定国围困肇庆，随同靖南王统兵前往，斩杀贼众，复遣官兵追至四会河口，尽歼之。又贼将吴子圣率贼兵万余，并以象只围困新会，浚壕竖栅，昼夜攻城。尔亲率官兵援剿，贼众驱象迎战，击败之，斩数百人，遂解新会之围。又同靖南王统领官兵进援高明，李定国遣贼众来犯，尔遣官兵杀贼三百有余，生擒伪总兵武君禧等三十余员，并获马骡器械等物。又于新会县山峡口，同靖南王、固山额真朱玛喇、护军统领敦拜等击贼兵，斩之，获象一十三只。又拨官兵与敦拜等尾追李定国，击败贼兵三千有余，获象一只。又在衡州击败贼兵万余。各府、州、县俱经恢复，故每岁加俸一千两，所有功绩添注册内。

清实录/世祖/卷一百十六

顺治十六年七月二十三日

裁广东龙门、从化、新安、新宁、清远、阳山、连山、乐昌、仁化、乳源、翁源、和平、永安、长宁、大埔、惠来、普宁、平远、广宁、封川、开建、恩平、开平、信宜、吴川、石城、遂溪、徐闻、灵山、会同、乐会、定安、感恩、昌化、陵水、东安、西宁、江南、砀山各县儒学、训导。

清实录/世祖/卷一百二十七

圣祖仁皇帝实录

康熙元年九月二十一日

广东总督卢崇峻疏言：镇守肇庆总兵官已经裁汰，其所属营寨在河南者，新兴、开平、阳江、恩平四县，应归罗定副将管辖；在河北者，封川、开建、德庆、广宁、四会、高要、高明等州县，应归肇庆城守副将管辖。广州水师总兵官止管附近江海营寨，其陆路城守原俱守巡道管辖。今各道既罢管兵事务，则陆路城守应并责广州总兵官统辖。其自清远以至连阳各营汛与韶州相近，应归韶州副将统辖。从之。

清实录/圣祖/卷七

康熙十三年十二月十八日

平南王尚可喜疏报：楚逆李汉英纠集余众，复犯连州。游击李有才、知州李蕡等率领官兵击败之，擒斩甚众。下部议叙。

清实录/圣祖/卷五十一

康熙十四年正月初二

平南王尚可喜疏报：贼首黎化中、陈九鼎等纠合楚逆李汉英，聚众万余，直犯连州。经我兵击败逃遁，仍复啸聚大田头、糠塘、清水等处以为巢穴。游击李有才等率领官兵进剿，焚捣巢穴，擒斩甚多。贼已遁入楚界。下部议叙。

清实录/圣祖/卷五十二

康熙十四年闰五月二十五日

平南王尚可喜疏报：近因饶平失守，逆贼朱缵率党来屯湖寮，廖昙率党来屯白堠，劫掳村寨。平南大将军尚之孝同提督严自明，遣发官兵，于大埔县地方击败逆贼，阵斩伪参将，生擒伪游击等。又连阳游击吴标、连州知州李蕡于连州大镬、古楼山、小水坪、石马坪等处，两次击败逆贼李化龙、沈九珠等。又广州府属之龙门、增城、从化，与惠州府属之博罗、河源、长宁等县内公庄、路溪、铁岗、马鞍、陈禾峒诸处，向为土贼渊薮，恣行剽劫。今突犯龙门，臣遣发副将卢光明等带领官兵于龙门等处地方，擒斩贼众八百余，招抚千余，救回被贼掳去良民。下部议叙。

清实录/圣祖/卷五十五

康熙十五年十二月初七

扬威大将军和硕简亲王喇布疏言：将军额赫纳率兵赴援粤东，至清远县，适值尚逆遣人赍书招清远县知县白启明。白启明坚拒不从，执其来使并伪书三函，解送将军额赫纳军前，弃其妻子，随大军回至赣州，应请议叙，以示鼓励。得旨：知县白启明将逆书及来使一并出首，弃其妻子，随大兵而回，忠贞深为可嘉，着从优议叙。于是吏部议复：白启明应授为知府，令留江西，遇有缺出，该督抚即行题补。从之。

清实录/圣祖/卷六十四

康熙十七年二月初三

江宁将军额楚疏报：总督金光祖自浔州进兵失利。得旨：金光祖不守梧州，希图立功，轻进失利。梧州不无可虞，万一梧州失守，则进取平桂大兵后路亦阻。向调将军莽依图等速赴梧州。因平南王尚之信不亟发船至韶，致误军行，不可谓非王失机也。梧州乃两广接壤要地，不可不增遣重兵。驻韶将军额楚、都统勒贝等即率兵前往戍防。尚之信亦多遣精兵协守。驻赣将军觉罗舒恕率兵往守南雄，兼顾韶州。大将军简亲王量遣官兵，与巡抚佟国桢、总兵官哲尔肯等同守赣州。寻抚蛮灭寇将军巡抚傅弘烈疏言：吴逆悉其骁锐俱向广西，乞遣附近官兵星驰应援。得旨：额楚等速赴广西，与将军莽依图、傅弘烈等共筹攻守之策。两兵既合，可着莽依图总统，额楚、勒贝等参赞。尚之信亲率将士，速进广西，接济大兵。若尚之信必难离会城，宜多拣精锐，速往应援。额楚等兵既进广西，将军舒恕不必俟简亲王所遣之兵，即率师迅赴南雄。寻平南王尚之信疏言：臣奉命进取宜章、郴、永，行至清远，以总督金光祖及高州等处报警，遂还会城。今潮阳诸处又报海贼突犯。臣所属官兵有限，不能分应。得旨：潮州、惠州既有将军赖塔、靖南王耿精忠、提督王可臣等镇守，剿御海寇不为不足。今将军莽依图等深入广西，事机所系甚重，且广西早定，则湖南之寇不敢自存。尚之信其以沿海地方付赖塔等亲往接济广西大兵，毋误军事。

清实录/圣祖/卷七十一

康熙二十二年八月二十六日

广东、广西总督吴兴祚疏言：广东两镇官兵奉旨酌量紧要地方驻扎。今议，左镇统领陆兵一千、水兵二千，驻扎广州，分防要汛；右镇统领陆兵三千，驻扎韶州，居中调度，分防连、阳、英、清一带地方。下兵部知之。

清实录/圣祖/卷一百十一

康熙四十年十二月二十日

谕大学士等：广东提督殷化行前疏言，连山瑶人常出扰害百姓，请亲率军进剿。今又奏称，率兵进剿之韶州副将林芳为瑶人所杀，官兵亦被伤残，因回省城与总督会剿等语。观此，殷化行明系怯敌奔回，副将亦系管兵大员，既为瑶人所杀，若不行征剿，则附近人民不获安处。尔等将原疏与九卿共阅，确议具奏。寻九卿等议，应调湖广、广东、广西附近官兵，遣大臣一员为将军，率兵进剿。得旨：着都统嵩祝、副都统达尔占、侍郎傅继祖带八旗前锋四十名、子母炮八位前去。着都统嵩祝为将军总理事务，达尔占、傅继祖及总督石琳俱为参赞。湖广提督林本直、广东提督殷化行、广西提督张旺等，各派本省总兵官一员，带绿旗兵四五千，广州亦派旗下兵一千前去。广东将军卢崇耀见着来京，嵩祝可即用广东将军印，兼理广东将军事。

清实录/圣祖/卷二百六

康熙四十一年正月初三

差往广东剿抚瑶人都统嵩祝、副都统达尔占、侍郎傅继祖奏请训旨。上谕曰：瑶人所居之山，通连广东、广西、湖广三省，林木丛密、山势崇峻，向来恃此险僻，顽梗不驯。近复突出抢夺村民，杀害官兵。今差尔等至彼，务体朕好生至意，不必遽行征剿，先晓示招抚，如其不悛，再行剿灭。尔等驰驿前去，须约束官兵，毋得骚扰居民，并将瑶人山寨形势、三省官兵进征之路及立营之处，绘图呈览。朕揣瑶人受抚之事，五月内必成。如瑶人归顺，查出杀害官兵之为首者正法，余俱宽宥。

清实录/圣祖/卷二百七

康熙四十一年三月二十九日

谕大学士等：广东瑶人盘踞深山，恃其险峻，素未归化。今忽突出抢夺村民，杀害官兵。已遣都统嵩祝等前往，调集广东、广西、湖广三省师旅，直抵其穴。观嵩祝等遣郎中尤冷额所进图形云，瑶人为数无多，栖身之地虽不宽广，但山险路狭，地接广东、广西、湖广三省，钱粮转输甚易。今三省之师已压彼境，若瑶人就抚则已，否则令嵩祝等公议，于瑶人居处要隘立营围之。不过稍费钱粮，不劳兵力，彼自穷迫矣。其令兵部，速移文嵩祝等，遵谕而行。

清实录/圣祖/卷二百七

康熙四十一年五月二十一日

差往广东剿抚瑶人都统嵩祝等疏言：臣等奉命剿抚瑶人，于二月二十一日抵连州府，勘视瑶人所居山寨，即于要地设立营垒，挑筑濠堑，将三省官兵分营罗布。臣等仰体皇上好生之意，先为招抚。衡庆、衡祥、尤龄等三排瑶人，知官兵居其要地，无不震恐，一闻招抚即踊跃来降。又四月初十日，军略、马荐洞、大张岭、和邵平、黎巴洞等五排瑶人，闻衡庆等三排受抚，亦皆率众，将前杀伤官兵之黎贵等九人，缚献投降。臣等审得黎贵等九人杀伤官兵是实，遂于众瑶人前，将黎贵等九人即行正法。其受降大小各排户口共一万九千余名，将伊等作何安插，及此等地方设立州县之处，俱交与总督石琳等料理。下部知之。

清实录/圣祖/卷二百八

康熙四十一年八月十六日

兵部议复：广东广西总督石琳等疏言，广东连阳等处排瑶，深居山谷，恃野不驯，蒙皇上指授方略，特命都统嵩祝等赴粤东调集官兵，于排瑶紧要口隘分布防守，兼出示晓谕，宣布皇仁，各排瑶目业已率众投诚，宜筹善后之策。臣等伏查连州所辖油岭大小等排，周围四百余里，俱系崇山深谷，难以建设州县。请仍旧归连州连山县管辖，惟于附近排瑶适中之地三江口，建立寨城，安设官兵，统率控驭。应如所请。改广东廉州府海防同知为理瑶同知，管领把总一员，带兵一百名驻扎三江口，不时入排巡察，并将连州、阳山、连山三州县海防捕务，仍归该同知就近管理。又三江口添设副将一员，裁去广东韶协副将一员。其都司一员、守备一员、千总二员、把总四员及始兴营守备一员、千总一员、把总一员，俱归新协管辖。外添设千总一员、把总三员，分为左右二营。其韶协额兵九百二十三名，始兴营额兵一百七十五名，共兵一千九十八名，俱改归三江口管辖。再于广东将军、督、抚、提、镇各协营兵之内，均派出一千二名，共二千一百名，内将二千名归于新协，一百名归同知管束。如有老弱兵丁，应汰除名粮，移归新协，就于连阳乡勇中考验顶补。其添设新协千、把各员及理瑶同知所辖把总一员，俱于各镇协营弁兵内，拣选弓马娴熟者拔补，并将连州之三大排以及各小排，连山之五大排以及各小排，丁口地亩各项税饷作何征收之处，令该督查明册报户部。从之。

清实录/圣祖/卷二百九

康熙四十八年五月初二

户部议复：广东巡抚范时崇等疏言，广东连州总盐额引原派行销本州及湖广之桂阳、临武、蓝山、嘉禾等四州县，乐昌总盐额引原派行销本县及湖广之郴州、宜章、兴宁、永兴等四州县。今应将此项引饷作为十分，量地均匀，连州、乐昌二处行销十分之三，桂阳、郴州等八州县行销十分之七……

清实录/圣祖/卷二百三十八

康熙五十一年十一月十八日

兵部议复：广东广西总督赵弘灿疏言，广东和梢山为翁源、曲江、英德三县要区，应于后山添设千、把总各一员，领兵一百名驻防。又翁源县龙眼峒，亦应设千、把总各一员，领兵一百名驻防。此添设官兵，即于臣标、提标下拨给。应如所请。从之。

清实录/圣祖/卷二百五十二

康熙五十二年十一月初五

谕户部：朕勤求民瘼，无间远迩，虽在边徼远省，偶有旱涝灾伤，无不访察情形，殚思赈救。今岁直省各处俱获收成，惟广东三水、清远、高要、高明、四会五县……今岁夏秋被灾，各督抚已经奏闻。虽各省地丁钱粮新经全免，然一方灾歉，悉廑朕心。艰食之际，重以追呼，朕所不忍。其明年应征广东省三水等五县额银七万七千九百两零，米一万七千六百石零……尽与豁免。尔部即行文各督抚，务须星速奉行，即刻遍行晓谕，俾民间无征催之累，肆力东作，用称朕抚恤灾黎至意。倘有不肖有司，奉行稽迟，或借端另行科派，使小民不沾实惠，该督抚严察参处。如该督抚失察，一并从重处分。尔部即遵谕速行。

清实录/圣祖/卷二百五十七

世宗宪皇帝实录

雍正三年三月初六

增广东省各学取进文童额数：南海、番禺、东莞、顺德、新会、香山、海丰、海阳、潮阳、揭阳、澄海十一县，向系大学，照府学额各取进二十名；三水、增城、保昌、英德、兴宁、长乐、龙川、程乡、饶平、儋州十州县，向系中学，升为大学，各取进十五名；新宁、和平、永安、大埔、惠来、平远、镇平、丌平、吴川、东安、西宁十一县，向系小学，升为中学，各取进十二名。

清实录/世宗/卷三十

雍正三年四月初五

裁广东广州左卫、前卫、后卫、南海卫、东莞所、新会所、新宁所、增城所、从化所、靖远卫、连州所、南雄所、韶州所、惠州卫、河源所、龙川所、长乐所、潮州卫、澄海所、程乡所、肇庆卫、广宁所、新兴所、阳春所、阳江所、神电卫、高州所、宁川所、海南卫、万州所、崖州所、广海卫、海门所、靖海所、蓬州所、清澜所。并裁掌印都司、都司经历各一员。

清实录/世宗/卷三十一

雍正五年九月二十一日

兵部议复：广东总督孔毓珣疏言，……又三江口一协，内扼八排，外连湖广、广西，深山岚瘴，约束瑶民，实为险要，请与理瑶同知一体照边俸三年即升之例。均应如所请。从之。

清实录/世宗/卷六十一

雍正七年七月十七日

改广东广州府理瑶同知为广东理瑶军民同知，升府属之连州为直隶州，兼辖阳山、连山二县。从原任广东总督孔毓珣请也。

清实录/世宗/卷八十三

雍正七年九月十九日

署广东巡抚傅泰疏言：广州府理瑶同知朱振基于前任连州知州任内，私置逆贼吕留良牌位，设祠奉祀。连州学正王奇勋勒令阖学生员奔走趋奉。兹据连州生员陈锡等合词呈首，相应题参究治。得旨：朱振基、王奇勋俱革职拿问，其私置吕留良牌位，奉祀情由，该督严审究拟具奏。连州生员陈锡等，深明大义，不为邪说所惑，据实出首，以彰名教。着将今年该州应试完场之举子，交与该学政，秉公遴选学问优通者四人，赏作举人，送部一体会试，以示恩奖。如今科所取副榜内有连州生监，亦准作举人。

清实录/世宗/卷八十六

雍正七年十二月初六

广东学政顾仔疏奏：原任连州知州朱振基私供逆贼吕留良牌位，经生员陈锡等呈首，按察使元展成参奏。钦奉谕旨：朱振基等着革职严审。其连州生员陈锡等，深明大义，不为邪说所惑，据实出首，以彰名教，具见士习淳良，甚为可嘉。着将今年该州应试完场之举子，交与该学政，秉公遴选学问优通者四人，赏作举人，送部一体会试，以示恩奖。臣遵旨将连州完场朱卷，细加复阅，选定卢伯蕃、陈锡、吴奇徽、戴雯等四名，送部会试，以副皇上奖励特典。下部知之。

清实录/世宗/卷八十九

雍正九年六月十七日

改广东阳山县星子、朱冈巡检二员归连州管辖。从广东总督郝玉麟请也。

清实录/世宗/卷一百七

雍正九年九月十八日

吏部议复：广东巡抚鄂弥达疏奏，添设移驻官弁事宜。

一、粤东新会、开平两县交界之大官田，及清远、英德两县交界之大埔坪，均属冲要，请各设捕盗同知一员，专司督缉。

一、大官田同知所辖有新会、新宁两县，距广南韶连道驻扎之地甚远，请将该同知归肇罗道就近统辖。大埔坪同知所辖有广宁、长宁两县，距惠潮、肇罗二道驻扎之地甚远，请将该同知归广南韶连道就近统辖。其大埔坪地方，请拨右翼镇标左营千总一员，带兵三十名，驻防协缉，并受该同知管辖。

…………

一、粤东理瑶同知，向系兼管连州、连山、阳山三州县捕务，后因改为理瑶军民同知，专理瑶事，所有三州县事务停其兼管。迩年以来，瑶人驯服，事理不繁，请将三州县捕务，仍归理瑶同知一体查察。

…………

均应如所请。从之。

清实录/世宗/卷一百十

雍正十一年八月初九

吏部议复：广东总督鄂弥达疏言，连州所属三江地方，瑶民向化。其理瑶同知及三江协副将、都司、守备等缺，请与内地一体较俸升转。应如所请。从之。

清实录/世宗/卷一百三十四

雍正十二年二月初十

移广东归善县县丞驻惠州府城，欣乐司巡检驻三栋墟，内外二司巡检驻梁化墟，连州朱冈司巡检驻东陂观，惠来县神泉司巡检驻靖海。从广东巡抚杨永斌请也。

清实录/世宗/卷一百四十

雍正十三年闰四月十一日

改广东提标原辖之三江协归右翼总兵官统辖，罗定协归高雷廉总兵官统辖，春江协归左翼总兵官统辖。从广东总督鄂弥达请也。

清实录/世宗/卷一百五十五

高宗纯皇帝实录

乾隆元年二月十一日

广东广韶学政王丕烈疏请裁惠州府学文武童生进额各三名，归新隶嘉应州之兴宁、长乐二县；裁潮州府学文武童生进额各二名，归新隶嘉应州之平远、镇平二县，统拨州学；裁潮州府学武童进额二名，拨归嘉应州；裁广州府学文童进额一名，拨归直隶连州。下部议行。

清实录/高宗/卷十二

乾隆元年九月初九

旌表守正捐躯之……阳山县民余观保妻邓氏。

清实录/高宗/卷二十六

乾隆二年十一月二十二日

赈恤……广东三水、龙门、从化、清远、花县、澄海、潮阳、高要、开平、四会十县被旱灾民，缓征本年额赋。

清实录/高宗/卷五十七

乾隆三年三月初八

免……广东三水、龙门、从化、清远、花县、潮阳、澄海、高要、开平、四会等十州县被旱灾民乾隆二年额赋。

清实录/高宗/卷六十四

乾隆三年四月二十三日

免广东三水、清远、龙门、从化、花县、潮阳、澄海、高要、开平、四会十县二年分被旱额赋有差。

清实录/高宗/卷六十七

乾隆三年九月十二日

署广东巡抚王謩疏报：雷、廉二府属及归并卫所之连州、广宁县等处，垦复乾隆二年分民屯田地一百零七顷一十八亩有奇。

清实录/高宗/卷七十六

乾隆四年五月十八日

添设广东嘉应州州同一员，连州、罗平州州判各一员。从两广总督马尔泰请也。

清实录/高宗/卷九十三

乾隆四年六月二十九日

两广总督马尔泰奏：英德县长岗岭开矿炼铜，内有炼出银两，请归该商工费之用。又河源县铜矿贴近银山，及英德县之洪磜矿出银过多，恐谋利滋事，应请封禁。得旨：所奏俱悉，惟在实力行之。但所谓银矿应闭之说，朕尚不能深悉，或者为开银获利多，则开铜者少乎？不然，银亦系天地间自然之利，可以便民，何必封禁乎？卿其详议以闻。

…………

又奏：请开增城县硝厂炉三十座，暂借司库银一千两，给该县添设硝炉，以广熬煎。并阳山地方，听民挖煎，照价收买，数年后火药必能充裕。得旨：此奏甚当，如所请行。

清实录/高宗/卷九十五

乾隆四年七月二十四日

工部等部议复：两广总督马尔泰疏称，广东连州三江界城垣，经前任布政使萨哈谅奏请移建高良墟地方，部咨查明确估具题。又经右翼镇总兵官王涛奏，与其改建，不若将旧城加高培厚，添筑子城。奉旨交鄂弥达议奏。经鄂弥达饬布政司刁承祖，檄委理瑶同知杨国栋等勘详，查有文子墩地方，堪以建筑，咨准部复，将或应改筑或应加筑之处，妥议具奏。兹准司详，高良墟地势湫隘，三江旧城又逼近大山，亦难添筑子城。惟文子墩地方，四面平宽，控八排之咽喉，为三连之重镇，形势扼要，应于文子墩另建新城。将副将、都司、把总衙署，军器、火药局俱建于新城之内。至旧城附郭居民已久，不便拆毁，应仍令理瑶同知与把总驻扎，其旧城都司衙署令协标千总移驻，副将旧署留作文武往来栖息之所。再，千总所遗旧署并旧存火药局，示召居民价买，应如所请。从之。

清实录/高宗/卷九十七

乾隆五年七月十六日

署广东巡抚王謩疏报：广州、连州、韶州、惠州、潮州、嘉应、肇庆、廉州、雷州等九府州属，乾隆四年分，开垦沙坦屯田等地一千七十六顷五十六亩有奇。

清实录/高宗/卷一百二十三

乾隆五年十二月二十一日

户部等部会议：两广总督马尔泰题复，广东连州三江城建仓拨谷，贮备借给瑶民案内，连州拨银一千两买补谷二千石，内阳山县一千石暂贮州仓，现饬领回补项；连山县拨银五百两买补谷一千石，现贮县仓，其三江城贮谷二千石，应建仓廒及看仓房屋等语。查连州、连山县买谷价银，与该省报价不符，应令核减题销。至三江城估建仓廒，准于司库税羡项下动支。向来贮谷并无另设看仓房屋之例，应毋庸议。又称连山县城北元武岭，应设炮台，安兵四十名；城西北铺前寨，应添设一汛，驻把总一员，安兵三十名；城东南茂古峒，安兵十五名；界元武岭、茂古峒，与城相近之黄瓜岭，安兵十五名，分处估建营房，弁兵请隶连阳营辖等语。查相险设防，自当因地制宜，应如所请。添设分驻，估项亦于税羡支销。又建造汛房地基，所买民田遗税，俟造竣请豁，各兵俟饬营召募足数，册报兵部，均应如所请行。从之。

清实录/高宗/卷一百三十三

乾隆六年五月初十

旌表守正捐躯之……广东英德县民范未祥妻张氏。

清实录/高宗/卷一百四十二

乾隆六年五月二十日

吏部议准：原任两广总督马尔泰疏言，嘉应州新设州同应驻松口堡地方，罗定州新设州判应驻罗镜地方，连州新设州判应驻塔脚地方，应给衙署，即于各处建造。从之。

清实录/高宗/卷一百四十三

乾隆七年五月二十五日

工部议复：署两广总督庆复疏称，粤省贮备三年火药，现据委员运回西硝，与阳山县收买民硝，并新炉煎办，业经足数，应将新炉停止。惟旧炉二十座，附近陈土早经采尽，须赴邻郡买运供煎，需费较繁，请每百斤增给价银二钱，并阳山县挑运硝泥脚价，亦一体加给。再增城县旧炉，现亦采办甚艰，应仍收买阳山县民硝，以充营匠之用。均应如所请。从之。

清实录/高宗/卷一百六十七

乾隆七年六月十二日

兵部议复：署两广总督庆复疏称，粤东各标、镇、协、营原额兵七万七百六十名，嗣于左翼等各镇、协、标、营，添兵一千八百四十五名，原系通省额兵内，将马改步，将步改守，与额外另募者不同。应如所请，照旧存留。至惠州协添兵一百四十一名，连阳营添兵一百名，均属额外另募，自应裁汰。如惠、连二处地方实在紧要，必须添兵防卫，则该省原额及增募兵，共七万二千六百五名，该督即可通融抽拨，其惠、连新添兵，自不便一体存留糜费。从之。

清实录/高宗/卷一百六十八

乾隆七年八月十七日

吏部议准：广东巡抚王安国疏称，先因大埔坪吉河地方，为花县、广宁、从化、长宁、阳山各县接壤，最易藏奸，添设同知一员，专管花县、从化、清远、英德、广宁、长宁等六县捕务。今查其地，虽各县接壤，相隔实远，呼应不灵，况近来奸宄敛迹。大埔坪城内，有千总驻扎巡防。请将大埔坪同知所管各县捕务，仍归各府同知、通判照旧管辖。……又三水县西南驿、清远县安远驿、曲江县芙蓉驿、英德县正阳驿，均无驿马，仅司递送本章，与发管徒犯，闲旷应裁。各驿原管事宜，悉归各县典史兼管。……

清实录/高宗/卷一百七十三

乾隆八年四月二十四日

兵部议准：两广总督庆复疏称，连阳营新添之把总一员、兵一百名，以额外募设，悉行裁去。将三江协左、右二营额设兵内，每营抽五十名，于该协经制千总轮拨一员，带领驻防。惠州协左营新添兵一百四十名，汛防紧要，应量裁七十名。其应拨补裁去之兵，于左营融拨二十名，提标各营额兵内拨五十名，按年更换防守。从之。

清实录/高宗/卷一百八十九

乾隆八年五月二十三日

户部议复：署两广总督庆复疏请将粤东埠引难销之顺德、新会、香山、沙湾、茭塘、鹿步、洣湖、七门、神安、黄鼎、三水、花县、增城、龙门、清远、英德、翁源、曲江、河源、博罗、澄海、海阳、潮阳、揭阳、惠来、饶平、丰顺、高安、高明、恩平、开平、鹤山、阳春、新兴、开建、四会、罗定、茂名、合浦，与福建之清流，粤西之博白、陆川等四十二埠，应匀交易，销之和平、连平、龙川、归善、嘉应、乐昌、始兴、保运、连州、连山、西宁、信宜、灵山，湖南之郴州、宜章、兴宁、永兴、临武、蓝山、嘉禾、桂阳，江西之龙南、信丰、定南、安远、石城、瑞金、大庾、崇义、上犹、南康，福建之长汀、上杭，广西之宣化、隆安、永淳等三十六埠代运，共拨引五万八千一百二十一道。查大庾、崇义、上犹、南康四埠，每引行盐三百二十二斤；龙南、信丰、定南、安远、石城、瑞金六埠，每引行盐二百六十四斤，额饷俱多于东省。但拨出之引，均系每引行盐二百三十五斤，额饷既轻，不便照受匀之埠加配，应仍照本埠配盐之数行销。又实存四、五两年积引十八万八千五百九十一道，应统俟三年销完。毋庸派定每年销数。从之。

清实录/高宗/卷一百九十三

乾隆八年八月二十五日

赈贷广东始兴、花县、清远、三水、南海、顺德、四会、高明、鹤山、归善、海丰、陆丰、博罗、嘉应、平远、镇平等十六州县被水灾民。

清实录/高宗/卷一百九十九

乾隆八年十月十六日

户部议复：左都御史管广东巡抚王安国疏称，广、南、肇、惠、嘉五府州属，本年夏雨连绵，山水陡发，两江齐涨。清远、三水、南海、顺德、四会、高明、鹤山等七县，淹毙人口，冲决基围，倒坏房屋，已分别赈恤，其始兴县冲坍民田三顷二十五亩，实难修复，额赋请予豁除。应如所请。从之。

清实录/高宗/卷二百三

乾隆八年十一月二十一日

（吏部）又议复：左都御史管广东巡抚王安国疏称，大埔坪同知一缺，先经题准裁汰，将所管各县捕务归各该府同知、通判管理。惟广州府理事同知先经题定专管旗务，所有从化、花县二县捕务，未便照旧管理，请归佛山同知管辖。应如所请。从之。

清实录/高宗/卷二百五

乾隆九年七月初十

户部议复：两广总督马尔泰、署广东巡抚策楞条陈粤东开采矿厂、召商抽课各事宜。一、据广州府属番禺等县报铜矿十二、铅矿二十二、铜铅矿砂三。韶州府属曲江等县报铜矿五、铅矿二十七、铜铅矿砂三。惠州府属博罗等县报铜矿十六、铅矿十、铅矿兼有银砂者五。潮州府属海阳等县报铜矿六、铅矿七、铜铅矿砂十五，又铜铅矿砂杂有金银砂者十四。肇庆府属鹤山等县报铜矿二、铅矿五，又铜铅矿砂九、金矿九。罗定州属西宁县报铜铅矿砂五。连州及连山县报铜铅矿十七、铜矿一。嘉应州及长乐等县报铜矿四、铅矿六。现勘明于田庐无碍，即召商试采。第每铜百斤实需工本十二两有奇，若照洋铜每斤一钱四分五厘交官收买，除百斤内抽课二十斤外，工费不敷。应如所请，饬该督定议报部。一、铜矿原本无银，间杂银屑，为数甚微，现酌议何等以上抽课，何等以下免抽。应如所请，俟确查定议，其余铜铅仍照例二八抽课。一、定例：每县召一总商承充开采，听其自召副商协助。一县中有矿山数十处，远隔不相连者，每山许召一商，倘资本无多，听其伙充承办。应如所请。如矿少砂微，并令居民开采抽课，一并按季、按月汇报。一、每山设一山总，每陇设一陇长，约束稽查，每工丁十人设一甲长管领，应募者取保互结。亦应如所请，饬该管官严行防范。从之。

清实录/高宗/卷二百二十

乾隆十年七月初一

吏部议准：前署广东巡抚策楞疏称，广州府为边海要地，各属捕务向系佛山同知及广粮通判兼辖。今府属香山县之前山寨，添驻海防同知。所有香山、顺德、东莞、番禺等四县均属相连，其捕务应改归海防同知就近管理。至南海、增城、龙门、从化、花县等五县捕务，归佛山同知兼辖。新安、新会、新宁、三水、清远等五县捕务，归广粮通判兼辖。凡盗案疏防及提比经捕，俱照各管地方查参办理。从之。

清实录/高宗/卷二百四十四

乾隆十年十月二十六日

（户部）又议准：两广总督策楞疏称，龙川、海阳、饶平、揭阳、嘉应等五州县，荒山可种树木。请令无业贫民各就山场远近承垦，每人以一顷为率，照斥卤下则例，十年后升科，准为世业。又东莞、香山、新会、南海、增城、三水、番禺、新安、新宁、清远、龙川、澄海、饶平、阳江、封川、高要、德庆、东安、茂名、石城、电白、吴川、海康、遂溪、徐闻、琼山、澄迈、儋州、乐会、陵水、万州、文昌等三十二州县，额征渔课，共银五千八百九十八两有奇，或按埠匀摊，或按船摊征，难免豪强勒抽，请自丙寅年始，照归善、海丰、陆丰、潮阳、惠来等五州县例，将额征银数，按渔船大、中二号匀派，给与司照，如数交纳，小船免征。从之。

清实录/高宗/卷二百五十一

乾隆十年十月二十九日

两广总督策楞奏，原任肇高学政金洪铨奏，粤东通省荒地，宜招徕劝垦。查广、南、韶、肇、连、罗六府州，已无不耕之土，惠、潮、嘉三属，微有官荒，业已具题请垦。琼州虽有荒地山场，错杂黎岐境内，议垦恐滋纷扰。惟高、雷、廉三属，委员查出荒地共七万五千七百余亩，应亟筹垦辟，仍俟细核肥瘠，劝垦试种有验，再分别等则。题报升科。得旨：是。应如是办理者。

清实录/高宗/卷二百五十一

乾隆十年十一月十八日

户部议准：两广总督策楞疏称，粤东南海、番禺、东莞、新安、新宁、清远、花县、增城、归善、高要、恩平等十一县，入秋猝被风雨，损伤沿海田禾。又化州、阳春、罗定三州县，及南澳同知所属之隆澳，田亩被旱，所有应征钱粮一并缓征，并借给贫民社仓谷石，秋后免息还仓。至南海等十一县，风雨碎船坍屋，压没人口，照例分别抚恤，城垣衙署等项确估兴修。得旨：依议速行。

清实录/高宗/卷二百五十三

乾隆十一年七月初一

谕：据广东巡抚准泰奏报，广州府属之南海、三水、顺德，肇庆府属之四会、鹤山、开平、恩平，南雄府属之始兴，韶州府属之曲江、仁化、英德、乳源等县，因大雨水发，有被冲田亩、围基、房舍之处，民人间有倾压淹毙者，定例夏灾止有借贷口粮籽种，未及赈恤之条等语。朕心深为轸念。着将实在乏食贫民，给与一月口粮，所有沙压田亩、倒塌房屋及淹毙人口，令该抚查明，俱着加恩分别抚恤。其被灾稍轻，应须借给口粮籽种者，即行借给，秋后免息还仓。俾被水民人均沾实惠，无致失所。该部遵谕速行。

清实录/高宗/卷二百七十

乾隆十一年八月二十六日

赈贷广东南海、三水、保昌、始兴、曲江、乐昌、仁化、英德、乳源、四会、恩平、开平、鹤山、茂名等十四县被水灾民，并予缓征。

清实录/高宗/卷二百七十三

乾隆十一年九月初四

调广东连阳营游击郑得元来京引见。

清实录/高宗/卷二百七十四

乾隆十一年十一月二十日

缓征广东连州、清远、四会等州县水灾，广宁县虫灾，海丰、新兴、澄海、崖州等州县及南澳厅所属隆澳旱灾额赋，赈恤饥民。

清实录/高宗/卷二百七十九

乾隆十二年十一月三十日

广东韶州镇总兵毕暎奏：臣属八排一地，周四百五十余里，俱系瑶人聚处，外环七百四十余里，毗连湖广、粤西。查傍瑶之连山、阳山，屡被瑶贼行劫。臣属曲江、乳源、英德等县汛内，均住有瑶人，虽曰良瑶，而频年劫窃，即皆此辈。惟守固驭严，庶可安帖。凡瑶人贸易等事，必须刻定限期，违者即绳以重法，而于散居各邑之良瑶，亦当设法严加钤制。得旨：制驭此等苗瑶，惟应去其扰累，宽其小节，而凛然示之不可犯之国威，则得矣。切不可生事也。

清实录/高宗/卷三百三

乾隆十三年六月初九

除广东清远、龙门、东安等三县十二年分水冲无征田地额赋有差，并补蠲四会县十二年分水灾额赋。

清实录/高宗/卷三百十六

乾隆十六年四月二十九日

两广总督陈大受等奏：粤东滨临海疆，军火紧要，每年需硝二十余万斤。原借司库银委员赴广西采办，嗣广西产硝无多，在本省增城、阳山、南海、顺德四县开煎土硝。现在阳山、南海二县又称采土维艰，额需有欠。前经督臣硕色咨询豫省，有无余硝可买。准河南抚臣咨复，豫省每年可得余硝十七万斤。经臣饬藩司李锡秦议复，以西省现于太平府属等处试采，如果旺盛，自应暂缓赴豫采买。又据广东藩司石柱详称，东省需硝孔亟，请照往例，遂年赴豫买运余硝十四万斤，将来西省应需若干，即解价赴东领运，倘无需则全归东省。得旨。下部知之。

清实录/高宗/卷三百八十七

乾隆十六年六月十七日

赈广东英德、长宁、连平、信宜等四州县被水灾民。

清实录/高宗/卷三百九十三

乾隆十六年六月十九日

大学士等议复：两广总督陈大受奏称，海阳、大埔、罗定、东安、镇平五州县铁炉十座，应征饷银三百一十三两。嗣因先后停歇，地方官设法拨抵。乾隆六年以后，长宁、龙门等州县续开炉座，除抵旧额，每年剩银一二百两不等，留司库公用。请将现增之炉饷，按年报部，其无着饷银，准予豁免等语。查粤东铁炉饷银，俱系按年完纳，报部核销。今该督所奏，是向来拨抵无着，殊非实征实报，应如所请。长宁等州县新增炉饷银七百三十六两，自乾隆十五年为始，按年造报，其停歇者宜豁。但查户部奏销册内，止载有潮州、罗定、东安、嘉应一府二州一县。又清远、增城、从化、龙门、花县、翁源、乳源、曲江、英德、长宁、永安、归善、东安、兴宁十四州县，每年各有应征炉饷。其海阳、大埔、镇平并未开载，应令该督详查，分晰另行咨部，准其豁除。从之。

清实录/高宗/卷三百九十三

乾隆十七年六月初十

兵部议准：两广总督阿里衮疏称，广东清远县属之鳌塔应添一汛，安兵六名，于清远县存城内兵抽拨，大坪角应添一汛，安兵五名，梨塘口改为水汛，除原有塘兵二名，应添三名，俱于英清营分防大塱底、白庙等九汛额兵内抽拨。曲江县属之石灰坪应添一汛，安兵六名，于右翼镇中营龙眼峒汛额兵内抽拨。白沙、老濛浬、新濛浬及英德县属之凤田、清溪、高陂、朗罟、太平坑、菜州等处均应各添一汛，安兵六名，于右翼镇右营分防界滩、乌石及高桥等汛额兵内抽拨。三丫塘、榄坑口应各添一汛，其小樟、黄土坑二塘改为水汛，除原有额兵二名，应添三名，于英清营分防大塱等汛抽拨。从之。

清实录/高宗/卷四百十六

乾隆十八年六月初八

吏部议奏：前经给事中朱若东奏，查新设地方领凭程限，当经咨查各省。兹据江苏、福建、广东各该抚咨复到部，查文武官自京领凭赴任，应分别限期。……广东省之嘉应州、连州均定限一百日，罗定州一百五日。饬行遵照，并载入现行例册及会典。从之。

清实录/高宗/卷四百四十

乾隆二十年八月十五日

吏部等部会议：两广总督杨应琚奏，广东阳山县原设青莲司巡检，距县甚近，无须专员分驻，请移驻淇潭，分管西乡村堡，估建衙署，换给阳山县淇潭堡巡检司印。……均应如所请。从之。

清实录/高宗/卷四百九十四

乾隆二十一年四月三十日

两广总督杨应琚等奏：阳山县属巩门槽等处路旁，有从前开设铁厂时遗剩炉渣数十万斤，加工镕化可获铁少许。向经封禁。缘该处距城穹远，有附近贫民掘取运售，而瑶人辄伺中途抢夺。应请于该县属之淇潭堡，官为设厂，将铁渣刨运，雇募贫民，给予工价，一面招商贩售。除已调设灾检一员驻扎，仍饬文武差拨兵役巡查，毋使透漏。得旨：如所议行，严禁聚众生事可也。

清实录/高宗/卷五百十一

乾隆二十一年五月十一日

兵部议复：两广总督杨应琚奏称，三江协额设步兵，除分习枪、炮、弓箭各项，止余五十九名。该协分防地方，最为瑶排要隘，马兵不若步兵之便捷。应如所请。裁该协左右两营马兵三十名、守兵七十名改作步兵一百名。所遗骑操马匹，变价报部。其马兵盔甲三十副，与步兵同，无庸另制。从之。

清实录/高宗/卷五百十二

乾隆二十三年四月初十

吏部议准：调署广东巡抚周人骥疏称，粤东通省水利，向皆州县印官及县丞、巡检等分界督办。兹奉部行责成道厅，请将广州府属南海等十四县水利，各就近归佛山同知、海防同知、督粮通判兼管；惠州府属归善等十州县水利，归海防同知、督粮通判兼管；潮州府属饶平等九县水利，归海防同知、督捕通判兼管；南雄府属保昌等二县，韶州府属曲江等六县，肇庆府属高要等十三州县，高州府属茂名等六州县水利，归各府通判兼管；雷州府属海东等三县，廉州府属合浦等三州县水利，归各府海防同知兼管；琼州府属琼山等十三州县水利，归海防抚黎同知兼管；罗定州属东安等二县，连州属阳山等二县水利，归各州州判兼管；嘉应州属兴宁等四县水利，归州同兼管；至广州一府水利，仍归粮驿道兼管。南、韶、廉三府州，惠、潮、嘉三府州，肇、罗二府州，高、廉二府，雷、琼二府各水利，均归各道兼管，换给关防。从之。

清实录/高宗/卷五百六十

乾隆二十三年九月十二日

兵部议复：署两广总督李侍尧奏称，粤东总兵各缺，除南澳镇应归闽省查议外，其右翼镇所辖止英清一营，系内河水师，余皆陆路。潮州镇所辖并无水师营分，毋庸议外，惟左翼镇西南通诸番，东北连闽、浙，实为全省门户，且辖外海水师营二、水陆各半营五，内河水师营三、水陆各半营二、陆路营二。琼州镇孤悬海外，通外洋诸国，五指山屹立大洋，易藏奸宄，每年带兵巡哨，且辖水师各营，均资弹压，此二镇仍请注为最要缺。碣石镇枕山临海，巡哨东洋，亦属紧要，惟所辖外海水师营三、陆路营一，事务稍简；高州镇界连粤西，俍瑶杂处，且有统巡洋面之责，惟所辖水陆十余营皆属内地，此二镇请改为要缺。均应如所请。从之。

清实录/高宗/卷五百七十

乾隆二十四年二月二十九日

广东巡抚托恩多奏：据连山县禀称，访知奸民苏有清自称即系马朝柱，苏有荣即系马朝贵，苏有敬即系王朝贵，假借烧符挖窖，煽惑愚民。现委官弁飞赴苍梧县，密拿苏有清三人务获，并搜查有无不法书籍。得旨：如获马朝柱，实大佳事也。勉之。

清实录/高宗/卷五百八十一

乾隆二十四年三月二十六日

谕军机大臣等：据托恩多奏，连山县拿获挖窖之广西奸民蓝如章及黄田、黄如珍等犯到案。讯供：乾隆十八年间，曾有苏有清弟兄三人在家借住，传授符箓书，结为师徒。苏有清自称即马朝柱，苏有荣即马朝贵，苏有敬即王朝贵，约会蓝如章，两次赴苍梧县安平司武屯江口朱熙耀家，转引至福田寺会晤等语。逆犯马朝柱等屡缉多年，迄今未获。今蓝如章身藏符箓，以挖窖取银为名，与苏有清等往来交结，行踪诡秘。焉知非马逆等改名易姓，潜匿往苍梧地方，煽惑愚民，所关匪细。现据托恩多饬委布政使宋邦绥、协同副将阿穆呼朗，兼程飞赴密拿。此事鄂宝曾否得有消息？着传谕该抚，密速严拿，彻底根究，勿使稍有疏漏，以致闻风远扬。并将现在作何办理之处，速行奏闻。将此一并传谕李侍尧、托恩多知之。

清实录/高宗/卷五百八十三

乾隆二十六年八月二十三日

工部题准：署两广总督、广东巡抚托恩多咨称，粤东岁需硫磺，前于乾隆十七年奏准在英德县属猫耳峡等处开采。二十一年，采毕封矿。今将次用完。请照前开采。从之。

清实录/高宗/卷六百四十三

乾隆二十六年十二月十五日

旌表守正捐躯之……广东英德县民李缉易妻范氏。

清实录/高宗/卷六百五十

乾隆二十七年九月二十三日

工部议复：前任广东巡抚托恩多疏称，连州坑尾冲煤山煤泥已尽，饷项难完，请封停豁免。应如所请。从之。

清实录/高宗/卷六百七十一

乾隆二十七年十月初三

旌表守正捐躯之……广东英德县民吴添崇女吴氏。

清实录/高宗/卷六百七十二

乾隆二十八年二月二十九日

广东学政张模奏：广东南雄、韶、廉等府及连州等处，皆岁科连试，于按时惩劝之法未尽，除琼州隔海候风，仍照旧例。余请按年分试。报闻。

清实录/高宗/卷六百八十一

乾隆二十八年九月十七日

前署广东巡抚明山疏报：乾隆二十七年分，潮州、肇庆、廉州三府属垦复额内迁移税十四顷四十三亩有奇，广州、潮州、肇庆三府属垦额外水田税五十一顷五十三亩有奇，广州府属垦额外沙坦税五十一顷九十七亩有奇，惠来、新会、恩平垦熟税一顷六十八亩有奇，香山、新宁、清远、潮阳、惠来、普宁、高要垦熟税二十二顷一十三亩有奇。

清实录/高宗/卷六百九十五

乾隆二十九年六月十七日

谕曰：苏昌等奏，韶州府等属，先后间有被水之处，惟英德县地方两次被淹，情形较重，现在照例抚恤等语。该处城乡被水，虽属一隅偏灾，但两经山水涨漫，田庐多有淹损，无力穷民，口食维艰。着加恩将英德县酌赈一月口粮，俾资糊口。其南海、三水、清远等县民修围基，当被水之后，复令裹粮趋事，亦未免拮据。着加恩各按在工民夫，酌给口粮，以资力役。该督抚等，其董饬所属，实心经理，副朕加惠贫黎至意。该部遵谕速行。

清实录/高宗/卷七百十三

乾隆二十九年六月二十一日

旌表守正捐躯之广东清远县民梁胜章妻温氏。

清实录/高宗/卷七百十三

乾隆二十九年八月初六

（吏部）又议准：广东巡抚明山奏称，广东理瑶同知自添设连州州判后，于民间捕务已不相关涉，而关防篆文，仍沿旧式，与官制不符。应换铸广东理瑶军民直隶同知，驻扎三江口，关防颁给。从之。

清实录/高宗/卷七百十六

乾隆三十三年七月十四日

工部议准：两广总督李侍尧奏称，粤东采取硫磺，现存无几，请将前次封闭之英德县属猫耳峡等处山场，仍行开采。从之。

清实录/高宗/卷八百十四

乾隆三十三年九月二十九日

两广总督李侍尧、广东巡抚钟音议复：广东布政使欧阳永裿奏，请调剂排瑶一折。查排瑶为连州暨连山县所属，分八大排、二十四小排，又分出三十二冲。现在生齿日繁，地不加广，似应设法疏通。此内唯冲瑶质近淳良，可以稍宽禁令。遇有愿迁外地者，听其陆续出排，编归民籍。至八大排及二十四小排之瑶，止可许其分户归冲，不得遽令越居民境。得旨：如所议行。

清实录/高宗/卷八百十九

乾隆三十四年八月二十二日

工部议准：广东巡抚钟音疏称，阳山县高桥底等处煤山采挖日久，并无出产，应请封闭。从之。

清实录/高宗/卷八百四十一

乾隆三十四年十月初七

广东巡抚钟音疏报：乾隆三十三年分，广州、潮州、肇庆、高州、雷州、廉州、罗定等七府州属，共垦额外水田一百二十二顷九十二亩有奇，东莞、钦州、新宁、从化、饶平、花县、惠来、恩平、电白、香山、清远、三水、徐闻、东安等十四州县，共垦额内水田六十三顷六十三亩有奇。

清实录/高宗/卷八百四十四

乾隆三十七年九月十八日

广东巡抚德保疏报：乾隆三十六年分，开垦清远、从化、德庆、恩平、番禺等五州县水田、沙坦十六顷三十亩有奇。

清实录/高宗/卷九百十七

乾隆三十八年二月十三日

旌表守正捐躯之广东英德县民林大猷妻吴氏。

清实录/高宗/卷九百二十六

乾隆四十三年十月十七日

旌表守正捐躯广东英德县民莫某女莫氏。

清实录/高宗/卷一千六十九

乾隆四十五年五月初二

工部议复：广东巡抚李质颖疏称，阳山县商民陈嘉润，前经承认开挖县属横基石等处煤山，每年输饷银四十两。兹因该商病故，山煤亦已罄尽，请将山场封禁，其额征饷银豁除。应如所请。从之。

清实录/高宗/卷一千一百六

乾隆四十六年五月二十六日

旌表……守正捐躯广东英德县民朱昌文妻姚氏。

清实录/高宗/卷一千一百三十一

乾隆四十六年九月十八日

兵部议准：两广总督觉罗巴延三奏称，广州城守左右二营守备、连阳营游击三缺，向例部推。查广州二营分管南、番汛属，地方繁杂，盗案最多；连阳营界近粤西楚南，民瑶杂处，请均改调缺。仍将遗缺归部选。从之。

清实录/高宗/卷一千一百四十一

乾隆四十七年九月二十九日

广东巡抚尚安奏：鸟枪例应查禁，惟合浦县所属之归德图，设有俍兵分守隘口，连山县所属瑶人素以射猎为生，所用鸟枪，请免查缴。报闻。

清实录/高宗/卷一千一百六十五

乾隆四十八年四月十九日

旌表守正捐躯广东清远县苗民曾永巄聘妻李氏。

清实录/高宗/卷一千一百七十九

乾隆五十年六月三十日

广东巡抚孙士毅奏：粤东每年应征银米，均有民欠，州县措垫奏销，借免处分。州县垫解后，于交卸离任时，将民欠减为六折、七折，作为后任抵项，辗转抑勒，挪新掩旧，皆由此起。臣现委员分赴民欠最多之高要、保昌等县四乡，将上年未纳各户查对，均系实欠在民。此外，如罗定、德庆、清远、翁源、归善、博罗等，积欠累累，其余俱饬严查。所有四十年以后民欠，挨造清册，限三个月扫数全完。有实在逃亡绝户者，毋庸列入。至追出银米，如系现任州县垫解，仍给还本任，倘追出积欠，系接收前任，移交流抵之项，概令入官。一体咨部报拨。得旨：不料汝竟能如此，勉为之。李湖素称风励，何未办及此耶。

清实录/高宗/卷一千二百三十三

乾隆五十年十一月初五

广东巡抚孙士毅疏报：清远、恩平、阳春等三县，开垦额外水田十三顷六十九亩有奇。

清实录/高宗/卷一千二百四十二

乾隆五十一年十二月十七日

以广东三江协副将尚维昇为广西左江镇总兵。

清实录/高宗/卷一千二百七十一

乾隆五十五年六月初二

谕军机大臣曰：福康安奏，清远县途次，带领阮光平跪接敕封阮光垂为世子谕旨及荷包、香器。该藩恪恭欣幸，伏地叩首，并称尚有长子光缵现在监理国事，光垂为次，蒙恩晋封世子，非敢承当，特具表申谢。朕欣览之余，深为嘉尚，特用朱笔批答，以示优宠。着将原表发交福康安，转给阮光平阅看，并告以大皇帝接览谢表。方知光垂为国王次子，国王不稍隐饰，披诚具奏，实深晓大义。大皇帝特命阁臣改撰敕书，即封王长子阮光缵为世子。至节次所赏物件，仍给予阮光垂，再赏给王世子阮光缵玉如意一柄、大荷包一对、小荷包二对、纱四端、茶叶二瓶、扇一匣、香器七匣、药锭二十封。俾得同沾宠锡，均被恩施。

清实录/高宗/卷一千三百五十六

乾隆五十五年十月初一

谕曰：郭世勋奏，广东陆丰县监生陈兆珠现年八十岁，连州耆民萧耀胜现年九十五岁，俱五世同堂，请照例赏赉等语。耆士陈兆珠等年臻耄耋，膝绕曾元，洵为盛世嘉征，所有应行赏赉之处，着该部察例具奏。

清实录/高宗/卷一千三百六十四

乾隆五十六年五月十一日

旌表守正捐躯广东英德县民龙士达妻邓氏。

清实录/高宗/卷一千三百七十八

乾隆五十七年十一月十二日

广东巡抚郭世勋疏报：广州、肇庆、连州等三府州属，报垦额外水田、沙滩四十三顷六十亩有奇。

清实录/高宗/卷一千四百十六

乾隆五十七年十二月十九日

旌表守正捐躯……广东英德县民巫友聪妻江氏。

清实录/高宗/卷一千四百十九

乾隆六十年四月二十七日*

内阁、翰林院带领新进士引见，得旨：新科进士一甲三名王以衔、莫晋、潘世璜业经授职外，玉麟、沈乐善、严荣、严振先、陈廷桂、黄因琏、陈琪、乔远炳、李继可、贾允升、王瑶台、韩鼎晋、何会祥、董健、张凤枝着改为翰林院庶吉士，雷学海、谢城、吴邦基、任烜、吴元庆、汪志林、黄时沛、张志绪、韩文绮、孙宪绪、沈革旭、王赓言、孙奇峰、杨毓江、**郑士超**、赵宜本、张鹏昇、罗天桂着分部学习，多山、高鹗、田永年、王丹枫、薛玉堂、汤谦、赵良澍、曹德华、胡枚、李鹏、徐润第、杨汝任着以内阁中书用，完智、詹坚、应丹诏、阎绍世、刁思卓着以知县即用，陆开荣、向曾贤、周有声着以国子监学正、学录用，余着归班铨选。

清实录/高宗/卷一千四百七十七

仁宗睿皇帝实录

嘉庆元年五月十二日*

引见各衙门保送御史官员，得旨：吕云栋、章守勋、杨志信、王治模、吴煦、劳树棠、姚梁、**郭仪长**、郑敏行、沈琨、何道生着记名以御史用。

清实录/仁宗/卷五

嘉庆四年七月初六

调……广东三江协副将许文谟为四川建昌镇总兵官。

清实录/仁宗/卷四十八

嘉庆四年七月十五日

又谕：吉庆、陆有仁参奏，审理案件滥行羁押，致毙多命之英德县知县陈寅一折。陈寅于审办案件并不随时完结，以致数年之内，在押病毙人犯共有数十余名，怠玩已极。陈寅即着革职，交该督抚提同案内犯证严审，按律定拟具奏。外省州县，遇有自理词讼案件，有意迟延，上司不加查察，任其悬宕，吏治废弛，已非一日。此不独广东一省为然，推其迟延之故，皆由地方官欲借案件索赃，多方搜剔，或以一人而牵连众人，或以一案而旁及他案，辗转株求，公差四出。而胥役等每至一村，索诈使费，有钱则正犯纵令他逸，无钱则旁人亦被牵连，买票佥差，拘提两造，得至州县公堂，已非易易。而州县又将听审日期时时更改，以待说合过手之人，必至贿赂已通，欲壑已满，始肯审结一案。而由县详府，由府详司详院，各衙门书役又思从中染指，驳诘稽延。不过一杖责可完之案，而百姓之身家已破，甚至久禁囹圄，长途解送，因此拖毙人命。如粤省所参之案，谅复不少。……今因粤东一案明白宣示，嗣后封疆大吏，先正己心，顾惜廉耻，仍当严加约束，凡遇各州县审案，饬令按限完结。如有迟延，立即参奏。倘意存徇庇，经他人纠劾，必将该督抚一并严处，决不稍贷。至此案陈寅在任玩误已有四年，陆有仁甫经到任，即能查出，据实会参，尚属留心公事。而吉庆久任两广，何以并未参奏，且不自请处分，殊属不合。前此吉庆于不干己分之事，屡次越俎代谋，朕即虑其不能专心职守，已降旨训饬。今观此案，益信吉庆之舍其田而芸人之田矣。吉庆着传旨申饬，同历任各上司一并交部议处。将此通谕知之。

清实录/仁宗/卷四十八

嘉庆四年十二月二十八日*

谕内阁：礼部议准，御史**郭仪长**条陈乡会试回避卷，请另编坐号，将朱卷密封进呈，钦派大臣秉公校阅一折。所议非是。回避举子另行考试，虽系旧例，嗣于乾隆年间奉特旨停止。盖每科乡会试主考帘官，至下科未必复行简派，其子弟回避者，不过数人，即本科回避，不过停试一科，下科仍可应试，并无碍登进之路。今据礼部奏称，此项回避卷，请旨取中一二名，如俱系平庸之卷，即全不取中，既无定额，即难着为成例。设使例应回避者仅止数卷，亦请特派大臣校阅，更属无谓。且折内称回避各卷全行进呈，将去取之故，于卷面黏贴黄签，以备比较，亦属纷烦，不成事体。朕于臣工条奏交部核议者，原以试看各该堂官等识见如何，自应酌其事理，分别准驳，并非一经交部即可议准也。礼部所议不准行。

清实录/仁宗/卷五十六

嘉庆九年七月初四*

引见各衙门保送御史人员。得旨：魏元煜、何元烺、杨健、**郑士超**、牟昌裕着记名以御史用。

清实录/仁宗/卷一百三十一

嘉庆十年四月初九*

谕军机大臣等：御史**郑士超**奏，广东省开设赌局，名曰“番摊馆”，为洋土各匪勾通兵役、探听消息之处。其主持开局，多系各衙门长随吏役人等。省城关厢内外，即不下二百余处。匪徒溷迹其中，其于缉捕消息，知之最确最速。地方不肖官员及查街道之委员兵役人等，每日收受陋规，因而纵容包庇。请敕下该督抚等严行查禁等语。粤东查拿匪犯，正在吃紧之时，今各衙门长随兵役人等，公然开设赌局，日与匪徒勾引，以致缉捕消息动即透漏，甚至不肖官吏得受陋规，纵容包庇，尚安望其缉盗安民乎？那彦成、百龄，当实力严查。省城及各府州县，有似此开局聚赌，踪迹诡秘者，即严行究办。倘地方官等得受陋规，尤当严参示儆，方与缉捕有益。至洋匪、土匪办理之法，总当使洋匪不能登岸，以杜其勾结之缘；土匪不能下洋，以绝其逋逃之路。二者不能合一，则盗匪势单，踪迹不能联络，再加以分投缉捕，自可全数扫除。将此传谕知之。

清实录/仁宗/卷一百四十二

嘉庆十年四月十九日*

谕内阁：前经降旨，通谕侍卫、部院满汉司员于本管满汉堂官前不得屈膝请安，致堕体制。本日据御史**郑士超**奏称：本月初九日，尚书戴衢亨、侍郎英和典试出闱，各司员在奏事门外纷纷遮道，屈膝请安，直至军机门首而止。司员相习成风，该堂官亦不加以参处，应请旨严行申禁等语。朕见其所奏尚是，因于召见军机大臣时，向戴衢亨、英和面询，据伊二人奏称：是日，考竣复命后，出至奏事门外，路旁实有请安之人，不敢隐饰，但亦不致纷纷遮道，如该御史所奏之多。伊等于属员请安时，亦皆随时向阻，但未参奏，殊属不合，自请处分。至当时请安之人，因匆匆行走，今已数日，不能记忆。并据英和奏称：是日，尚有本管之笔帖式、骁骑校、拜唐阿等一并在内等语。因思笔帖式、骁骑校、拜唐阿等分属微末，于见该管上司时屈膝请安，尚非例禁。至各部司员等体制较优，若于见该堂官时不知恪守礼仪，妄为屈膝，实属不遵定例，渐开谄谀恶习，不可不查办示惩。该御史既有此奏，自必能确指其人，当派庆桂、董诰、刘权之向该御史详悉询问，据称伊是日站立较远，彼时请安之人，实在望不真切，不敢混指等语。该御史既不能确指姓名，势难概行查办，所有此次屈膝请安之人，姑无庸议。戴衢亨、英和于司员等未经查参，究属非是，着交部察议。至此种风气，一衙门如此，各衙门谅皆不免，既于定制有乖，且相率效尤，兼恐渐趋卑鄙，不可不严行申禁。嗣后侍卫、部院满汉司员，务当凛遵定例，各知自爱，倘再有向该堂官屈膝请安者，即着该堂官据实劾奏。倘徇隐不言，致被科道纠参，必将该堂官一并议处，但必须指名查参，无得含糊具奏，转使自蹈卑鄙之员，得以幸免处分。此事该御史系初九日目击之事，于次日即应参奏，何以迟至十日之久，始行列诸弹章？朕心知其故，若明白晓谕，恐阻言路，然此等伎俩，徒自苦耳，于朕前不应尝试也。

清实录/仁宗/卷一百四十二

嘉庆十年九月十五日

谕内阁：据那彦成奏，已革南海、番禺二县知县王轼等被劾不甘，禀出百龄在巡抚任内自制联枷，将犯人枷毙二命，又派伊妾弟任二管门，传令两首县家人代办供应食物并一切应用物件，共用银一万一千五百余两。百龄仅发过银一百两，并于离任时将一切紫檀玻璃等项什物搬运下船，价值终未给发。并据那彦成奏，伊与百龄联衔参劾首县私设班馆及英德县逼勒银匠垫办钱粮二折，又百龄具奏巡抚衙门例折，回粤迟延，询据折差禀明，系百龄到湖北后，谕令黄梅县将该折差截留，令其由驿赍至武昌省城。百龄将朱批奏折留下，仅抄录行文移知等语，殊堪骇异。此案关系重大，而其最重者，尤在截留朱批奏折一款。现派直隶总督吴熊光、侍郎托津驰驿前往查办，着伊二人先至湖北省城，传旨讯问百龄，伊已升任湖广总督，前在广东与那彦成联衔各折，系广东应办之事。因何绕道截留？及拆阅后，又不将原奉朱批谕旨交回。此内若有密交那彦成朱谕，伊自必擅行拆阅，殊出情理之外。又伊在广东任内，派令妾弟任二管门，需索两首县供应什物等项，用银至一万一千余两之多。何以百龄在任仅发价银一百两？及升任时，复将紫檀玻璃及一切什物概行搬带下船。伊既参奏南、番两县私设班馆，何以复制造非刑，联枷毙命？种种贪纵款迹，令其逐一登答，并将任二严行审讯，如讯出确据，即传旨将百龄革职拿问，将任所资财查抄。所有湖广总督印务交瑚图礼暂行兼署。一俟审得大概情形，先行具奏，再赴粤东查办。

清实录/仁宗/卷一百五十

嘉庆十一年五月十九日

谕内阁：吴熊光等奏疏通监犯一折。据称，粤东案犯之多，甲于他省。其免死洋盗等五项遣犯，现在省监居其大半，囹圄壅滞，时有人满之虞。请将此等遣犯于题咨后先行起解。俟部复到日咨行知照，或将外遣各犯，暂行分禁转递必经之三水等六县，以资疏通等语。粤东案犯繁多，省监拥挤，自当随时体察，通融办理，前此该督等以一面题咨，一面起解具奏。经部议驳令体察情形，设法筹办。今该督等仍请于题咨后先行发配，间有经部驳查之案，又复知照前途将人犯解回，殊于政体未协。此等遣犯，向既由该省北路之三水、清远、英德、曲江、始兴、保昌等六县地方接递，各该县本监人犯较少，着照所请，于各遣犯定案后，即交南、番二县验明，解往经由转递之三水等县，均匀拨禁，量为分析。仍俟部复到日，由寄禁衙门就近起解。但各县监狱，究较省监窄狭，其分禁各遣犯，该督等当转饬各该县随时严密防范，毋得稍有疏虞。

清实录/仁宗/卷一百六十一

嘉庆十二年四月二十六日

户部议准：广东巡抚孙玉庭疏报，新会、清远、恩平三县开垦田三十二顷六十九亩有奇。照例升科。从之。

清实录/仁宗/卷一百七十八

嘉庆十二年十月二十六日*

谕军机大臣等：御史**郑士超**奏，粤东吏治废弛情形一折。粤东各府州县，盗贼充斥，奸蠹横行，地方官因循怠玩，竟置不问，朕早有所闻，**郑士超**籍隶广东，又新从本籍到京，见闻自确，所有奏上五条，俱属切中时弊。近闻，各省地方官规避处分，往往于报劫重案，意存消弭，掷还原词，不为申理，甚且将事主多方留难，坐以诬控，冤抑莫伸，似此纪纲废弛，地方如何宁辑？今**郑士超**折内，其前条亦奏及于此，并称盗犯劫人取赎，公然于沿海港口设立税局，商船俱纳洋税。上年八月间，有关书王洪被劫，地方官束手无策，于九月初四日捐银二千两赎回，实堪诧异。关书王洪被劫勒赎一事，通省皆知。该督抚岂有不知之理？若竟毫无所闻，岂不形同木偶？究竟此案如何被劫勒赎？系何人捐银赎回？着即查明据实严参。

又折内第二条所奏，奸徒结会拜盟，甚至有大货手名目，带刀横行，广州、南雄、韶州等属尤甚。十年十二月内，有清远县水西乡村民王水生家被抢奔逃，追事定回归。又被英德县会匪邀劫财物妇女多人。又英德县阙姓二十余家亦被土豪罗春元带领会匪数百人抢掠一空，至今官不查办等语。广东省会匪为害甚于洋盗，地方官因循不办，愈积愈多，日久必致酿成事端。盗匪窜匿海洋，兵船往来缉捕，容有追驶不及之时，至会匪皆在陆路，其姓名住址可以一一详查，何得有意纵容，延搁不办，此两案系在何处控告？官员系何人讳饰？均着严查复奏，迅速参办。

又折内第三条奏称，棍徒开设赌局，名“番摊馆”，省城为甚。南海一县即有七八十处，佛山镇有四五十处，皆系洋盗土匪勾通聚集。上年十一月间，绅士等赴各衙门联名具控，并未禁绝。现在各衙门长随、书吏、兵役人等互相盘结，收纳赃银，每年可得巨万，竟足抵一岁钱粮等语。粤省番摊馆，前经降旨饬禁，地方官竟不实力奉行，纵容包庇。此等不法之辈，聚集既多，势必辗转勾结，扰害闾阎，实非浅鲜。应即实力查拿，概行禁绝，庶清盗源。

又折内第四条奏，鸦片烟一项，不遵例禁，私贩私销，起由闽粤，延及各省以至京城内外，应请严密查拿等语。此虽属事之小者，然于地方风俗，殊有关系。

该省并不实力查禁，可见积习因循，毫无整顿。着即一律严拿，按法惩治，并责令惩海关监督于洋船过口时稽查杜绝，毋许透漏干咎。

又折内第五条奏，钱粮积弊，即如该御史籍隶阳山一邑，近日银米征至数倍，并系图差及银匠包揽，汇集交官，公然于铺面张贴钱粮总局，而地方官催征之酷，不仅鞭扑，往往一丁未完，勒令殷户完纳，致有数家破产等语。地方官违例浮收，听信吏书银匠包揽完纳，已属朘削小民，乃复因一户未完，累已完之户，致令破产，任意酷虐，桎梏催科，殊为苛政。并着该督抚严查惩办，勿稍瞻徇。

以上指出各条，皆确凿可按。吴熊光、孙玉庭擢任广东督抚，海疆重地，一任地方官怠玩废弛，不加整顿，殊负简任。着传旨申饬，并着按款明白回奏，不可稍存回护，致干重咎。一面速行分别核办，勿再因循，酿成大患。倘经此次询问，犹不肯据实奏闻，务存掩饰，经朕另行派人访查得实，恐伊二人不能当此重咎也。将此谕令知之。

清实录/仁宗/卷一百八十六

嘉庆十二年十一月二十六日*

谕内阁：周廷栋奏，大、宛两县童试冒籍较多，据实奏请查办一折。考试为抡才大典，而府县试尤为士子始进之阶。文风各省不同，学额亦定数不一，自应严禁冒籍，以遴实学而息纷争。京师大、宛两县为四方人文萃聚之区，向来多有南省士子希图幸进，冒籍应试者历经科道等条奏清查。而此弊相沿已久，仍未肃清，总由不肖廪保扶同徇隐，而特经派出之审音御史等又视为积习相沿，惧干嫌怨，仍不实力稽查所致。现在正届顺天府试之期，已派出御史达德、**郑士超**二员前赴贡院，会同该府丞审音。该御史等当逐一详细确查，秉公点验，如一经查有弊窦，即着据实参奏。其从前冒籍诸生已登科第及现任职官者，应如何立限，勒令呈明，改归原籍并酌予罚惩之处，着交吏、礼二部会同顺天府详查旧案，妥议具奏。寻议，请申明旧例，除从前进士、举贡生监现在寄籍已至二十年者，与入籍之例相符，无庸议外，其未满二十年者，自此次查办部文到日为始，勒限一年，自行呈明，逾限者罚停一科。如遵例入籍者，准其入籍。应考试者扣满年限，准本生子弟应试，并声明原籍，不得复回跨考。愿改归原籍者，查明取结，即归原籍，永不许复冒寄籍。以后再有混冒考试及跨考幸进者，查出，照例斥革治罪。官员定例，除吏员不准改归原籍外，其在寄籍，由应试报捐议叙。现任职官及候补、候选人员应改归原籍者，照例呈请改归。其在寄籍已至二十年以上者，照例呈请入籍，均限一年内自行呈明，逾限者罚俸一年。以后再有冒籍幸邀出仕别经发觉者，即行革职。顺天大、宛两县童试，应请如该左都御史所奏，岁考用廪保八名，科考六名。其寄籍补廪者，查明入籍已久，方准派充，考后不准托辞补送。仍于每次考试时，令该廪保各出具并无冒籍甘结，由教官查核，加结申送。府丞学政衙门于审音时，仍令御史详加查核，如有假冒，即行严参。该管官不实力稽查，仍照例议处。从之。

清实录/仁宗/卷一百八十八

嘉庆十二年十二月初七

谕军机大臣等：吴熊光等奏，查照御史郑士超陈奏粤东吏治情形各款，分别复奏一折。据称，粤东民风犷悍，外洋内河，节次严饬舟师巡缉，获犯痛惩，而盗踪终未能净尽。其商渔船只或因沧波浩淼之中，救援不及，匪船得以肆行无忌。若沿海港口要隘，则有舟师巡缉，其余亦有营汛炮台，向未闻有盗犯公然设立税局之事等语。

所奏自系实在情形，所称关书王洪即王铉，上年七月间在香山县灯笼州洋面遇贼被劫，嗣因贼匪闻拿畏惧，并查知王铉系关口书办，即行放回，并非地方官出银代为捐赎一节，现在传询阿克当阿，与该督等所奏情形大略相同。惟所奏清远县民王水生，又英德县阙姓二十余家被劫之事，该督抚衙门均无报案等语。

王水生及阙姓二十余家，据该御史奏，姓名、住址确有可据，似非全属子虚，何以该督抚衙门并无报案，或该县等因规避疏防处分，讳匿不报，亦未可定。该督等现已饬属密查，如有前项情弊，即着据实严参。

至棍徒开设赌局，每年收纳赃银一节，该督等以责令地方官查拿，仍恐有名无实，现已密委明干之员分投密访等语。匪徒设局聚赌，若果吏役等营私包庇，收受陋规，实属大干法纪，必须查明严办，以示惩儆。该督等密委明干之员，所委用者仍不外地方官吏，恐其中貌似有才，实则扶同支饰徇隐。转不能访察得实，不如遴派诚朴之员，令其据实查报，以期水落石出。

又鸦片烟一项，亟应严禁，现在闽粤等省私行销贩者甚多，近并有携至京师售卖者，最为风俗之害。该督等现已通行饬禁，惟当严密稽查杜绝，毋任透漏。

其钱粮积弊一节，该督等查明并无阳山县民人控告浮收之案。但该御史言之凿凿，自己确有见闻。该督等现复委员往查，设果有重敛虐民之处，即着从严参办，以肃官方，总之该督等身任海疆重寄，于地方吏治，洋面捕务，均须逐一加意整饬。无任怠玩废弛，方为不负委任。

又据另折奏请饬禁洋钱一折，江、浙、闽、广等省行使洋钱，相沿已久，民间称便，若遽纷纷饬禁，概令倾镕。无论势有难行，且恐徒滋扰累，激生事端，所奏不可行，至所称出洋铅斤，予以定限，或暂行停止一节。白铅为鼓铸所需，向例未禁出洋，自当定以限制，已另降谕旨，交该督会同监督常显体察情形，妥议章程具奏。其韶、梧两关，并着吴熊光一并查核具奏。将此谕令知之。

清实录/仁宗/卷一百八十九

嘉庆十四年七月二十四日

又谕：百龄等奏，查明粤省现在行盐情形，量加卖价一折。据称，按照纲引，易销各埠分别酌增一二厘，难销各埠免其加增等语。所议尚为平允。着照所请，易销之连州等三十五埠，照现卖之价酌加二厘；其次，昭平等一百二十五埠，酌加一厘；其难销之高明等二十八埠，即可毋庸议加。所增价银共计二十万九百余两，准其以嘉庆十四年为始，随课交纳运库，另册报部。惟是此次盐务加价，原以接济南河要工，粤东盐斤行销处所距南河较远，非两淮、两浙、芦东等处可比，设该省此时别无要需，自当不分畛域，以济工用。今粤东现有剿捕洋匪事宜，经费正多，若将所加盐价解赴河工，而该省一切捕费转须另为筹拨，徒多周折。所有此项每年加价银二十万九百余两，着毋庸解往南河，即留为本省捕盗之费。前已将该省每年关税盈余银五万两留充公用，合之此项加价，每年共有银二十五万余两，经费甚为充足，剿捕自益得力。在该省商民，以所加盐价为保护桑梓之需，自当倍形踊跃，仍俟大帮洋匪办竣，即行奏明停止。

清实录/仁宗/卷二百十六

嘉庆十六年九月二十日

又谕：松筠等奏，拿获反狱脱逃寄监遣犯陈亚贵等，审明办理一折。游击马兆鲲并无管辖监狱之责，当该犯等分投逃走时，即能督饬千把、外委，同署典史倪瑍、巡检严绍陵带领兵役，在城厢内外将陈亚贵等二十八犯即日全数拿获，实属奋勉可嘉。马兆鲲着加恩赏戴花翎，遇有参将缺出，即行升用。外委梁占鳌带兵拿获首犯陈亚贵并从犯黄锡组等九名，着加恩，遇有把总缺出，即行升补。千总梁耀昌、把总杨清、巡检严绍陵俱着加恩，以应升之缺，先行升用以示鼓励。其有狱官署清远县知县杨景泰，经松筠带往查勘，该县属大埔坪地方，于陈亚贵等反狱时，该署县未在县城。管狱官署典史倪瑍于该犯等反狱，虽未能觉察于前，旋同营员督带兵役全数捕获，不使一名漏网，均着加恩，免其议处。松筠办理此案，于审明后，即将陈亚贵等二十五犯立予正法，毫不姑息，所办甚是，其自请议处之处，着加恩宽免，其余杨亚同等各犯着刑部核议具奏。

清实录/仁宗/卷二百四十八

嘉庆十七年二月初十

又谕：晋昌奏称，已革知县陈寅之子陈荣礼，呈请代父在戍当差一折。陈寅前在广东英德县任内，于应讯案件迟延拖累，监毙人证四十余名，彼时不行拟抵，仅枷号三月，发往伊犁充当苦差，已属宽典。迨三年期满时，曾经前任将军松筠具奏，特降谕旨，将该犯永远不准赎罪，亦不准释回，即系遇赦不赦之犯。今伊子陈荣礼以伊父年逾七十，老病衰颓，呈请代父远戍当差，系属人子私情。晋昌自应遵照前旨即行驳斥，若以陈寅年老可悯，宁不思因彼监毙之四十余人，独非民命乎？晋昌此奏实属舛误，着交部议处。陈寅永远不准释回，其子陈荣礼毋庸置议。

清实录/仁宗/卷二百五十四

嘉庆十八年四月二十七日

谕内阁：蒋攸铦等奏，知县才难胜任，请分别改用教职、佐杂一折。阳山县知县邓文淳，据该督等查看，才识迂拘，不胜民社，着准以教职改用。至候补知县戴玉衡，前因在海丰县县丞任内拿获洋盗引见，奉旨发往该省以知县用。兹该督等奏称，该员于刑钱事务，不能明晰，又称其留心缉捕，可资差委，请以县丞改用。殊于事理未协。该员降补县丞后，若再有缉捕出力之处，岂能抑不保奏，引见时仍得按阶升转，后先黜陟之间，岂不两相刺谬乎。戴玉衡着仍以知县补用，补缺后如实不称职，不妨参劾罢斥，以昭平允。

清实录/仁宗/卷二百六十八

嘉庆十八年七月十四日

加赈广东三水、南海、高明、高要、开建、封川、清远、鹤山、番禺、四会、南雄、顺德、新会、花、广宁、德庆、开平十七州县被水灾民，并缓征新旧额赋。

清实录/仁宗/卷二百七十一

嘉庆十八年七月二十三日

改铸广东督粮道管民屯粮料兼分巡广州府管辖佛冈直隶同知带理水利关防，并铸大埔坪佛冈直隶同知关防、佛冈同知司狱印。从巡抚韩崶请也。

清实录/仁宗/卷二百七十一

嘉庆二十二年四月二十二日

谕内阁：蒋攸铦奏，藩司捐廉修理连山县城一折。粤东连山县城垣，既因年久坍损，即应奏明动项兴修。藩司赵慎畛何须捐廉办理？直省城垣甚多，岂能一概捐修？此奏殊属无谓，所有连山县城估需工料银一千九百六十四两零，着准其动项兴修。工竣，照例造册报部核销。

清实录/仁宗/卷三百二十九

嘉庆二十二年六月初四

旌表守正捐躯广东英德县民陆尔代妻吴氏。

清实录/仁宗/卷三百三十一

嘉庆二十二年十二月二十三日*

予广东故大理寺少卿何日佩、御史**郑士超**入祀乡贤祠，从前任总督蒋攸铦等请也。

清实录/仁宗/卷三百三十七

嘉庆二十四年十一月初十

又谕：御史黄大名条陈粤东积弊一折。据称，粤东有三合会名目，即从前之添弟会，招党呼群，多在广州府属之清远、从化，韶州府属之英德及广西之梧州、北流、迁江、百色等处，且有入会之在官人役，豫为通信包庇，扰害闾阎，着该督随地随时留心察访，并饬属认真缉拿，从严惩办，以靖地方。

该御史又称，粤东承办战船员弁，向有克扣工料价银成数之弊，因此战船不能坚固，出洋弁兵，益加胆怯。嗣后该督于此等船只，务须亲行查验，严禁克扣，有弊即参，以期有备无患。

该御史又称，粤省夷船，带来鸦片烟泥，一至海口，辄有馈送海关监督家人银两，每岁约十余万或二三十万不等，名曰“私税”。鸦片流毒，为害甚巨，而私税之风，尤不可长。若有私税，阿尔邦阿及前任祥绍，必有入己之项，不可因系常福之子，稍存回护，着该督严行查察。如有前项情弊，据实严参，毋稍徇隐。

该御史又称，粤东向多停柩不葬，溺女不举之家，此等恶俗，均为人心风俗之害。该督当通饬各州县实力劝化，出示严禁，以挽颓风。至所称粤东会试举人应得水脚银两，辄为藩司书吏克扣无余。

又称，学政衙门有勒索新科举人，填写亲供费用，及勒取新进文童门礼等弊。会试水脚银两乃朝廷嘉惠士林德意，如有蠹吏侵欺，即行严办示惩，至亲供规费、新进门礼、种种需索，殊非体恤寒畯之道，并着该督确查，如有此项陋规，严行饬禁。倘该学政教官以及书吏人等阳奉阴违，即行严参究办，以祛积弊。将此谕令知之。

清实录/仁宗/卷三百六十四

宣宗成皇帝实录

道光三年五月初九*

引见新科进士。得旨：一甲三名林召棠、王广荫、周开麒业经授职外，杜受田、鲍俊、卞士云、陶福恒、岳维城、常太淳、黄仲容、汪世樽、高树勋、池生春、鲍文淳、李品芳、杜中士、张琴、孙瑞珍、沈拱辰、王成璐、郑荣九、丁善庆、刘源灏、褚登、孙济、韩振欧、黄士瀛、李彦彬、黄爵滋、胡德瑸、觉罗普庆、万家福、周良卿、梁宝常、丁铠、李莼、李菡芳、王燕堂，宗室华德、石景芬、郑敦亮、周仲墀、万贡珍、蒋方正、林士傅、袁履方、和色本、曾毓璜，俱着改为翰林院庶吉士。

管遹群、张晋熙、叶沅、江绍憘、黄福垕、董作模、汤鹏、郝善、黄光焯、保肇基、许球、田润、米绘裳、马利文、王用宾、陈克让、何允元、谢鹤翎、寻步月、刘恺、王有树、黎攀镠、吴式群、沈濂、熊光大、胡长庚、齐斌达、朱銮廷、李龠通、刘裕鉁、朱鸣英、宗室奕茀、岳魁、王仁照、宗室海朴、梁葆庆、马文波、文懿、赫特贺、虞协、何大经、成山、王懿德、林彭年、冯德馨、吉明、胡嗣瑗、王志超、毛含昱、丁建业、宗室文溥、雷鸣，俱着分部学习。

靳登泰、张敦道、张兼山、刘功杰、赵文麟、林丹云、曾际虞、林树仪、张大业、郭道生、周含万、陈凤来、史秉直、郭梦龄、虞煐、董桂科、秦福照、徐应照、汪霈原、文光、张珍臬、陈师鲁、沈逢恩、张于淳、瑞光、余福谦、陈凤图、曹春晓、陆嗣渊、富明阿、李敏贤、高中谋、陈希敬、庆恩、毕楷、郭维暹、汪封渭、李锦源、刘承本、郭安钰、钟章元、赵任、胡允珍、贾宝廷、靖厚钦、刘家麟、黄迪策、袁应城、陈盛朝、蔡发甲、张希哲、唐价人、张恩溥、周起岐、魏崧、华时中、罗定约、张映暐、朱性堂、范秘桂、陈志魁、李万仓、特克兴额、于良弼、荆槐芳、刘本清、陈遇隆、江文炜、白荣西、田瑞瑛、林萃禧、阎汝舟、罗仲玉、魏儒珍、刘筑岩、李百龄、周之瑀、梁舆、李超凡、苏捷卿、黄云书、宁云程、王垲，俱着交吏部掣签，分发各省，以知县即用。额外主事史致蕃，着以六部主事即行选用，余着归部铨选。

清实录/宣宗/卷五十二

道光三年七月二十三日

又谕：阮元等奏，长随仇杀同主家丁，临时伤毙家长及亲属人等，旋即畏罪自戕身死一折。此案，牛发系英德县知县马镛隶身长随，乃挟同主家丁刘景复口角之嫌，辄敢黄夜持刀，将刘景复及救阻之更夫赖秀斐一并杀毙。迨马镛与侄马正一闻声喝拿，复向戳致死。主仆名分攸关，该犯胆敢因家长喝阻，逞凶杀害，且前后连杀四命之多，实属凶恶已极，罪不容诛。该犯业已自戕，仍着照例剉尸枭示，以昭炯戒。

清实录/宣宗/卷五十五

道光三年九月二十一日

广东巡抚陈中孚奏报，连、阳山二州县雨水过大，均多倒塌房屋，淹毙人口。业经该州县各照例捐廉抚恤，酌给修费埋资。至此外洪河下游一带州县，有无同时被水，是否妨碍晚禾，俟查明具报。得旨：明白查勘，妥为办理。

清实录/宣宗/卷五十九

道光七年正月二十六日

谕内阁：李鸿宾等奏参，玩视盗劫重案之卸署县令请革审一折。广东前署英德县事、陵水县知县杨骅于盗劫轮奸重案，仅以临时行强详报，并不将轮奸重情据实声叙。迨经获犯，又以行窃拒捕，朦混详办，并将强劫情节全行更易，几致凶徒漏网。该署县改供捏详，有心讳饰。杨骅着即革职，交该督抚提同全案人证，严讯确情，按律分别定拟具奏。寻奏：讯明吴溃倡二纠劫轮奸，按律问拟斩枭，听纠之刘亚壬等拟斩立决。事主王尚掀因妻女被奸，有关颜面，原报匿未声叙，已革知县杨骅率以流徒定案，照失出律拟徒。下部议，从之。

清实录/宣宗/卷一百十三

道光七年八月初二

又谕：李鸿宾等奏，请将搜捕土匪出力文武各员恳恩奖励。广东省陆路广、肇、韶、连各府州交界僻隘处所，时有宵小藏匿肆劫为患。经该督等拣派文武干员，调拨兵丁，分赴各山搜查围捕，并令各该地方四路截拿，陆续报获匪犯陈欢乐等二百余名，解省审办。所有专司缉捕获犯最多尤为出力之试用知县孙颖昌，着加恩以本班尽先补用；试用直隶州州判言良钰、肇庆水师营参将余得彪、三江协左营守备翟鸣飏，登山搜缉，亦着勤劳，俱着加恩交部议叙；其协同缉捕文武员弁十余人，着照该督等所奏分别核办。至该督等筹议搜捕事宜，嗣后每年办理一次。计每次兵丁口粮及购线需用银两，由广、肇二府属查照旧规办理，毋庸另行筹款。着即照所议行。

清实录/宣宗/卷一百二十三

道光九年四月初五

旌表……守正被戕广东连山县民唐成赐妻何氏。

清实录/宣宗/卷一百五十五

道光十一年三月十七日

谕军机大臣等：给事中刘光三奏，地方官讳盗不办，捕务废弛，盗风日炽，请饬查办一折。据称广东省匪徒有小刀会、三点会、三合会等号，即从前添弟会之遗种，而盗贼之别名。其始不过纠合匪类，抢夺乡曲富民铺户，因州县官讳匿不办，遂至肆无顾忌，胁诱良民，勾通兵役。匪特东江、西江、北江诸水路抢劫日多，即各州县城市以及省会地方，亦有明火执仗、吓禁事主之案，甚且掠取富户爱子，藏匿盗窝，勒限回赎，凌辱难状。该省大吏即有所风闻，以各州县并未详报，无从究办，愚民被劫，惟恐禀报受累，不敢鸣官，间有禀报地方官，勒令改盗为窃，事主不肯听从，即延不准理等语。匪徒结会，聚众抢劫，最为闾阎之害，若如该给事中所奏匪徒扰害情形，实属大干法纪。地方官于此等重案不为审办，转讳匿不报，以致盗风日炽，尤应严参示惩。着李鸿宾等严密查访，如有匪徒滋事之案，立即从重惩办，并查明各州县如有讳盗为窃情弊，亦即据实严参，毋稍徇隐。将此各谕令知之。

寻奏：查粤东匪徒并无三点、小刀、三合等会名目，唯结拜兄弟伙同劫掠，掳人勒赎，久已相习成风。该给事中奏称，会即盗之别名，实与粤中情形无异。严办盗案，即可沮其结拜之心，严缉会徒，亦可翦其入盗之党，各州县倘敢讳盗为窃，亦即据实严参，以肃吏治。报闻。

清实录/宣宗/卷一百八十六

道光十二年二月初二

谕军机大臣等：本日据吴荣光由三百里驰奏，湖南江华县锦田瑶匪纠众滋事，起程前往督办一折。瑶匪赵金陇聚集瑶人，于上年十二月二十九日在两河口等处劫杀男妇二十余名口。本年正月初五、六日，复至洪江寨、黄竹寨，伤毙兵丁一名及书差民人男妇共四十五名口。昨经卢坤、海凌阿驰奏，业已降旨令该督等妥速办理矣。吴荣光既已带同长沙协副将嵩龄前往查办，卢坤亦现已带兵赴彼。因思湖南省城甚为紧要，且新任藩司惠丰到任尚须时日，省城不可无大员弹压。吴荣光着仍遵前旨，与卢坤会面后，即将应办事宜交卢坤办理，迅速折回湖南省城。至另片奏，江华县林先梁家信内称，讯之擒获之瑶匪盘生堂等供称，该犯等与赵金陇均系广东过山瑶，来至江华长塘地方居住。上年赵金陇纠邀伊等本年正月初四日帮扶起事，到锦田破城杀官，给有红帕一条。赵金陇能提剑作法，衔水变火，结草变牛。又有女将是其妹子，嫁与广东八排瑶王姓，不能过来，复闻被官访拿，等不到初四日起事。又查得，赵金陇抗拒官兵时，身穿黄袍，团补服绣有"金陇王"三字，领贼各瑶，身穿黄马褂，余贼头裹红巾等语。是该匪等蓄谋已久，实属罪大恶极。该督等必须将首犯赵金陇生擒严讯，并将抗拒杀人之瑶匪尽法惩办，并究明起衅根由，勿令窜往他处。至两广督抚等，昨已降旨，令其一律防堵，本日复降旨，令将赵金陇之妹及八排瑶王姓一并查拿，以净根株。将此由五百里各谕令知之。

又谕：昨据卢坤等奏，湖南江华县锦田乡瑶匪纠众滋事一案，因两广与湖南接壤，当经降旨，令李鸿宾等于该处连界地方严密防堵。兹据吴荣光奏，擒获瑶匪盘生堂等供称，该犯等与赵金陇均系广东过山瑶，来至江华县长塘地方居住。上年腊月，赵金陇自称"金陇王"，纠约伊等本年正月初四日帮扶起事，到锦田破城杀官，给有红帕一条。赵金陇能提剑作法，衔水变火，结草变牛。又有女将是其妹子，嫁与广东八排瑶王姓，不能过来，后闻被官访拿，等不到初四日起事，即于腊月二十九日纠集五六百人，连日抢劫两河口等处。并据该府查得，赵金陇抗拒官兵时，身穿黄袍，团补服绣有"金陇王"三字，领贼各瑶，身穿黄马褂，余贼头裹红巾，能使邪术，有验有不验等语。瑶匪赵金陇系广东过山瑶，来至湖南江华长塘地方居住，胆敢纠众帮同起事，欲于正月初四日到锦田破城杀官。并有女将是其妹子，嫁与广东八排瑶王姓，不能过来，因闻被官访拿，即于腊月二十九日纠众劫抢。是否系广东地方官得信查拿，抑系营员访有其事，欲行拿获，不能严密迅速，以致赵金陇闻风先期滋事。并恐赵金陇等因湖南查拿紧急，潜赴广东，必应妥速查办，着李鸿宾等派委妥员前往该处，密速掩捕，务将赵金陇之妹及八排瑶王姓擒获，详加根究，据实具奏。至赵金陇抗拒官兵时，身穿补服绣有"金陇王"三字，其平时蓄有逆谋，已属显然，该地方官岂竟毫无闻见，并着查明具奏。所有广西与湖南交界地方，难保无瑶匪窜入，着祁𡎴加意妥为防范，不可稍涉张皇，致滋扰累。将此由五百里谕知李鸿宾、朱桂桢，并谕祁𡎴知之。

清实录/宣宗/卷二百五

道光十二年二月十九日

谕军机大臣等：本日据卢坤、吴荣光等奏，筹办瑶匪情形各一折。据称，永州镇鲍友智会同知府李铭绅先期进剿逆瑶，虽有杀获，未能兜擒，以致逆首赵金陇与其伙党逃往大竹山，又有潜逃广东八排之语。复据鲍友智擒获之男妇供称，赵金陇弟兄先欲逃奔广东，至连州交界被兵截回，现欲往九嶷山。并据拿获之逆瑶盘福秀所供相符。现在卢坤计已到彼督办，并飞调罗思举带领精兵一千名前往，统计前后所调官兵共有四千余名，足敷防剿。该首逆既有潜往八排，经官兵截回，窜入九嶷山之信，着李鸿宾等一律派选兵弁，驰往缉拿。九嶷界连广西，并着苏兆熊亲往该处，与湖南连界地方严密防堵，勿令窜入，致滋勾结蔓延。总期先擒首逆，解京正法，净绝根株，毋稍疏虞。将此由五百里各谕令知之。

清实录/宣宗/卷二百六

道光十二年二月二十日

谕军机大臣等：据卢坤奏报，剿败逆瑶奔窜情形，请饬调带兵大员前往剿捕，以期迅速蒇功。又据吴荣光等奏，查明镇守，先期进剿逆瑶，虽有杀获，未能兜擒首逆，以致逃窜裹胁，将各员参办，并现在添调官兵堵捕缘由各一折。览奏均悉。湖南江华县锦田乡被瑶匪滋扰，经游击王俊等带领弁兵乡勇，由黄竹寨直捣贼巢，焚毁追杀贼匪三十余名。复进攻杀贼四十余人，擒获二人，余皆逃散，毁其房屋衣粮。遂与游击李方玉两路进攻长塘，贼匪并力抵敌，官兵施放枪炮，复用火弹抛击，贼厂火发，立时延烧殆尽。计杀毙、烧毙贼匪约三百余人，首逆赵金陇与其伙党奔逃。擒获瑶匪供称，首逆逃往大竹山，又有潜逃广东八排之语。又据鲍友智擒获男妇八人供称，赵金陇弟兄先欲逃奔广东八排，至连州交界被兵截回，现在九嶷山。并据逆瑶盘福秀供，伊系赵金陇手下蓝旗大将，管领百人，被官兵打败，即将蓝旗丢弃逃走。赵金陇无处可走，总想窜入九嶷山躲藏。与瑶妇盘李氏等供词相符。现经该抚等派令官兵速赴大竹山搜捕，复派长沙协副将嵩龄等前往蓝山、九嶷等处堵捕。

据报，瑶匪窜入蓝山境之五水瑶山，到处抢劫，裹胁至二三千人，欲入九嶷山安顿巢穴。现窜入江华所属之麻冈地方，抢劫黄河、鲁观洞等处，俱已派兵防堵。此等乌合之众，不难迅速翦除。现经该督飞调湖北提督罗思举，迅即挑选将备，带领熟练精兵一千名，驰往剿办。统计前后所调官兵，共有四千余名之多，足敷防剿。湖南省城不可无大员弹压，吴荣光着仍遵前旨，于面晤卢坤后，即行交代起程回省。所有应用一切军火器械，宽为制备，后路粮饷，亦须源源接济，务派妥员认真经理，以专责成，不可稍有迟误。卢坤此时自已行抵该处，着即督同海凌阿等，及早剿灭，免滋蔓延，并将首要各犯，一并就擒，毋任远窜。至首犯赵金陇，务要生擒解京，尽法处治，以彰国宪。该逆有潜往八排之信，已谕令李鸿宾等派员驰往缉拿，并令广西提督苏兆熊前往该处，与湖南交界处所堵守，以防该匪窜入。该抚等所参轻进及防堵不力之镇守等官，已另有谕旨，分别降调。又卢坤另片奏，前由陕省派往湖北之守备仇怀瑛、千总程芝、王集贤，现饬令该员等带同该督标弁兵，押解抬炮五十尊，喷筒三百杆，迅速解至永州备用，并将该督标精锐炮手、枪手二百名，令武昌城守营参将文兴、德安营守备刘克勤带领，迅赴湖南，以资进剿。俱着照所请办理。将此由五百里谕令知之。

清实录/宣宗/卷二百六

道光十二年二月二十三日

谕军机大臣等：罗思举奏，挑带官兵遵赴湖南协剿瑶匪一折。前据卢坤等奏，江华县瑶匪赵金陇聚众滋事。因思罗思举久历戎行，降旨着该督酌量檄令前往。兹据该提督奏，接准咨会，当即调派参将刘允孝等六员，挑派提标兵六百名，郧阳镇标兵四百名，于二月十八日起身，兼程前赴军营，会同相机剿办。此等乌合之众，不难迅就翦除。惟闻首逆赵金陇有逃往大竹山及广东八排，并往九嶷山安顿巢穴之信，应即妥速掩捕。计此时卢坤等早已驰抵该处，罗思举到彼后，务当会同筹商，设法剿办，将首要各犯悉数就擒，并将首逆赵金陇生擒解京，尽法惩治。不可任其奔逃，四窜无踪，尤不可令其到处裹胁，愈聚愈众，致劳兵力而糜军饷。该提督系朕特派之员，总宜相机妥办，立即蒇事，以副委任。将此由四百里谕令知之。

清实录/宣宗/卷二百六

道光十二年三月初八

谕军机大臣等：本日据李鸿宾等奏，现在堵捕瑶匪情形，并拿获匪伙，究出湖南另有首匪一折。据称，连山绥瑶厅、三江协先后禀报，黄瓜冲聚有瑶人三四百名行劫。又有余高汛及良溪寨、上吉村等处，均有瑶人十百为群，抢劫民村牛米。官兵追捕，被瑶匪格杀汛兵韦如凤一名。现在李鸿宾等檄调南韶连镇标等营兵七百名，委南韶连镇得志等带往，并委署臬司庆林咨会提督刘荣庆迅速堵剿，并将连州拿获之赵金录、赵帼学、黄经周、冯沅堂等四名，及冯沅堂之幼子冯亚二严审。据供称系赵金陇从堂弟，俱是湖南新田县瑶人，嘉庆年间迁往江华县。

因有湖南长宁县瑶人李德明住在石宝山，素善符咒，自称为“瑶王”，知赵金陇亦能书符医病。道光十一年四五月间，李德明遣人送信赵金陇，令其纠邀瑶人前往石宝山帮助滋事。赵金陇旋即分嘱瑶人，转向众瑶纠约，该犯及赵帼学、黄经周俱听纠入伙，随同焚劫。冯沅堂讯系纠约不从，被赵金陇烧毁房屋，并伊子掳掠，伊乘间脱逃等语。该督等前奏逆瑶滋事，仅称赵金陇弟兄煽乱肆逆，并未奏及有李德明自称“瑶王”在石宝山倡乱之事。着查明该匪踪迹，严缉务获，尽法处治，以杜后患。现在罗思举计已到彼，余步云接奉谕旨，自已带兵星驰前往剿办，以期指日翦除。所有吴荣光等前奏赵金陇之妹嫁与广东八排瑶王姓，并据奏捉获赵福德一名，讯出赵金陇之子赵福金、赵福银，赵金旺之子赵福才等语。兹据李鸿宾等奏，提讯赵金录供称，赵金陇系新田县瑶人，与广东八排瑶言语不通，向不结为姻亲。赵金陇现只存胞弟赵金旺，该匪生有二子福宝、福良，女儿两个，并无姊妹。何以不相符合？着确切访查，认真屣缉，毋任窜匿，是为至要。将此由五百里各谕令知之。

又谕：本日据李鸿宾等奏，堵捕楚粤各瑶匪情形，并将拿获之匪伙亲提审讯各一折。该督等现虽派委兵丁七百名前往剿堵，但恐兵力太单，倘有挫失，不但损威，且益助其猖獗之势，自应酌为添调，以期得力，固不可轻率前进，亦不可稍涉疏懈，致令裹胁蔓延。所有黄瓜冲、余高汛及良溪寨、上吉村等处要隘地方，加意防缉。截楚瑶之外来，靖粤瑶之内扰，勿使此拿彼窜，致滋燎原。至石宝山李德明，为赵金陇同谋倡乱，前阅湖南奏报未经奏及。现降旨令卢坤等查拿，该督等亦须严切根究，查拿务获。赵金陇之妹嫁与八排瑶王姓，虽据该督等查无其人，仍当切实详究，再行密访，不可为地方官回护，致留萌蘖。所请派往连州一带督办之庆林、得志、凤灵等各员，准其驰往，饬令妥速剿堵，将抢劫拒捕各瑶匪首从按名擒获，勿令被此窜逃，互相勾结，是为至要。李鸿宾应否亲往督办，自行相度情形，酌量办理。又另片奏，暂留升任臬司庆林在粤，着准其暂留。俟瑶匪办竣再令起程。至臬司现办秋审，想杨振麟当已到任。将此由五百里各谕令知之。

清实录/宣宗/卷二百七

道光十二年三月二十一日

谕军机大臣等：据李鸿宾等奏，广东连山一带瑶匪解散，仍于楚粤交界各处派兵防堵一折。览奏均悉。广东连山厅属黄瓜冲等处，间有瑶匪抢劫，业经该督等调拨各营官兵前往防剿，此时均已闻风畏惧，群相解散。该处八排瑶人俱属安静，其抢劫各匪实系八排外各冲散瑶，该督等分别良莠，自应出示剀切晓谕，以官兵齐集，专为拿办匪瑶，凡属良善瑶民，均毋惊恐，妥为抚驭，俾安众心。至连山抢劫各瑶，现虽潜匿，仍恐被楚瑶诱胁，或与彼潜通消息，不可不于各隘口僻径，逐处严防，堵绝往来要路。现经该督等前后调兵共三千六百余名，又团练乡勇一千余名，兵力不为不厚，务当严饬将备兵弁分投堵御，毋令楚瑶乘间窜入，不得稍有疏懈。并该督等现饬督标暨高州镇标筹备兵丁，以资调拨，应俟卢坤咨调到粤，倘需协剿，再遴派得力员弁、管带前往。至广西富川、贺县、灌阳、全州一带，与湖南接壤，现经提督苏兆熊等驻彼督办，务饬一并严密巡防，实力堵缉。将此各谕令知之。

清实录/宣宗/卷二百八

道光十二年四月十四日

谕军机大臣等：庆保等奏，接准李鸿宾咨会，据各员弁探报，楚省瑶匪滋事，现在厚集兵力，痛加剿捕。该匪等计穷势蹙，自必溃散狂奔。核计严防要隘，需兵必多。已于驻防各旗兵丁内，挑备精兵一千五百名，听候调拨等语。本日据李鸿宾等奏到防堵瑶匪情形，已有旨谕，令遵照妥办。该将军等所挑驻防官兵一千五百名，此时似无庸调拨，着听候该督咨照到日，再行办理。将此谕令知之。

又谕：李鸿宾等奏，添兵堵捕瑶匪情形，及审办逆伙奸匪一折。览奏均悉。湖南逆瑶赵金陇滋事，小冲散瑶被其煽惑，近因添兵围捕，虽解散藏匿，仍密探赵逆行止，意存观望。现已于山口要隘，加派弁兵防堵，俟大兵到齐，搜拿剿戮，谅不致另有逃窜。如有窜匪，务即拿获办理。此次该省共调兵五千八百余名，又乡勇一千余名，兵力不为不厚。既据李鸿宾等拿获赵金陇遣来探信李学问等，供认从逆焚劫，并称赵金陇遣令潜赴广东交界，查探各隘口官兵多寡，欲图窜入等语。是该逆窥伺广东，欲图诱约排瑶，其处心积虑已久。现值湖南大兵攻剿，聚而歼旃，惟困兽犹斗，难保其不东奔西窜。李鸿宾等务须分派官兵，实力防捕，先将抢劫各犯逐一访明拿获，勿留余孽，并于楚粤交界各要隘，添足兵丁，星罗棋布，使逆瑶无可窥伺。即湖南擒渠之后，余匪亦不致窜入，方为妥善。其赵金陇之妹嫁与八排王姓一节，虽查系子虚，尚须认真访查，不可稍存大意。现在湖南瑶匪，回绕新田、宁远、嘉禾、常宁、桂阳等处，与广东之德庆、封川、乐昌、乳源及广西怀集、富、贺、灌阳等州县，皆系毗连，在在需加意防堵。广州为扼要适中之地，李鸿宾在省调度，四面周匝，策应较速，甚为妥协。祁墳、苏兆熊亦须饬将弁等严密防堵，勿令一名阑入，此为至要。至庆保等奏，备挑驻防兵丁一千五百名，听候调拨，已另降谕旨，令其听李鸿宾等征调之信。现在该省所调兵勇将及七千，此项兵丁似可不必。将此由四百里谕知李鸿宾、朱桂桢、刘荣庆，并谕祁壎、苏兆熊知之。

清实录/宣宗/卷二百九

道光十二年四月二十九日

谕军机大臣等：本日据卢坤等由五百里驰奏，攻剿逆瑶大获胜仗，楚省瑶匪指日荡平。又另片具奏，接准刘荣庆函称，粤省散排逆瑶复出滋扰，抚则不散，剿则兵单。前调官兵三千六百名，尚不敷派遣，现又添调官兵二千名。查赵金陇等逆党内，惟所纠之广东散排瑶匪最为凶悍。今复窃发，必应厚集兵力，方可一鼓歼除。现在楚省所调官兵，果敢精锐者甚多。广东既须添兵，自应毋分畛域，拨兵前往协剿。一面密嘱罗思举、余步云于军功告竣后，酌备精兵二千名，就近屯札，听候调遣等语。着李鸿宾等察看情形，如有应需楚兵之处，即飞咨卢坤等，以便选派将弁，带兵前往协剿，迅速蒇事。将此由五百里各谕令知之。

…………

又谕：本日据卢坤等由五百里驰奏，攻剿逆瑶大获胜仗一折。剿办甚属可嘉之至，已明降谕旨，将卢坤等先行交部，从优议叙矣。逆瑶赵金陇与散瑶八九百人，在杨姓大房内固守，计日内当已就擒，务须遵照前旨，将该逆生擒解京，尽法惩治。其现获赵逆之子赵幅金、赵满仔，其弟赵金旺，头目赵文凤、李德明，及其党羽战手，择其著名凶悍紧要者，俱着派干员小心迅速解京，以备讯问。所奏镇筸营兵丁田景仁等、凤凰厅练勇韩永奇等四十余人内，前敌伤亡兵勇，即着查明奏请赐恤。其尤为出力之兵勇，同奋不顾身之都司郭宏升、吕耀宇，守备王桐、何有福、田宏才，把总赵如胜，外委贾良玺，俱着该督等据实保奏，候旨施恩。其新任永州镇总兵曾胜，即着驰赴羊泉，随同罗思举、余步云悉心筹剿，务须妥速完竣。其卢坤另片奏，广东散排逆瑶复出滋扰，现酌备精兵二千名，如须楚兵协剿，即选派得力将领，带赴连州听候调遣，所见甚好。已另降谕旨，令李鸿宾等酌量办理，该督等听候广东移咨到日，即行派往。又另片奏，临阵易帅，恐非所宜，令罗思举稍缓交印，并咨明余步云暂借永州镇总兵印信。所见是着依议行。将此由五百里谕令知之。

清实录/宣宗/卷二百十

道光十二年五月初六

谕军机大臣等：据卢坤等由六百里加紧驰奏，连日焚剿各瑶，扫数荡平，首逆赵金陇业已歼毙一折。已明降谕旨，分别加恩矣。该督等攻剿逆瑶，一切机宜，俱臻妥速，调度有方，深堪嘉尚。惟首逆赵金陇未获生擒，不满朕望，究竟该逆是否歼毙，务须详细查明，得一实在确据，庶不致日后又生枝节。又前据禧恩等奏，已拿获赵金陇之妻，该督等并未奏及。其拿获与否，着该督等详查究明实在下落。至此次起衅根由，并各该地方官应得处分，即行查明，据实具奏，无稍讳饰。其已获赵金陇之子弟，着详讯供词，迅速派委妥员解京。又另片奏，派拨精锐官兵二千名，听候广东调遣等语。前已谕知李鸿宾等察看情形，如广东兵力厚集，足敷剿捕，即着饬令归伍，无庸派员带赴。至广东连州交界扼要处所，仍责成将弁等严密防范。将此由六百里各谕令知之。

清实录/宣宗/卷二百十一

道光十二年五月初七

谕军机大臣等：昨据卢坤等由六百里加紧驰奏，连日焚剿逆瑶，扫数荡平。览奏欣慰。此次湖南江华县逆瑶赵金陇聚众滋事，伤及大员官兵，深堪痛恨。经朕调派罗思举等前往剿办，并令卢坤亲往会剿。该逆等逼聚羊泉地方，我兵合力进攻，用火弹火药掷入贼巢。自四月二十一日起，至二十六日止，除焚毙外，诛杀生擒瑶匪多名，聚而歼旃，并无一名漏网。已明降谕旨，分别加恩矣。

又据另片奏，广东连山瑶匪尚在滋扰。现饬永州镇总兵曾胜，挑选精兵一千六百名，亲赴各要隘严密堵御。又派镇筸等营精锐官兵二千名，并选勇敢将领，交该总兵亲自管带，驻扎江华、蓝山与广东连州交界扼要处所，听候调遣等语。粤省瑶匪，实与赵金陇声势相倚，抚则不散，剿则兵单。今闻赵逆歼毙，自应胆落，亟应及早惩办，以净根株。前调官兵三千六百名，又添调官兵二千名，楚省又备协剿官兵二千名，兵力不为不厚。现未据该督等奏到办理情形，旷日持久，虚糜粮饷，成何事体。着该督等悉心体察，如该瑶就抚，自当歼厥渠魁，赦其胁从，朕亦不为已甚。倘必须进剿，即飞咨卢坤，将精兵二千名，选派将弁带领前往协剿，迅速蒇事，及早撤兵，以靖边圉而节糜费。

清实录/宣宗/卷二百十一

道光十二年五月二十五日

谕军机大臣等：李鸿宾奏，瑶匪、土匪串通穷瑶抢劫，连次搜捕，并亲往查办一折。览奏均悉。前因楚瑶赵金陇滋事，广东调往各兵防堵楚瑶，多派西路分驻隘口。东路各汛兵单，瑶匪遂乘机窥伺，纠约乏食穷瑶，赴村抢劫。四月初六日，瑶匪二三百人至倒流汛焚抢，经汛兵抵御，伤毙瑶匪数十名。十三日，瑶匪复聚，仍向倒流汛毗连之竹子坪抢劫，经副将王登科派兵攻击，枪毙瑶匪五名。十八日，官兵屯住铁坑，闻后山新寨瑶匪聚众，兵勇合力围拿，枪毙瑶匪二十余名，夺获鸟枪等件，烧毁新寨瑶房一百余间。又于二十四日，经官兵入山搜捕，先将老寨瑶匪房屋尽行烧毁。官兵逾山陟险，行至大木根地方，见瑶匪数百人，经炮轰散，旋又赶来，先后击毙七八十人，余匪退入山峒。东路瑶匪将次肃清。惟西路黄瓜冲等处瑶匪，二月中虽已解散，至今出没无常。遣人查探，仍然意图抢劫，自应实力围捕。现在调往连州兵丁共六千名，兵力不为不厚，况湖南逆瑶已于羊泉全行歼毙，该瑶定已闻风胆落。所有防堵要隘各兵，正可撤回，归并西路，协力擒捕。该督现在行抵连州，即着督率提镇，激励将备兵丁，一鼓作气，聚而歼旃，勿留余孽，以靖地方。朕计日以待，务须赶紧妥速蒇事，毋稍迟延干咎。至折内称，访明房姓、唐姓、沈姓各冲，皆有顽徒纠邀伙党，但无为首大头目，又有土匪无赖，捏造谣言，互相传播，恐吓众心。此等匪徒，总有头目为之统领。现据该省擒获纠抢瑶匪房二等三名，造谣土匪吴学明等七名，立行正法。正可就该犯等生供，及续行擒获各犯，严切根究，务得为首正犯，缉拿惩治，毋许稍有含混。

又另片奏，提督刘荣庆率据将弁等禀报，谎称瑶匪一千余人及二三千人之多，与庆林禀报互异。此等张皇谎报，最为军营恶习。着该督查明，如刘荣庆仅止轻信人言，其咎尚小；倘系任意添请重兵，并有疏玩情弊，其咎甚重。即着据实严参。其南韶连镇总兵得志，迁延迟缓，剿捕不能得力，已明降谕旨，将该镇撤任，仍留连州协缉。如果知愧知奋，再行据实具奏。新授南韶连镇总兵阿精阿，已谕令速赴新任矣。将此由四百里谕令知之。

清实录/宣宗/卷二百十二

道光十二年六月十六日

谕军机大臣等：李鸿宾等奏，分路剿捕瑶匪，因中路卡房火药焚烧，与东西两路将弁兵丁均有伤亡，现仍设法剿办一折。朕盼望捷音，日日以冀。乃李鸿宾等奏到剿捕情形，虽据称三路进兵，歼毙瑶匪六百余人，而中路都司王珍、东路游击谢国荣、西路游击史鹄，均因烧伤、石伤、枪伤致毙。其中路弁兵，因火烧毙及坠岩跌毙者约五十余员名，伤亡者约二十余员名，东西两路伤亡弁兵约共十余员名。览奏实深愤懑！且所奏俱系敷衍空言，尚多不实不尽。

广东瑶匪，自上年十二月楚逆赵金陇滋事，即已勾结。本年二月初间，在连山西路余高汛一带抢掠。若使及早扑灭，何至分作三路，屯聚至六七处之多？其中路瑶匪，经刘荣庆带领总兵余得彪，分为五路抄围，自巳至酉，未能得手，撍卡暂息，以备次早再剿。至二更时候，有匪扑卡，经余得彪戳毙数人，兵丁向药桶取药，该匪等自山头将火包抛入，致火药轰发，草木延烧，弁兵站立不住，纷纷坠岩，尤堪骇异！此必有奸匪乘夜劫营，出我兵不意，以致堕贼奸计，伤亡多员，实堪愤恨！所奏东路沿途山路被匪挖断。此又明系数月之久，惟事防堵，将弁等未尝亲发一矢，俾匪徒得以从容先期将要路挖断，山径无处通行。虽歼毙六百余名，所得实不偿所失。试思该省调集官兵已六千名，兵力不为不厚。五月以前，因楚瑶尚未扑灭，粤省未敢防剿兼行，致该匪挖路，不能前进，即绕山越险，其门前又系悬岩，置栅垒石，堵筑高坚，枪炮骤难打进。兵贵神速，岂有观望邻省贼匪扑灭，再行进剿之理？李鸿宾即不知兵，亦何至束手无措，一至于此？其所奏稍宽时日，殊不成话。该督等既已玩泄于前，岂宜复迁延于后？前据禧恩、瑚松额、卢坤奏，派新授南韶连镇总兵阿精阿，带领现未回营之贵州镇筸道标等营兵勇五百名，再令曾胜分兵五百名，交参将兴安泰带领，先赴连州，听候调遣。曾胜俟办理逃匪完竣后，再带精兵一千名赴粤策应等语。现已降旨，令余步云署理广东提督。余步云久历戎行，该督等俟余步云到粤，即会同相机迅速剿办，聚而歼旃，勿留余孽，稍赎前愆，毋再迟延干咎。懔之！慎之！

又李鸿宾另片奏，刘荣庆不娴战阵，且年将七十，两耳重听，近又染瘴。似此年老无能，岂复能胜专阃重任？刘荣庆已明降谕旨，勒令休致，其应得处分，俟事竣补参。余步云未到粤以前，着苏兆熊暂行署理。广西尚有防堵事宜，不可无大员弹压。俟余步云接印后，即回广西提督本任。所奏广西省调兵三千八百余名，乡勇二千余名，陆续撤回，并将乡勇妥为安置，俱着照所请行。倘广东省须用广西兵勇，即酌量调用可也。将此由五百里谕令知之。

又谕：本日李鸿宾等奏，分路剿捕瑶匪，因中路卡房火药焚烧，与东西两路将弁兵丁均有伤亡，现仍设法剿办一折。据称三路进兵，歼毙瑶匪六百余人，中路都司王珍、东路游击谢国荣、西路游击史鹄，均因烧伤、石伤、枪伤致毙。中路弁兵，因火烧毙及坠岩跌毙者约五十余员名，伤亡者约二十余员名，东西两路伤亡弁兵约共十余员名等语。粤东瑶匪，恃居高山，负嵎自固，非痛加剿办不可。该省现当用兵吃紧之时，带兵大员，必须素娴战阵者，始克胜任。已明降谕旨，令余步云前往署理广东提督，其湖南提督，仍着罗思举暂行兼署。余步云久历戎行，自能相机剿办，着接奉谕旨后，即行速赴新任，与李鸿宾会商妥办，迅速蒇功，以副委任。前据禧恩等奏，派新授南韶连镇总兵阿精阿，带领现未回营之贵州镇筸道标等营兵勇五百名，再令曾胜分兵五百名，交参将兴安泰带领，先赴连州，听候调遣。曾胜俟办理逃匪完竣后，再带精兵一千名赴粤策应等语。此时想已分派起程，其余步云前次所带贵州兵一千名，倘未经撤回归伍，即将此项兵丁全数带往。如现已酌撤回黔，即着禧恩等飞咨李鸿宾，倘尚须兵力，再另挑湖南北精兵，令其带往，以资得用。至广东现在剿办，务须严饬将弁，实力防堵，勿任瑶匪窜入一名，此为至要。将此由五百里各谕令知之。

清实录/宣宗/卷二百十四

道光十二年六月十七日

又谕：前因逆瑶赵金陇滋扰，事起湖南，在广东界属毗连，即有一二抢掠匪徒，亦不过被其勾结。当湖南进剿之时，即降旨交李鸿宾妥办。若果先事预防，经此数月之久，一切调度自必得宜，何至任其蔓延，致匪徒得以肆启狡谋，先将要路挖断。用兵之道，贵在神速。该督闻信，即应迅赴该处，赶紧督办。乃因循姑待，直至四月间奏请前往，五月十三日始抵连州。且据奏称，俟湖南瑶匪办竣后，再行筹办，尤属有意观望，坐失事机。又据奏，刘荣庆年将七旬，两耳重听，剿办未能得力。此等衰庸之员，早应参劾，何得久事姑容，滥玷专阃。及至统兵前进，又听其一筹莫展，不能迅速蒇功。李鸿宾即不知兵，于地方匪徒，既不能实力查办于前，而委任统兵复不得人，种种错谬，厥咎甚重。着交部严加议处。刘荣庆既经前抵连州，即当妥为筹办，乃身膺提督大员，竟束手无策，咎实难辞。昨已降旨勒令休致，着一并交部严加议处。寻议上，得旨：李鸿宾照溺职，例议以革职，实属咎所应得。惟瑶匪尚须剿捕，调兵筹饷，正在吃紧之时，李鸿宾着拔去花翎，改为革职留任，以观后效。刘荣庆昨已降旨勒令休致，着照部议革职。

清实录/宣宗/卷二百十四

道光十二年六月二十五日

又谕：有人奏，广东潮州府属荒旱过甚，米价昂贵异常，几至人相食。连州一带现因贼匪扰害，用兵剿办。潮州地近海滨，素多盗贼，且民风强悍，习于械斗。恐匪徒乘机煽惑，勾结饥民，与连州表里为害，请饬酌量赈抚等语。各省地方偶遇水旱偏灾，督抚大吏自当体察情形，一面加意抚恤，一面奏闻。潮州府属荒旱米贵，几至人相食，是否实有其事？如果属实，该督抚岂竟毫无闻见？何以并未具奏？抑系该府州县匿灾不报？事关民瘼，不可不严行查办。着李鸿宾、朱桂桢即将该地方被灾情形，并地方官有无讳匿情事，迅速查明，据实复奏。倘稍有讳饰，将来别经发觉，或致滋生事端，该督抚自问能当此重咎耶！将此谕令知之。

寻奏，潮州各属本年雨水较多，杂粮歉收，已饬令各该州县开仓平粜。查歉收各属系一隅中之一隅，为时亦属无几，早稻丰稔，并未成灾，业于五月内附奏在案。现查得贫民均各相安，地方官亦无讳匿不报。至潮属相距连山瑶境一千余里，并无匪徒勾结，仍不时督饬员弁防缉匪徒，使地方安辑。报闻。

清实录/宣宗/卷二百十四

道光十二年六月二十九日

谕军机大臣等：本日据禧恩等奏，详查逆瑶案内审讯各情节，并粤瑶窜入楚境，迅即扑灭，拟事竣前赴连州各折。览奏均悉。据禧恩等提到兵丁熊生发等。讯明羊泉街杀毙之瑶匪所指面貌各情节，似与逆瑶赵金陇年纪面貌尚属吻合。且各处搜捕零匪，并无该逆藏匿踪迹，其为实系歼毙之处，似属可信。该逆之妻赵盘氏已被官兵剿毙，赵福银妻子，现饬属严拿，此外并无逆属窜出。赵文凤之弟赵文彪，赵文凤之妻赵盘氏，毋庸解京，应即照律拟罪。至所称粤瑶三四百人一起，在兰山之烂泥坳至江华之濠江冲，聚集裹胁已有二千余人，由大小林岗冲劫掠，欲断锦田粮道，经禧恩等飞檄文武员弁，于各隘防堵。余步云、曾胜二十一日先后俱到锦田，饬令参将兴安泰带兵五百名，自背江口至濠江堵截。瑶匪聚众冲出，直扑营卡，该参将令弁兵施放枪炮，立毙数贼。贼目领众上前，我兵急催枪炮，又毙贼二十余名，并将贼目击毙。二十三日，副将张必禄，参将王锡朋、兴安泰带领得力备弁在前探剿，余步云、曾胜督率大队弁兵继进。贼匪顺濠江冲山顶跟追四十余里，至银匠冲地方，瑶匪占据三处山头，我兵用炮轰击，被土埂间隔，贼势下压。张必禄、王锡朋率领备弁奋力上攻，曾胜督同兴安泰等，向贼占右山仰击，余步云率黔楚大队弁兵，向贼占左山抄杀，立毙瑶匪三四十名，又刺杀数十名。该匪抵死抗拒，贵州兵丁罗亨禄带旗登山，连毙二贼。余步云、曾胜乘势督兵直前攻扑，杀毙红白旗手二名。张必禄指令兵丁，击杀身穿黄色马褂贼目十数名。王锡朋亲执长矛扎毙红旗头目一名，并获旗一面，上写有“两广总兵赵文兴”字样。贼势奔退逃窜，我兵向前追杀，毙贼不计其数，有割耳级呈验者三百二十余名，生擒男妇二百余名，夺获枪矛无数。阵亡兵丁四名，带伤弁兵六十九员名。尚有贼匪一二百人欲由葛藤冲窜回广东，经防堵大桥之都司色成额、守备杨昌凯拦头剿杀十余名，擒获男妇五十余名。其余向麻冈冲一带逃窜，复饬将弁严加搜捕。据张必禄、王锡朋禀报，在麻江地方，带领镇筸兵丁，将该匪赵仔青暨该匪之妻、子女二人一并擒获。赵仔青业于讯明后凌迟处死，其妻杨氏及其子赵狗儿、女赵三妹，并生擒男妇，由卢坤归入逆犯案内，分别照例办理各等语。此次粤瑶赵仔青窜入楚境，沿途裹胁至二千余人之多，往来游奕，俱在深山密箐，剿捕较难。禧恩等咨会余步云，并饬曾胜会同防捕兜剿，旬日之内，将瑶匪大股歼除，并将首匪赵仔青生擒正法，余匪亦悉就歼擒，办理尚属迅速。业经明降谕旨，将卢坤等交部议叙，王锡朋等加恩升补。至未获之瑶匪赵仔灉数十人逃窜，着即查拿务获，勿致漏网。湖南官兵如此奋勇勤劳，粤省则庸懦不堪，可恶之至。设若湖南督提镇将等亦如粤省之无能，则蕞尔瑶匪，不知欲酿出何许事端。粤省当逆瑶赵金陇滋事时，并不速为筹办，以致瑶匪滋蔓，窜入湖南境界，已属玩延。现在连州等处瑶匪仍复跳梁，尚未蒇事。禧恩、瑚松额请前赴该处妥筹剿抚之策，所见甚是。抵粤后，即确查该省办理情形。何以数月之久，尚复蔓延如此，从严参办。

又另片奏，提督罗思举请前往广东带兵协剿等语。前经降旨，令罗思举暂行兼署湖南提督。湖南地方紧要，且恐粤瑶窜入楚境，须相机防堵，设法兜剿。罗思举着仍遵前旨，毋庸前往。降调总兵鲍友智，着准其带赴广东，以备差遣。至请将鲍友智开复原官，前已有旨，将卢坤等保奏原单，交禧恩等核议具奏。将此由五百里各谕令知之。

清实录/宣宗/卷二百十四

道光十二年七月初六

谕军机大臣等：李鸿宾等奏，设法擒捕瑶匪，屡有歼获，并分堵要隘，俟楚兵全数到齐，妥筹搜捕一折。览奏均悉。此次李鸿宾等先筹掩捕之策，侦知匪徒出抢，预令官兵壮勇埋伏山坳，扼住要路，奋力冲击。五月二十九日，瑶匪四百余人，拥至渔冲酒铺搬抢，兵勇从间道截击，毙瑶匪三十余名。六月初三四等日，又赴水竹塘、沙坪抢夺猪牛，兵勇如前截击，均毙匪十余名。六月初七日，瑶匪潜赴绥瑶厅属之茂古峒掠取包谷，先派兵将瑶匪围住，有匪六七百人由茂古峒后山拥救，苏兆熊立即枪毙八人，并派守备李瑞截其归路，抄至茂古汛，击毙瑶匪七八十名。军寮、火烧坪等排，于六月十三日，会集男妇一千四五百人扑卡。苏兆熊派参将尚永亮带兵三百名，湖南永州镇总兵曾胜来至连山，亦派都司郭宏升带兵五百名会剿，轰毙数十人。匪复添聚男妇七八百人，分踞四面山顶，官兵抢上山梁，毙匪一百余名。所办尚妥。惟李鸿宾等请用坚壁清野之法，未免旷日持久。该省自本年二月初间，瑶匪即已勾结滋事，已革提督刘荣庆，拥兵观望，迁延不办，以致滋蔓，岂宜再有拖延，致令老师糜饷。着禧恩等俟湖南兵到粤，即诱该瑶匪至山外平旷处所，先伏精兵截其归路，一鼓作气，聚而歼旃，此为至要。余步云到粤署理广东提督，苏兆熊自已遵前旨回广西提督本任。将此由四百里谕知禧恩、瑚松额、李鸿宾、余步云，并传谕曾胜知之。

又谕：本日据李鸿宾等由驿驰奏剿捕瑶匪情形，已另降谕旨交禧恩等将该瑶匪诱至山外，截其归路，一鼓歼擒，毋任老师糜饷。李鸿宾等折内所称先筹掩捕之策，扼住要路，奋力冲击，自五月二十九日至六月十三日，斩获瑶匪多名。是否系实在情形，禧恩等到粤即明查暗访，据实具奏。毋得扶同徇隐，致干咎戾。李鸿宾等折着抄给阅看。将此由四百里密谕知之。

清实录/宣宗/卷二百十五

道光十二年七月十四日

谕军机大臣等：本日据禧恩等奏，查核军营出力人员，并剿平逆瑶，地方安静一折。览奏俱悉。前据卢坤等奏，在事文武员弁，开单分别鼓励。朕以人数过多，奖励较优，降旨令禧恩等核定。兹据奏，逐一考察，尚无冒滥，已明降谕旨，照所请加恩鼓励矣。禧恩等现在办理善后事宜事毕，定已起程前赴连州，会同李鸿宾办理瑶匪。究竟广东连州瑶匪因何起衅？该省自本年二月初间，即已勾结滋事。因何迟至半年，尚只拿获一二抢掠余匪，未能迅速完结？着禧恩等明查暗访，将李鸿宾如何办理不善以致滋蔓之处，据实具奏，毋稍讳饰，致干咎戾。此时统计先后赴粤兵勇，黔楚两省共三千名，合之广东征调各营，兵力不为不厚。禧恩等总须遵照前旨，诱该瑶匪至山外平旷处所，先伏精兵截其归路，一鼓作气，聚而歼旃。毋再拖延，致令老师糜饷，是为至要。将此由四百里谕令知之。

清实录/宣宗/卷二百十五

道光十二年七月二十二日

谕军机大臣等：李鸿宾等奏，排瑶屡经截击，现派楚省劲兵入林搜剿一折。览奏均悉。广东排瑶，自六月间在大巩桥歼毙多名后，又潜出虎叉塘汛，复被官兵截击。迨楚兵扎营蛇儿岭，该匪遁迹深林。现经曾胜挑选精兵练勇搜捕，其散瑶在小伞寨图，劫经官兵枪毙多名后，又于长塘汛、望溪岭等处，枪毙多名。近日，行祥排瑶老唐户七等，情愿传谕小冲各瑶，自安本分。看此光景，不难迅速扑灭。惟李鸿宾等奏，探明深林中该匪藏匿处所，搜拿围捕，逼令归排，痛加攻剿，未为妥协。我兵入林搜捕，则主客之势既分，恐致堕贼奸计。前刘荣庆因此坐失事机，以致旷日持久，老师糜饷，一误岂容再误。禧恩、瑚松额、余步云此时定已到彼，着仍遵前旨，诱至山外平旷处所，一鼓作气，聚而歼旃。务须赶紧乘此官兵齐集，设法兜剿，早日扑灭，此为至要。至李鸿宾等奏，调拨广东兵丁六千名，查明或病、或伤、或不服水土，俱随时撤回，在督标南韶镇标各营兵丁调换。此等兵丁俱籍隶本省，何至不服水土，病者甚多？可见该省武备废弛，兵勇全靠不住。至现调官兵较多，所需口粮，准其于就近州县碾动仓谷，运济兵食。

其军需银两，除前经提用藩库存款外，即着李鸿宾会同朱桂桢，饬司筹款，总须核实支给，毋许稍有浮冒。将此由四百里谕令知之。

清实录/宣宗/卷二百十六

道光十二年八月二十日

又谕：逆瑶赵金陇，前在湖南潜蓄异谋，聚众滋事。广东界属毗连，不过小丑被其煽结，若果早事攻剿，必不至日久蔓延，半载有余，尚未蒇事。李鸿宾始则观望迁延，坐失事机，及赴连州督师，仍未能相机赶办，妥速完结。朕觉其筹办不实不善，当降旨交禧恩、瑚松额确切查明，据实具奏。兹据禧恩等奏，李鸿宾于五月间始抵连州，定计分路进剿。山深箐密，侦探未确，即行进兵，堕贼设伏奸计，将弁兵勇多有伤亡，办理已属失宜。两月以来，虽间有斩获，亦仅一二抢掠匪徒，并未捣穴攻巢，擒渠斩馘，且意主招安。瑶匪正在鸱张，非大加惩创，安能帖然就抚。实属懦弱无能，毫无布置。节次所奏军情，与禧恩等所查情形亦有未符，是其含混入奏，不肯从实，误事之罪，更无可辞。又据禧恩等奏，该省调至军营战兵六千余名，不惯走山，沿海各营兵丁，多有吸食鸦片烟者，兵数虽多，难于得力。该省营伍，皆属总督统辖，如果平素整顿操防，实心训练，一兵得一兵之用，何至临阵恇怯，有名无实，徒致虚糜粮饷。且以该省兵丁在该省山路行走，尤应熟习，何得谓之不惯？平日废弛，临事畏葸，训驭种种乖方。李鸿宾着革职来京，交部治罪。已革休致提督刘荣庆，营伍乃其专责，进剿又不得宜，厥罪惟均，亦着来京，一并交部治罪。

谕军机大臣等：据禧恩等奏，剿办连山瑶匪，连获胜仗，现拟添兵进攻一折。广东大掌岭、大古坳、阳公岐各排冲瑶匪六七百人，于七月二十二日四路前来，直扑营卡。经禧恩等分派都司马全等抵御攻击，伤毙瑶匪二十余人。二十五日，大木根、大桥头、六对、冰岗四冲瑶匪，漫山塞岭，直扑大营，总兵曾胜整队迎敌，复经禧恩等分派都司邓宏等两路截杀，将大木根、大桥头、六对、冰岗四冲贼巢全行烧毁，剿毙瑶匪二百余人。二十七日，曾胜率兵径取上下坪，并派都司陈连升等，分截六对后山。官兵奋勇抢占贼队所踞山梁，剿毙瑶匪无算，余匪奔窜，所办俱好。现在瑶匪灰烬之余，应知畏罪。虽有瑶目出山乞降，狼子野心，岂足凭信，必须痛加剿洗，方足以申天讨而快人心。惟广东兵丁不甚得力，战兵仅止黔楚精锐三千名，深入剿办，必须厚集兵力，往来接应，方能得势。所请再调楚省精兵二千名，着照所请办理。卢坤、罗思举接到移咨，想已照数调拨，飞速来连州。禧恩等务当鼓励士卒，直捣贼巢，将著名头目按名擒获，绝其萌蘖，散其胁从，永靖边圉，方为不负委任。将此由四百里各谕令知之。

又谕：禧恩等奏，察看八排瑶匪情形一折。据称于到粤后，即驰赴连山军营，周历查看。八排山势周环，毗连三省，山内瑶峒是其巢穴，周围小冲七八十处，烟户不下五六万，良莠各居其半。匪瑶专事抢劫，间有汉奸窝踞。该省自本年正月办理瑶匪，刘荣庆带领防兵三四千名剿捕，兵力不足。彼时各排散瑶已被楚省逆瑶勾结，咸思蠢动。刘荣庆不能即时分剿，只就行劫处所抵御，毙一匪而伤数兵，得不偿失，瑶匪益无忌惮。李鸿宾于五月十三日到连州，定计进剿，未能侦探明确，致瑶众设伏准备。总兵余德彪领兵深入，已届日暮，被瑶匪乘夜声劫，抛掷火弹，将弁兵勇自相践踏，多有伤亡，实属办理失宜。瑶匪益肆猖獗。两月以来，李鸿宾督兵进剿，间有斩获，亦仅就出山肆掠瑶匪截杀，并未深入其阻。且自五月二十二日进山挫折以后，该督意主招安。瑶匪正在鸱张，非大加惩创，知所畏惧，安能帖然就抚。该督意图将就了事，实属懦弱无能，误事之罪，已无可辞。现已明降谕旨，将李鸿宾革职，交部治罪，并将刘荣庆一并治罪，着即饬令来京。两广总督已放卢坤，并着速赴连州，会同筹办。卢坤未到任以前，两广总督着禧恩署理。又据查现在调集之兵虽有一万余名，广东本省兵丁居十分之七，向来软弱，不惯走山，且沿海各营兵丁，多有吸食鸦片烟者。该省营务废弛，平素整顿操防可想而知，此时自不能得力。所请添调湖南、湖北劲旅二千名，卢坤等接到移咨，自已迅速照数调往。着会同余步云等相机攻剿，务期捣穴擒渠，一鼓奏功，不得再有迟延，以致老师糜饷。至各排冲丑类繁多，如果真心詟服，仍俟卢坤到时，商同妥筹安抚，以冀迅速蒇功。所有该省剿捕耽延之咎，大概已悉。至起衅之由，仍着确查，据实具奏。将此由四百里谕令知之。

清实录/宣宗/卷二百十八

道光十二年八月二十三日

谕军机大臣等：昨据禧恩等奏，七月二十日驰赴广东连州剿办瑶匪，连获胜仗，现拟添兵进攻。惟广东兵丁不能得力，战兵仅止黔楚精锐三千名，当降旨准再调湖南、湖北劲旅二千名，并将卢坤调补两广总督，速赴连州，会同禧恩等筹办，以冀迅速蒇功。本日据御史冯赞勋奏，广东兵丁素多懦怯，一经挫败，兵气更馁，又多吸食鸦片烟，筋力疲软，难期得力。请就近调拨广西平乐、梧州二协兵勇，以壮声威。并据称平、梧二府与连州界属毗连，兵亦强壮，瑶洞情形是其熟悉，既无远涉之劳，可奏肤功之捷。着禧恩等体察情形，如须添调，即酌定应调若干，飞咨祁𡎴、苏兆熊照数调拨，总期于事有济，不可顾此失彼，尤不可过事铺张，致糜粮饷。倘已无需，即毋庸议。至广东全省营伍，皆由李鸿宾统驭乖方，刘荣庆年老衰庸，久玷专阃，平日训练废弛，以致临事畏葸恇怯。战兵不惯走山，沿海各营兵丁多有吸食鸦片烟，庸懦不堪，可恶之至。卢坤现经调任两广总督，通省营伍系总督统辖，且伊曾任广东巡抚，地方一切情形，素所熟悉，务当实力实心，随事振刷，一洗该省因循懈玩积习。于营伍尤须加意整饬，甄汰懦庸，激励勇气，以期日有起色，方为不负委任。将此各谕令知之。

清实录/宣宗/卷二百十八

道光十二年八月二十七日

又谕：御史冯赞勋奏，请严禁弁兵吸食鸦片烟，以肃营伍一折。鸦片烟屡经降旨严禁，此风总未静息，固由积习相沿，实缘各省大吏未能实力查禁。近来粤闽等省兵丁吸食鸦片烟者甚多，即将弁中食鸦片烟者，亦复不少，相率效尤，恬不为怪，筋力疲软，营务废弛，职此之由。即如连州进兵，孱弱误事，尤为可恨。国家设兵卫民，营伍皆成劲旅，无事则人怀敌忾，有事则士尽干城，除戎器以戒不虞，方为有备无患。似此操防巡哨，有名无实，必至一省并无一兵之用，尚复成何事体。粤闽既有此习，其余各省恐亦不免。着各直省督抚提镇，通饬陆路水师各营将弁，务须正己率属，不得仍蹈故习。经此次严禁之后，如将弁私食，即将该将弁揭参；如兵丁私食，即将该兵丁治罪，并将该管将弁议处，方为不负委任。若泄泄沓沓，故态复萌，一经科道参奏，或经朕别有访闻，必将该管督抚提镇从重惩处，决不宽贷，毋谓诰诫之不早也。将此通谕知之。

清实录/宣宗/卷二百十八

道光十二年九月初八

钦差大臣户部尚书禧恩等奏：连山军营发报，改由湖南宜章、郴州，至衡州驿递，较向由江西等省行走，可近千余里。从之。

以进剿广东连州瑶匪连获胜仗，钦差大臣禧恩等，得旨奖赉。下部议叙，赏总兵官曾胜子承禧六品顶戴、蓝翎。

清实录/宣宗/卷二百十九

道光十二年九月十五日

谕内阁：禧恩等由五百里驰奏，分别剿抚，各排冲现经缚献首匪，率众投诚，瑶山全境肃清，酌量留撤官兵，并确查起衅根由，地方官办理耽延，据实奏参各一折。办理妥速，可嘉之至，朕心欣慰。此次瑶匪在大古坳被官兵剿散，余匪房大第六等，窜入阳公岐，及毗连之上脚垠、黄瓜冲等处，负固抗拒。经禧恩等探明，于八月二十二日派副将张必禄等，带领黔、楚、广西弁兵，由左山梁兜击阳公岐寨后；派副将王锡朋等，带领湖南、广东弁兵，由右山梁抄截前路；余步云与总兵曾胜等，带兵由中路径进，禧恩等在后路接应。行至马头隘口，瑶匪一二百人，摇旗呼号，思扑我兵。我兵放枪轰击，立毙十余人。贼众奔退，我兵尾追。将及该寨，寨内所藏余匪及奔回匪众，合聚一处，抵死迎敌。我兵奋勇直入，枪炮并发。贼匪滚岩落涧者甚多，击毙执旗贼目三人，余由深沟奔溃。当即移兵进剿上脚垠、黄瓜冲等处，即有该冲男妇老幼数百人跪地乞命，声称实系逼胁勉从，情愿讨限设法拿送首匪。禧恩等传谕官兵暂免攻剿，勒限三日内缚献首匪。旋于二十三、二十五、六、七等日，有大掌岭降瑶，带出阳公岐等处瑶众，赴营呈缴枪械，具结乞降。

又据军寮、马箭、里八峒、火烧坪、油岭、横坑及行祥各排瑶目、瑶老，并各小冲千长人等，同赴大营，呈递永不滋事连环保结，及各排户口花名。

又据火烧坪、黄瓜冲等瑶众，将迭劫首匪房大第六、盘麻三、李成意一等三名缚献。并结称前饬查拿之首匪，惟唐阿牛二、沈烧酒二名未获，恐已被官兵剿毙。容俟宽限访查，不敢隐匿。禧恩等察其情词真挚，即宣谕威德，赏给银牌花红，并将缚献之房大第六、盘麻三、李成意一，并前获之邓三、盘文理、盘八、唐四、李一、房六等，及土匪李安达、李成仲等，即在军前正法枭示，使各瑶众环视行刑。并谕令大小各排冲，俱令薙发摘环，永为盛世良瑶。该瑶等俱各伏地叩头，涕泣改悔。

现经委员亲入瑶寨，编查户口花名，设立门牌。随将大营撤出山外，将湖南、贵州官兵三千四百余名，先行撤回，广西、广东各兵分别遣令归伍，酌留广西兵一千名、广东兵二千名，分驻连山上下一带，交总兵曾胜管带，以慎巡防。俟冬底春初，再行察看情形，撤回归伍。其前经奏调湖北官兵，着即停止。禧恩、瑚松额，前经派往湖南查办江华瑶匪，督兵剿捕广西窜入楚境瑶匪，甚为得力。及前往广东，于该省事阅半载，未能剿办之瑶匪，甫抵连州一月，即能大加惩创，以振国威。各排冲投诚乞命，办理实为迅速。禧恩着加恩赏戴三眼花翎。伊本系镇国将军，并着封为不入八分辅国公。瑚松额着赏戴双眼花翎，并赏给一等轻车都尉世职。余步云前在湖南认真剿办，及调往广东，奋勇出力，一切机宜俱臻妥协，着加恩赏戴双眼花翎，并赏给一等轻车都尉世职。曾胜先派带兵到广东，屡着劳绩，勇敢可嘉，着加恩赏加提督衔，并赏给云骑尉世职，以示奖励。其在事出力人员，着查明核实保奏，候朕施恩。伤亡兵丁，照例咨部办理。其办理迟延之文武各官，除李鸿宾、刘荣庆已降旨押解来京交部治罪外，所有军需例准开销银两内，自五月二十二日起，至八月二十九日止，一切支销银款，着落李鸿宾赔缴三成。阳江镇总兵余得彪，着降为水师营都司，留粤候补。撤任南韶连镇总兵得志，着以都司守备降补。署臬司庆林着革去按察使，以道员用，仍交部议处，以示惩儆。失察文武各员，查取职名送部照例议处。曾胜着调补广东南韶连镇总兵，其高州镇总兵恒安，着送部引见。所遗员缺，着阿精阿调补。发去三眼花翎一枝，着禧恩祗领。双眼花翎二枝，着瑚松额、余步云祗领。将此通谕中外知之。

…………

谕军机大臣等：本日据禧恩等由五百里驰奏，分别剿抚，各排冲现经缚献首匪，率众投诚，瑶山全境肃清。办理妥速，可嘉之至。惟广东营伍废弛已极，若不力加整顿，岂能日有起色。卢坤计已到彼，务当实心实力，随时振刷，一洗因循陋习，方为不负委任。其瑶人所呈户口花名册，着派委妥员，轻骑减从，亲入瑶寨，挨户清查，编列门牌，毋任匪类藏匿。一切善后事宜，着妥筹办理，务须计出万全，毋贻后患。至此次办理军需各项支放银两内，除各营官兵借支行装，及用剩军火物料等款，可以拨扣归还者，准其按年扣抵外，其余例准作正开销及例不准销之款，着该督分别查明。除着落李鸿宾赔缴三成外，将向例不准开销之款，查照例案，在于本省各官养廉内分限匀摊归补。将此谕令知之。

又谕：本日据禧恩等由五百里驰奏，分别剿抚，各排冲现经缚献首逆，率众投诚，并确查排瑶起衅根由、地方各官办理耽延各一折。现明降谕旨，分别加恩，并将总兵余得彪等降补示惩矣。所有此次善后各事宜，自应妥为经理，禧恩等或在该处暂留商办。卢坤计已到彼，若可将善后各事宜交伊妥筹办理，禧恩等即起身回京复命。着禧恩等自行酌量可也。将此由五百里谕令知之。

清实录/宣宗/卷二百十九

道光十二年九月十六日

谕军机大臣等：据卢坤等奏，逆瑶盘均华在广西贺县聚众谋逆，伪称名号，欲来湖南占夺瑶山田地。甫经起事，即经广西省文武各官带兵追捕，于芳林渡痛剿败散。该逆穷窜湖南边境，即被擒获，不致蔓延，是广西芳林渡战功保全甚大等语。所有在事出力文武各员，自应查明保奏，予以恩施。着该督到任后，会同祁𡎴详细查明，核实具奏。卢坤调任两广总督，接奉谕旨，自即起程前赴连州。所有善后事宜，着与禧恩、瑚松额会商办理。昨已另谕禧恩等，如无须在彼，即自行酌量回京复命。该督责无旁贷，务须熟筹妥办，计出万全，毋始后患，是为切要。将此谕令知之。

又谕：讷尔经额到任后，着即赴湖南衡州，办理一切善后事宜。广东剿办连州瑶匪，现已全境肃清。罗思举署湖南提督，驻锦田防堵。计何时可以撤兵回任，着讷尔经额与罗思举体察情形具奏。将此各谕令知之。

清实录/宣宗/卷二百二十

道光十二年九月二十日

又谕：前因粤东排瑶滋事，地方官办理迟延，降旨令禧恩等查明具奏。嗣据奏称，前署臬司庆林，经良瑶捆送匪瑶房鸭脚四等到案，又拿获乘机抢夺之土匪刘文才等多名，正可按律惩究。乃未能相机筹办，西路甫将帖服，东路复有骚扰，以致办理耽延等语。该省排瑶，自本年正月经楚瑶勾惑煽动，沈肥肉一等犯乘间蜂起，多系无赖散瑶，互出剽掠，并无为首总头目在内。如果及早认真妥办，何至旷日持久，酿成事端。庆林于瑶匪起事之先，即经派赴军营，曾否将难办情形禀知李鸿宾，奉有批示？其招抚一节，是否系李鸿宾主见，抑系庆林禀商，及奉有谕帖。该省文卷，无难检查。着卢坤到任后，即将各情节确切查明，据实具奏，毋稍徇隐。将此谕令知之。

清实录/宣宗/卷二百二十

道光十二年闰九月十七日

谕内阁：禧恩等奏，筹议办理排瑶善后章程，胪列八条呈览。粤东排瑶，赋性剽悍，时为地方之害。此次因赵金陇勾煽匪徒，蔓延滋事，经禧恩等调集官兵，大加剿办，既慑瑶胆而张国威。惟戢匪虽在一时，而弭患当谋久远。所有善后章程，应如所请。

连山绥瑶直隶同知，专管八排瑶务，向系由外题补，应拣选熟悉瑶情之员，俾收成效。即仿照新改湖南永州理瑶同知成案，定为边疆要缺，俸满即升。一切瑶人词讼，及民瑶互控词讼，均责令就近审讯，并于应得养廉外，饬司筹款津贴，每岁酌给银二千两，以资办公。

至三江扼要地方，设有副将一员，统率都守备弁三十员，兵丁二千名，应责成该副将董率备弁，督饬各营汛兵，随时缉捕。按月分季，带兵与界连之湖南、广西各营汛巡查会哨。如有擅离汛地，或失事不报，及纵兵擅入瑶寨者，兵则责革，官则揭参。其向拨把总一员，带兵一百名，若不洽瑶情，即行撤换。如办理妥协，俟三年期满，由该厅协察看，详请升缺，以示鼓励。

瑶人至民墟贸易，每为汉奸所欺，嗣后令绥瑶厅相度情形，准立瑶墟。有愿赴民人集场，及民人有愿赴瑶墟者，应听其便。至应征瑶粮，统令瑶长率领瑶户，自行赴厅交纳，不准胥吏经手，以免需索。遇有青黄不接时，照旧借给穷瑶仓谷，秋收征还。各排冲匪瑶出山扰害良民者，责令瑶老千长交出。如徇庇不送，并治瑶老千长之罪。

瑶民山田地亩，从前售卖民人者，听其照旧执业。契限已满，仍准瑶户备价收赎。嗣后瑶人产业，只准与瑶人互相买卖，不准民人契买。违者，田产断归瑶人执管，不追原价。

鸟枪一项，有收藏未缴者，官为给价收买，并禁奸民入寨私贩火药，及不得违例制造铁器。

至瑶山居民，无论已未报案，一律赒恤。凡被毁房屋，给费修盖。田禾不能及时耕种，给予口粮。以后良瑶出入，毋得乘机报复。如有汉奸煽惑滋事，着落各千长等捆缚送官。并禁土匪吓诈抢掠，以儆刁顽。

其原设三十六汛卡房，即勘明地势，酌量裁并。其原拨守汛之兵，添拨紧要汛地驻扎，收兵力而扼要冲。至应否添建碉台若干座，着卢坤等委员相度地形，妥为勘估，由本省筹款办理。瑶人向分八大排、七八十小冲错处，嗣后应编立门牌，以备稽查。

仍令八大排内各举老成知事者，立为瑶老千长，由绥瑶厅拣选承充，管理一排事宜。余各小冲，系某大排分支，统归某大排瑶老千长管领。令绥瑶同知按户给发门牌，将大小丁口备载。并于八大排内每排添设瑶练十名，统归连山厅把总管带差遣。如有入山借差吓诈情事，该千长等到官首告，照例治罪。其瑶老千长及瑶练等，果能办公无误，年终由绥瑶同知酌给花红，分别奖赏。

以上八条，惟在各地方官实力奉行，以安民瑶而收成效，不得视为具文，致日久生懈。

清实录/宣宗/卷二百二十二

道光十二年十月初三

又谕：降调按察使以道员用之庆林，于办理瑶匪案内，吏部议降二级调用。当降旨交卢坤检查文卷，将该员前后禀办情形据实具奏。兹据奏称，该员于二月内经李鸿宾委赴连州，自三月至五月，节次具禀，并未将如何难办情形切实声明。而李鸿宾批示各禀，本无专主招抚之见。该员亦未禀商如何招抚，及奉有谕帖等语。此案办理不善，李鸿宾固咎无可辞。该员于起事之先，即派赴军营，乃未能将切实情形禀详筹办，以致旷日持久，老师糜饷，实属畏葸无能。部议尚觉轻纵，着改为降四级调用，不准抵销，以示惩儆。

又谕：本日据卢坤由驿驰奏，韶州府曲江、乳源两县土盗，勾结瑶匪，出掠滋事，道府督属带兵歼擒多名，地方肃清一折。本年七八月间，连瑶未靖，镇兵多经抽调防剿。曲江县土盗周癞瘇头等，潜入瑶山，勾结瑶匪，乘机抢掠。该道杨殿邦督属捕获三十余名，复捐廉雇练乡勇千余名，亲驻曲江县适中之桂头乡，饬署知府汪忠增由乳源进兵，使该匪首尾牵制。并筹给经费银二千两，募良瑶赵得学并精壮乡勇五十名，从僻路直扑大廖坑。督率知县侯之翰、署乳源县谢嵩龄，带领兵勇良瑶，负木囊土，架梁填路而入。该匪放枪掷石滚木，抵死抗拒。曲江兵勇用炮轰击，乳源官兵由后拥进，腹背夹攻，枪毙数十名，生获逸盗邓复辛等、瑶匪赵连复等三十余名，余匪四窜，投崖落涧无算。千总杨愈将、试用从九品马长庚等，率兵勇直入大廖坑、水长坑，搜获鸟枪、刀械，获取衣粮，分犒兵勇。将匪巢焚毁，割取首级七十一颗，提出瑶匪盘云钱、土盗陈考涓等辨认。有大廖瑶目赵溃选及其子赵得流，其余赵石养等，皆大廖、水长两坑著名瑶匪及潜匿土盗。曲江乡勇钟国富等，瑶目盘安良等，各在山内搜获盗首邓添一、周癞瘇头即周牛仔，所办甚好。被伤兵丁三名，乡勇四名，良瑶三名，县役一名，着该督查明咨部赏恤。中茔坑匪首盘得复等，尚窜山内，镇标右营都司刘际昌并该府县分路搜拿。乳源乡勇林文聪、钟幅远于丹竹坑遇瑶匪两人，奋勇前追，被旁出瑶匪六人放枪拒伤。都司刘际昌督兵接应，将瑶匪七人打毙，生擒瑶匪赵有安，讯出枪毙各匪姓名。该两县续获瑶匪、盗匪赵老四等十九名。都司刘际昌、署曲江县侯之翰获中茔坑首伙瑶匪盘得复等五名，并垂毙瑶匪赵有明。乳源县役协获逸瑶赵端养、赵溃彩二名。计先后歼毙擒获各犯一百四十六名，瑶山匪类廓清。该道等不动声色，办理妥速，兵勇俱着撤回归伍归农。悬崖邃谷，恐有漏逸，着该督悬赏晓示，俾人自为捕，不得扰及良懦。此案人犯众多，无庸解赴连州。着卢坤于赴省时取道韶州审办。出力文武员弁，据实保奏，候朕施恩，毋稍冒滥。

清实录/宣宗/卷二百二十三

道光十二年十一月十八日

两广总督卢坤奏，办理绥瑶善后事宜。一、抚恤连山、连、阳山三厅州县被难民人。一、举充瑶长瑶目，约束排冲瑶众，给瑶长外委顶戴。一、委员稽察民瑶贸易。一、清查瑶户，编列门牌。一、移拨三江峒守备驻铁坑汛；竹子坪外委把总一员，马槽屯、纱帽陂、三江峒、山溪四汛兵三十三名，驻倒流汛；水竹塘额外外委驻竹子坪；虎叉塘守备一员、外委把总一员、兵五十名，驻余高汛；余高汛把总驻茂古峒；茂古峒千总驻虎叉塘；三江城协防额外外委一员，班瓦汛兵二十名，驻莲花汛。一、裁撤调兵及军需局，量留戍防。一、修整坍塌营卡，无庸建立碉台。

得旨：所议尚属周妥，俱如所奏办理，但须随时留心，认真稽核。无论文武，有不称任者，即行究惩。地方不靖，皆由此等劣员所致也。懔之。

清实录/宣宗/卷二百二十六

道光十二年十一月二十五日

谕内阁：大学士长龄等会奏，请将李鸿宾等从重治罪一折。已革协办大学士两广总督李鸿宾，办理连州瑶匪，节次所奏军情，讯无含混情形，尚非故意迁延。而办理不善，耽延月日，罪实难逭。至连州督师，五路进兵，黉夜遇贼，致伤兵弁，所奏率多粉饰。又兵丁吸食鸦片烟，难于得力。虽随同禧恩等办理瑶匪完竣，仅罚赔三成军需银两，尚不足以示惩。李鸿宾着从重发往乌噜木齐效力赎罪。已革休致广东提督刘荣庆，废弛营务，致兵丁吸食鸦片烟，临事不能得力，平素毫无整顿，其五路进兵，猝遇贼匪，伤亡兵弁。伊系统兵大员，厥咎较重，虽年逾七十，不准纳赎。着从重发往伊犁充当苦差。

清实录/宣宗/卷二百二十六

道光十三年正月二十一日

蠲缓广东连山厅上年被瑶扰害村寨额赋有差。

清实录/宣宗/卷二百三十

道光十三年九月十六日

谕内阁：卢坤等奏，赏给军功顶戴，核与原奏逾额二名等语。上年剿办连山瑶匪，曾经奏定赏给军功顶戴，不得过三十名。兹据该督等查明，余步云前已造册咨送杨国钧等二十六名。现办理善后全竣，曾胜复造送熙春等六名，姑念逾额仅止二名，熙春等着准其赏给军功顶戴。该部知道。

…………

两广总督卢坤等奏，连山绥瑶善后事宜，办理全竣。得旨：务要日久遵行无懈，方为妥善。尔督抚亦应随时稽查，如有不能实力奉行者，须秉公核办，不准姑容。懔之。

…………

以剿办广东连山瑶匪出力，予布政使吉恒等升叙有差。

清实录/宣宗/卷二百四十三

道光十四年六月初二

改广东连山绥瑶厅司狱为要缺，合浦县珠场司巡检为简缺。从总督卢坤等请也。

清实录/宣宗/卷二百五十三

道光十四年十二月二十日

展缓广东南海、番禺、花、三水、高明、四会、鹤山、高要、清远九县被水村庄新旧额赋，并贷围基修费、买秧资本银。

清实录/宣宗/卷二百六十一

道光十五年五月初六*

引见新科进士。得旨：一甲三名刘绎、曹联桂、乔晋芳业经授职外，张芾、徐夔典、陶庆增、彭崧毓、张廷选、龙元僖、喻增高、叶琚、金濂、陶恩培、余春照、廖朝翼、郑敦谨、吕贤基、周恩绶、胡应泰、叶名琛、瑞徵、崇杞林、赵振祚、春熙、何裕承、黄宗汉、陈坛、陈鹤年、吴式芬、贾瑜、宗室英淳、何桂清、张云藻、春辂、陈宝禾、张景星、朱琦、罗惇衍、秦淳熙、李佐贤、陈嵩、杜翻、刘源濬、张鏻、苏廷魁、戚维礼、徐资乾、孙铭恩、舒文、袁溥、许乃钊、锡祉、何庆元、黄铭先、景霖、江泰来、邱建猷，俱着改为翰林院庶吉士。

蒋德福、毕至、方培之、郑存纻、张铨、蔡燮、上官懋本、李维醇、丁宝纶、陈庆偕、梁熙、周颚、严文瀚、陶汶、彭蕴章、朱龙光、谦福、陈绩、刘廷检、伍辅祥、费荫章、张敬修、刘德钧、**单兴诗**、庄志谦、吉祥、杨三珠、饶应坤、程锡蕃、贾仲山、宗室英继、黄辅辰、李训钊、武凌云、倪应观、汪觐光、宋子昌、黄守训、袁甲三、张耀、胡超龙、宗室英绶、隋藏珠、姚近宝、李国榛、丁守存、林映棠、吴德清、张锦帆、张绪、王家勋、庆瑞，俱着分部学习。

易炳晃、叶为珪、叶朝采、李贞木、徐奏钧、张积勋、范中行、涂文光、汪绍曾、陈祚康、许虎拜、阎庆元、刘潜之、晏淳一、王清熙、孙慧惇、曾世仪、张堂、李钟泰、陈锡麟、刘铭本、朱珊元、姜申璠、孟毓勋、李汉章、德俊、孔传藤、叶承昌、周人龙、刘诚倬、黄廷范、马秀儒、宋嘉玉、陈墉、陈彦泳、张元杰、吴逢甲、陈金鉴、魏文瀚、曹笏、萧淦、高殿臣、刘建庚、李谟、沈湘、周振之、毛鸿顺、胡礼箴、杨亶骅、沈云骧、杜詹、齐秉震、骆奎祺、周贻缨、颜于镐、徐锌庚、古韵、赵德辙、钱炘和、郭永锡、钱文伟、铭岳、杨衔、何丙勋、范桨坊、戴泽长、钱世瑞、刘建韶、黄松年、陈椿冠、王仲选、何咸亨、侯莹光、莫苍棨、李浩、周若棠、陈玉麒、王希旦、王毓濂、郭望安、刘嘉嗣、王思引、李大融、王会极、康象书、任荃、李柏、何鸣章、金谓镠、德稜额、孙玉麒、刘克迈、张姚锡、辛本椝、陈昆玉、樊爵五、胡廷槐、徐树楠、朱思敬、王恂、邵宗渭、长喆、陈贻枢、陈世榕、黄家声、王武曾、左乾春、张维模、邓煊、李怀庚、许梦兰、李景椿、祁尔诚、李登、张元钧、马德昭、余士瑮、伊铿额、觉罗祥庆、罗遵殿、何钟兰、丁芳兰、王嘉麟、陈廷扬、周应祖、周秉让、何增筠、李道融、王义樟、赵绍武、李汝璿、张钱、陈镳、欧阳时、王政、林春溶、王以洁，俱着吏部掣签，分发各省以知县即用。

清实录/宣宗/卷二百六十六

道光十六年七月二十八日

谕军机大臣等：有人奏，广东省连山厅同知姚柬之，挟案吓勒多赃，办理地方，未能允协等语。该同知姚柬之办理普宁一案，如果有吓勒多赃，办理不善之处，自应严行惩办。着耆英、朱士彦迅即查明，据实参奏办理，毋得稍事徇隐，致有不实不尽。……将此谕令知之。

清实录/宣宗/卷二百八十六

道光十七年二月初十

谕内阁：前据御史黄仲容奏参，广东连山厅同知姚柬之挟案吓勒多赃，办理地方，未能允协等款。当降旨着朱士彦等查明，据实参奏。兹据朱士彦等查明，姚柬之于奉委办理普宁一案，该县八乡均系务农度日，并非殷实大户，焉有银两输送？且查办案件，获犯多名，随同日夜审讯，尚属出力，并无办理不善。其题升连山同知，于上年四月接印，并无不愿到任之事。揭阳交代，亦并无亏短。至省城住房，均系该员租赁，并非自置。其子姚世恩捐纳府经历，分发江西，因告假赴粤省视，并无授意勒赃之事。所查均属明晰。姚柬之并其子姚世恩，均着无庸议。

清实录/宣宗/卷二百九十四

道光十七年六月初五

又谕：御史刘梦兰奏，外省绿营兵丁多染吸食鸦片习气，请饬查办等语。国家设立营伍，训练兵丁，原期悉成劲旅，巡防御侮，方能得力。道光十二年间，连州瑶匪滋事一案，因兵丁吸食鸦片烟，临事不能得力，降旨将李鸿宾、刘荣庆革职发遣，用昭炯戒。若如该御史所奏，近来各省兵丁多染此习，积重难返，虚糜粮饷，是此风尚未尽戢，若不严行查禁，何以肃营务而励戎行？着各直省督抚提镇，振刷精神，加意整饬，申明律令，严行访拿。该兵丁等有犯此弊者，即着按名裁革，照律惩办。各营员弁如有染此习气者，亦着严行参办，毋稍徇纵。务使营伍肃清，一兵得一兵之用，方为无忝厥职。倘视为具文，不肯认真查禁，致兵丁疲弱，不能得力，李鸿宾等即其前车之鉴，朕惟知执法从事，不能曲为宽贷也。将此通谕知之。

清实录/宣宗/卷二百九十八

道光十七年十一月初七

旌表守正被戕广东阳山县民邓富利妻陈氏。

清实录/宣宗/卷三百三

道光二十一年二月初十

前任钦差大臣、大学士署两广总督琦善奏，遵查沙角、大角地方，与嘆夷接仗阵亡及伤亡水陆将弁共四十四员，兵丁七百十八名。恳恩分别赐恤。得旨：三江协副将陈连升及其子陈举鹏同时殉难，尤属忠义可嘉，着加恩加等赐恤。余着照例赐恤，以慰忠魂。又批：遇此不忠督臣，俱各捐躯为国。实堪悯恻。

清实录/宣宗/卷三百四十六

道光二十一年三月十五日

又谕：本日据奕山等驰奏，湖南、广西存贮大炮甚多，足资守备等语。着裕泰、吴其濬于该省存贮大炮，拣择数十尊，迅速解粤，以资攻剿。又据吴其濬片奏，访闻嘆夷遣汉奸数人，赴连州、南雄一带煽惑等语。湖南郴桂一带，界连两广，现当逆夷滋事之时，难保无匪徒勾串情事。着吴其濬严饬该处文武员弁，不分畛域，实力访拿，倘有匪党滋扰，着即拨兵剿除。届时该抚察看情形，如须亲往弹压，即前赴该处督办，务使及早扑灭，毋任蔓延。将此由六百里加紧谕令知之。

清实录/宣宗/卷三百四十八

道光二十一年三月二十四日

署两广总督怡良奏，广东省本年秋审人犯，广州、韶州、惠州、肇庆四府，佛冈、绥瑶二厅，罗定、南雄、连、嘉应四州，均应提讯勘审。现在逆夷滋事，若仍纷纷递解，诚恐疏失，应请除广州、佛冈二府厅外，归本管道勘审。下部知之。

清实录/宣宗/卷三百四十九

道光二十一年闰三月初八

又谕：据裕泰奏称，粤省将军、参赞大营须屯建佛山以上，或清远、三水两县之间，与省城、佛山掎角相维。俾后路军声联络，逆船不敢出没西路，分我兵力，即佛山粮台，亦可借资保护。该夷深入省河，距虎门海口已一百余里。现闻该逆掠食，粮乏可知。暂时坚壁清野，使其师老食尽，或间道抄伏，绝其归路，或水陆兜剿，夹用火攻，不难立制其命等语。广东现在情形，自以保护省城，设法攻剿为第一要务。着奕山、隆文、齐慎到省后，与杨芳相度形势，通盘筹画。裕泰所陈屯建攻剿各事宜，是否可采，悉心体察，总须声势联络，不致有顾此失彼之虞，方为妥善。将此各谕令知之。

清实录/宣宗/卷三百五十

道光二十一年闰三月十七日

谕军机大臣等：本日据祁𡎴等奏，酌拟粮台章程一折。据奏三水、英德二县，及入境首站之南雄州，各设一局，委员分驻。需用饷银，已于关库内动银三十六万两，并采买兵食，赶铸铜炮等情，俱着照所议办理。惟雇备渔船水勇，制办柴草火船及河内钉桩填石各事宜，例案既不赅载，易于因缘为奸。着祁𡎴督饬藩司，随时随事，认真密查，毋任属员借词无案，任意虚糜为要。再前据奕山等奏，在省各衙门，皆有汉奸，一举一动，暗为通知等语。汉奸助恶通洋，最为可恨。兵机漏泄，贻误非轻。着该督体察情形，应查拿者严密查拿，从重惩治；应解散者设法解散，期就肃清。内地少一汉奸，即洋人少一党羽。不日兵炮齐集，剿办较易为力也。将此由四百里谕令知之。

清实录/宣宗/卷三百五十

道光二十五年正月十三日

改广东佛冈同知为难简缺，归部铨选。……从总督耆英等请也。

清实录/宣宗/卷四百十三

道光二十五年五月初五*

引见新科进士，得旨：一甲三名萧锦忠、金鹤清、吴福年业经授职外，钟启峋、周寿昌、陈介祺、何桂芬、徐元勋、蒋志淳、冯琛、孙鼎臣、李联琇、张正椿、阎敬铭、童福承、潘遵祁、皂保、贡璜、沈炳垣、袁芳瑛、左瑛、李国棠、杨翰、郭骥远、孟培桢、胡瑞澜、刘书年、周士炳、黄廷绶、宜振、章光斗、恽世临、罗嘉福、萧玉铨、陈泰初、曹骅、沈锡庆、徐德周、吕序程、何廷谦、张守岱、王荣第、李鹤年、李梦周、曹炳燮、奎章、罗宝森、毛昶熙、丁士元、阎翥鹏、徐嵩生、徐鼒、岳云衢、包炜，俱着改为翰林院庶吉士。

王宪成、陈敬简、梁经先、王锡龄、何秋涛、张璐、冯栻、赵炳堃、刘荣琪、尚庆潮、周辑瑞、文起、胡沄、夏家泰、谢谦亨、林寿图、郑锡瀛、将超伯、容文明、孟传金、徐时梁、华定祁、潘桂、高倬、宗室定纶、林廷选、张观钧、缪嘉谷、裕丰、恩隆、沈丙莹、张兆栋、高贡龄、文祥、裘望洙、陈广德、郎应宿、何栻、朱枬、朱庆芬、柏春、王赞襄、李国梓、叶廷杰，俱着分部学习。

黄文奎、郭印瑚、路璜、刘伯埙、李廷楷、高会嘉、顾骏、张和、姚宝铭、王殿麟、高长绅、蔡廷兰、郑东华、朱德沄、蔡世佑、孙培金、李义得、吴昌寿、边厚庆、黄汝梅、封毓璋、王书勋、赵桂芬、**郭志融**、任辉第、杜受履、朱凤檑、姚玉田、刘兴桓、阎海林、赵东曙、陈应台、陈德诠、华廷杰、王钟澍、宋维屏、张敏行、杨子仪、李毓珍、李维著、申逢吉、黄光周、顾鸿逵、丰安、杨照藜、李朝仪、梁汝弼、莫廷蕃、张大观、张炳堃、于醇儒、张钟彦、密云路、文颖、黄辅相、俞云锦、池剑波、陈其晟、陈昆、谢邦鉴、祝祐、吕式古、吕铨、杨本厚、冷嘉植、黄廷瓒、朱国宾、李珣、韩一松、郑之钟、莫炽、李成芳、谢兰省、卫东阳、程培礼、许凤翔、仲孙樊、邵启元、王汝舟、周灏、杨上达、张凯嵩、钟荣光、车汝震、潘毓瑞、王万龄、施琼芳、焦肇瀛、黄恩澍、刘体中、林泽芳、黄开泰、马玉堂、任殿选、成福、饶褒甲、董炳章、唐守道、周仁寿、姚体俨、赵润芳、黄士元、王者诏、陈光前、贺庄、任秩五、胡启文、吴冠庠、张奋翼、陈汝峰、世昌、李重华，俱着交吏部签掣，分发各省，以知县即用。余着归班铨选。

清实录/宣宗/卷四百十七

道光二十七年三月二十一日*

谕内阁：从前乡会试回避士子，雍正年间，曾于内阁另行考试，或将试卷另封进呈，派员校阅，均系出自特恩，并未着为定例。迨乾隆年间，即经先后停止。嗣因御史眭朝栋率行陈请，瞻顾徇私，当奉严旨，将该御史拿交刑部治罪；至嘉庆四年，复有御史**郭仪长**条陈此事，经部议准，仍奉特旨驳饬。是回避士子另行考试，事属难行，叠奉圣训昭垂，岂容臣工任意渎请？祝庆蕃现任礼部尚书，明知此事早经停止，乃因本科回避士子人数较多，独出己见，率行面奏，实属沽名钓誉，冒昧渎陈。着交部严加议处。嗣后，乡会试回避士子，无论人数多少，其另行考试之处，并着永远停止。

清实录/宣宗/卷四百四十

道光二十八年六月十八日*

又谕：前据琦善奏，请宽免疏防各员处分，当降旨令将何案何员分晰具奏。兹据该督复奏，并开单呈览。该文武员弁于奉札饬拿匪徒，购线踩访，获犯至二百七十余名之多，是虽疏防于前，尚知奋勉于后，自应量予恩施，以昭激劝。所有四川江油县知县现升巴州知州桂星、把总李锦和、简州知州濮瑗、外委徐应雄、邛州直隶州知州朱绍恩、千总苏龙、大邑县知县**郭志融**、把总高步安疏防处分，均着加恩宽免。

清实录/宣宗/卷四百五十六

道光二十九年三月三十日

谕军机大臣等：徐广缙、叶名琛奏，查拿阳山、英德等县匪徒，知县、营员均各受伤，并都司被匪拒毙，现在调兵剿办一折。广东向多匪徒，现当防夷吃紧之际，该匪等纠集多人，辄于广州、韶州两府交界各处，肆行无忌。迨经地方文武各员，督率兵勇，驰往追捕。该匪等竟敢抗拒，杀毙都司，复致死兵丁多人，更伤及知县、营员，实属目无法纪，行同叛逆，必应大加惩创。该督等现已飞咨祥麟，并札调镇将，选带各营兵丁，分路进剿，又饬臬司赵长龄驰往会办。着即相度事势，分据要隘，四面兜剿。仍咨会广西、江西、湖南，在于毗连处所，并力堵截，务期克日扑灭，扫数歼除，毋令蔓延稍留余孽。一俟剿捕竣事，着即由驿驰奏，以慰朕念。所有格毙数匪，旋被匪徒砍伤身死之都司李惟上，并伤亡各弁兵，均着分别咨部，照例给予恩恤。将此谕知徐广缙、叶名琛，并传谕赵长龄、祥麟知之。

清实录/宣宗/卷四百六十五

道光二十九年六月初十

谕内阁：徐广缙、叶名琛奏，戕官案内匪徒悉数就擒一折。广东阳山、英德等县，匪徒聚众戕官，行同叛逆。经该督等飞咨署提督祥麟，并札调镇将，选带各路兵丁分路进剿，并饬运司徐有壬驰往会办。先后获犯五百五十二名，首要均已就擒。现在地方安静，官兵尽撤归伍，办理实属迅速。徐广缙、叶名琛、祥麟、徐有壬，均着交部从优议叙。该地方文武随同搜捕，功过尚足相抵，所有失察职名，免其开参。在事员弁，着该督等择其尤为出力者，酌量保奏。候朕施恩。

清实录/宣宗/卷四百六十九

文宗显皇帝实录

道光三十年七月十五日

谕军机大臣等：骆秉章奏，广东匪徒滋事，邻近湖南地方，现派文武大员防堵一折。广东英德一带贼匪聚集多人，戕官滋扰，并有欲往湖南之语。湖南之永州、郴州、桂阳等府州所属，多与广东、广西连界。该匪等一经粤省官兵兜捕，势必窜入楚境。况现在该匪踞住之里松墟市，即距江华县濠界卡所仅止五十余里，堵截尤关吃紧。该抚务即督饬镇道管带兵勇于毗连各要隘处所，严密堵御，加意巡防，并饬各属士民互相保卫，遇有贼匪窜入，立即兜拿解究。总期官民联络，防守森严，俾匪徒无隙可乘，方免蔓延贻患。楚省甫当剿捕之余，地方已不堪扰累，万难任其再肆蹂躏。该抚宜如何尽心筹防，以副委任耶。懔之！慎之！将此谕令知之。

清实录/文宗/卷十三

道光三十年八月初四

又谕：郑祖琛奏，请将剿捕未能迅速都司革职等语。此次广东英德贼匪，窜至广西贺县境内，经该县知县鹤年捐资练勇，力图守御。乃该署都司李庆什明知贼已入境，辄以守城为词，并不下乡堵捕。迨该县鹤年自缢之后，盗匪尚在县境，该署司仍复借口兵单，延不进剿，以致贼匪窜逸。李庆什庸懦无能，着即先行革职，并着郑祖琛确查该县鹤年，如因李庆什迁延退缩，以致战守无据，愁急自尽，其情殊堪悯恻。李庆什亦岂革职所能蔽辜。事关地方官保卫城池，营员畏葸掣肘，必应彻底根究，明示劝惩，断不可稍涉瞻徇。

清实录/文宗/卷十五

道光三十年八月初十

又谕：昨据郑祖琛等驰奏，盗匪撤入修仁县城，并窜至荔浦，逼近城垣。当降旨，令郑祖琛亲往督办，并饬徐广缙酌带广东官兵一二千名，迅往会剿，兼令徐泽醇传谕张必禄，驰赴广西会同剿捕矣。兹据骆秉章奏，接准广东咨开英德一带贼匪四散，首逆李元宝壳已经拿获，并探得该匪党窜至怀集县交界之南丰地方，距广西贺县三百余里，距湖南境五百余里。现饬文武兵勇实力严防等语。英德匪徒虽渐逃散，而修仁等处势更猖獗。着骆秉章迅饬所属，于粤楚交界处所，扼要防范，毋任贼党窜入越界肆扰，并饬边界各员，如果迎剿得手，即当不分畛域，相机追捕，以期速即歼灭。向荣前已有旨，调任固原提督，约计此时尚未启程，着即选派官兵，驰往湖南边界，督同防剿。俟余万清接任湖南提督时，倘广西贼匪尚未净尽，即着向荣驰赴广西，并力剿办，毋稍迟误。将此各谕令知之。

清实录/文宗/卷十五

道光三十年九月十六日

又谕：徐广缙等驰奏，匪徒滋扰，请将回营之文武员弁革职一折。广东英德等县游匪滋扰。据奏，调集兵勇，杀毙贼匪二百三十余名，内有头目九名，该匪等分股窜匿。经候补知府史朴与署游击苏崇阿并参将齐诚额等带兵夹击，因乡民导引，不谙纪律，以致冲散队伍，文武员弁同时被困，旋复回营。现在贼匪出没数县，毗连界内等语。匪徒围困官兵，殊堪发指，非大集兵勇，四面兜剿，不能迅就扑灭。徐广缙既未能分身前往广西，着即专办广东军务，务须督饬提督祥麟、臬司祁宿藻，严饬文武员弁，相机设法分别堵剿。所有水陆各隘口，尤须加意严防，勿令东西两省匪徒，勾结蔓延，并当断其接济，解其胁从，迅速进攻，一鼓歼除，克期蒇事。其有奋勇出力及捐资募勇者，无论官员绅民，准其从优奏请奖励。如有畏葸退缩、不用命者，立即严行惩办。候补知府史朴轻进失利。着与巡检顾侃，千总蒋朝纲、黄大全，把总黄舜全，外委姚连发、王定祥、黄雄泰，记委任茂方，均暂行革职，仍责令随营效力。署提标中军参将齐诚额、卸清远营游击强其修是否有意迁延？着该督确查参办。前奏副将王浚受困，不知下落，亦着查明具奏，毋许稍有隐饰。至所称佛冈乡民，情愿帮同击贼，用为前队，何以一遇贼匪即纷纷逃回，致令官兵受困，是否不谙纪律，抑系勾通诓诱，致堕术中。乡民导引，势所必需，但须洞悉情形，确有把握，方能得力。着谕知带兵各员，临事制宜，不可稍存大意。将此由四百里谕令知之。

清实录/文宗/卷十八

道光三十年九月十八日

谕军机大臣等：徐广缙驰奏，遵旨通筹调兵拨饷，分别剿办粤东西各匪情形一折。粤西匪徒分窜县城，粤东英德一带贼匪亦甚狓猖，已屡经降旨，令徐广缙等妥筹迅剿，并谕令该督毋庸前赴梧州，专办粤东剿捕事务。海疆夷务，均关紧要。徐广缙驻守省垣，用资控制，叶名琛此时计已亲赴韶州督兵剿捕，务须择要防剿，勿使两省贼匪合而为一，转致愈难翦除。一俟追剿得手，即将现办情形由驿驰奏。粤东现在夷情是否安静，并着随时奏闻。至粤西军务，该督亦须兼筹熟计迅奏肤功，以慰朕念。将此由四百里谕令知之。

清实录/文宗/卷十八

道光三十年十月初八

谕军机大臣等：郑祖琛等驰奏，修仁、荔浦大股盗匪剿除殆尽，太平及右江各股盗匪剿办大获胜仗各一折。贺县、昭平另股盗匪，与永安等州县各匪，分别剿捕情形各等语。该抚于大兵未集之前，连获胜仗，生擒击毙贼匪不下一二千名，办理尚属认真。惟修仁、荔浦贼匪，虽经歼擒几尽，而首恶陈亚溃尚未弋获。现计向荣不过甫经到粤，林则徐、张必禄到尤需时，该抚等不可因获有胜仗，稍存大意。仍当严饬文武各员弁，督率兵练，于贼所往来处，扼要搜捕，悬赏购线，务期必获，勿留余孽。绅民有能缚献贼首者，朕必立加重赏。其太平及右江河下各股盗匪，势虽退怯，难保该匪等不图纠合，或仍由土田州河道上驶，以乘兵勇之隙，亟应乘势奋力，相机截剿。该处地隶极边，尤防窜逸勾结，着督饬在事各员弁，一面守护郡城，一面会筹兜捕，以期迅就歼灭。至贺县、昭平两股匪徒，先既猖獗，伤亡弁兵，兹复抗拒烧山，致带兵奋勇之县丞白良栋、巡检胡成宗等身受重伤，现尚不知下落，兵勇伤毙无数，尤堪愤恨。着该抚选调精兵，督饬尽力攻剿，严防分窜他处，或逃回东省英德等处，愈滋蔓延，务须一鼓歼除。仍遵前旨，迅速咨行湖南、云南、贵州，将前所调之兵催令管带赴粤，协力剿办……将此由五百里各谕令知之。

清实录/文宗/卷十九

道光三十年十月十三日

谕军机大臣等：陆建瀛奏，江西吉南赣道黄乐之、南赣镇总兵德坤禀报，探闻广东游匪屯聚佛冈厅属之高冈墟等处，有奔窜江西长宁县一带之信。该督已飞饬该镇道，遴派勇干员弁，酌带兵役，以截拿私枭为名，盘诘弹压等语。广东英德匪徒滋事，前已有旨，令江西等省并力堵截。兹据查明定南厅等处，接壤之区，处处可通，且大庾岭界连南雄，尤为扼要，自应严防以杜窜逸。着陆建瀛，并署巡抚陆元烺，转饬该总兵德坤，暂缓巡阅营伍，会同该道黄乐之就近调集官兵，分路防守。倘有游匪窜入，立即按数截拿，毋任一名漏网，以固疆圉而靖地方。将此各谕令知之。

清实录/文宗/卷十九

道光三十年十月二十二日

谕军机大臣等：徐广缙、叶名琛驰奏，廉州擒获匪党，并英德一带剿办情形一折。据称，贼匪方晚一股，窜匿合浦县之常乐墟，经护理海口营参将黄开广施放连环大炮，轰毙贼匪二十余名，杀毙四十余名，生擒三名，受伤后死者一百余名等语。此股贼匪最为强悍，且与粤西处处毗连，该镇道等剿办尚属得手。该督等趁此机势，仍宜谆饬文武，并力围拿，毋稍疏懈。其英德一带贼匪，经南韶连镇总兵昆寿侦探，匪徒由山径闯出，意欲越河抢渡，亲督兵勇，极力抵御，毙贼多名，剿办颇能认真。署南雄协副将王浚，既已失利于前，又复偷生于后，庸懦无能，着即革职，枷号两个月，在军营示众。该督抚等仍当悉心筹画，将廉州、英德两处匪徒尽力搜剿，不可因偶有歼获稍涉大意。文武各员及绅勇中有能杀贼立功者，据实保奏，候朕施恩。倘有临阵退缩，贻误事机者，立即严参惩办……将此由四百里谕令知之。

清实录/文宗/卷二十

道光三十年十二月十一日

谕内阁：徐广缙、叶名琛驰奏，佛冈、英德两处剿匪叠获胜仗，并廉州叠次歼擒巨匪，又复奏两省交界严防合剿各一折。广东南韶一带匪徒，前在翁源县境受创后，余匪尚多。经该督抚等督率文武，于十一月初二日，在佛冈厅之二渡水地方，砍毙执旗头目五名，生擒头目二名，轰毙一百六十五名。又于初九日，在英德县之望楼坪等处，毙贼二百八十六名，生擒十五名。现在匪徒叠次溃窜入山，官兵逼近巢穴，叶名琛亲督戎行，务当严饬弁兵，一鼓作气，分路进攻，以期搜净尽。尤须据险持重，步步为营，不可稍存大意。至廉州一带匪徒，以方晚为渠魁，现经乡民应募，擒献正法，并将广西匪首苏三诱获歼毙。又灵山县与广西宣化接壤，匪首陶安仁啸聚多人，经该县调带兵练，由绅士引入巢穴，分路夹攻，炮毙百余名，杀毙三百余名，并将匪首陶安仁轰毙，贼巢尽行焚毁，该府属举行团练，颇为有效。又署钦州吕诠访获通贼助逆之土匪七名，悉数正法，办理亦颇得要。其方晚余匪刘八一股，及陶安仁伙匪黄大等，仍着分饬迅速剿办。所有南韶一带两次剿匪，及廉州歼擒巨匪之出力员弁绅勇，俱着查明酌量保奏。两粤接壤之区，肇庆一府尤为西江往来门户，其余各属多与广西毗连，现值贼匪被创奔窜，该督抚等惟当督饬文武绅勇，于各要隘处所合力兜剿，毋任兔脱，总期一律肃清，迅歼群丑，以慰朕望。

清实录/文宗/卷二十三

咸丰元年正月二十七日

又谕：徐广缙、叶名琛奏，剿捕贼匪大获胜仗一折。据称连平州属九连山一带，有前经击败之匪徒屯聚，意图北窜。经该督抚饬委员弁，分三路进兵，探知大伙贼匪，盘踞和平县属之涮头墟，即于十二月二十五日五鼓，督率兵勇，兜擒追杀，翻山十二重，接仗五次。计歼毙贼匪二百五十九名，生擒一百三十八名。余匪复于次日，经署连平州知州吴昌寿，带领兵勇歼擒多名。韶州一带溃散匪徒，既经痛加剿洗，不难全力歼除。着即督率文武，将佛冈、英德山内藏匿匪徒，严行搜捕，毋任伏莽潜踪，以期净绝根株，迅速蒇事。至高州、廉州各属，与广西毗连，防剿尤关紧要。提督陶煜文现已抵任，着即前往该处，会同高廉道宗元醇妥筹防剿，毋令两省交界处所，勾结蔓延，以靖贼氛而纷边圉。

清实录/文宗/卷二十六

咸丰元年二月十三日

又谕：徐广缙驰奏，遵筹接济广西军需并潮州兵难再调一折。所称广东近年拨解支销为数既多，兼之清远、英德、高、廉等处，军务未蒇，以后势难再筹，自系实在情形。粤东现开捐输事例，报捐官商，谅已陆续具呈，俟收有成数，着即奏报。酌量缓急，以备两省军需。又据称，潮州兵一千名，已派往高、廉一带防堵，无可再调等语。该督兼辖两省，潮州官兵现虽无可再调。粤东何处之兵尚可调用，务须通盘筹画，随时知照李星沅、周天爵等商酌办理。如粤西兵力不敷，该督即一面奏闻，一面次兵前往接应，慎勿迟误事机。将此由四百里谕令知之。

清实录/文宗/卷二十七

咸丰元年二月十五日

谕内阁：陆元烺奏防堵情形等语。江西南赣各属多与粤省毗连，经该署抚派委赣南道黄乐之、赣州府知府周玉衡、候补道蒋启扬等，带领弁兵，分路防守。上年十二月间，有广东英德等县匪徒，乘夜明火，持械直扑定南之龙子岭，被都司遮克敦布等开炮击退。又有匪徒窜至龙南之芳竹岭，经都司安勇等开炮击伤贼首数人，擒获匪党五名。并据周玉衡等先后禀获匪犯三十名，防堵尚属认真。此股匪徒，虽经粤省截杀歼擒，难保无溃散余匪，复行窜入江西地界，巡缉不容稍懈。其与两粤毗连之湖南、福建、云南、贵州等省，仍着不分畛域，协力防守，一有匪徒窜逸，立即尽数截拿，毋任漏网。如有疏虞，以致蔓延滋扰，唯各该督抚是问。懔之!

清实录/文宗/卷二十七

咸丰元年二月二十八日

又谕:朕闻邪教流传,蔓延数省,河南祥符县有吴光汉伪称“赤天大王”,四川綦江县有马武成伪称“赤地大王”,广东英德县有李三文伪称“赤人大王”,均为各省邪教总目之首。此外总目尚复不少,其教与天主教同宗一派。哄夷在粤散布头目,勾结党与,且有内地革绅王如继、张怀亮、匪徒徐继龙等附彼助谋。至邪教头目所住地方,其徒充当衙役为之探事,差弁查拿,先通消息,一时未能缉获。似此邪教蔓延,若不预为之防,势必酿成巨案。着徐泽醇、徐广缙、叶名琛、潘铎等遴委妥员,不动声色,严密侦访。如查有传教各头目及包庇串通之衙蠹,迅即掩擒,研究徒党,咨行邻省,一体访拿惩办,以杜其勾结之渐。至保甲清贼匪之源,团练备守御之法,该地方官果能实力奉行,何至匪徒潜相煽诱?各该督抚总当弭患未然,勿致养痈贻害,但须持以慎密,不可稍涉张皇,转滋扰累。将此各谕令知之。

清实录/文宗/卷二十八

咸丰元年三月初八

又谕:广东匪徒剿捕尚未净尽,而广西贼匪势更披猖。徐广缙统辖两省,自必通筹兼顾。现拨各省银两,解赴广西尚恐有需时日。东省毗连更近,声息相闻,倘有迫不及待之需,徐广缙等务必于本省库款内,通融拨解。即系留支款项,亦应权其轻重,先尽解往,以济急用。现在英德匪徒搜捕情形如何?其高、廉一带盗匪,提督陶煜文现已带兵驰往剿捕。惟西省重兵会剿桂平大伙,上游兵力不免单弱。节据李星沅等奏称,钦州、灵山等处贼匪万余,将窜上思、宣化一带,石城匪徒刘八等被东省击败,窜至博白之大垌墟,人数亦有万余。陶煜文带兵赶到,如贼匪已乘虚西窜,即亲督官兵驰赴西省,会同剿办,不必越境为嫌。总须视同一体,合谋并力,以期扫殄无遗,不致老师糜帑,是为至要。将此由四百里谕知徐广缙、叶名琛,并谕陶煜文知之。

清实录/文宗/卷二十九

咸丰元年三月二十日

谕军机大臣等，寄谕两广总督徐广缙等：前因江西南赣各属，多与粤省毗连，饬令该省地方官，严密防堵。兹据陆应谷奏称，广东巡抚以首要各犯就擒，咨行江西，将防堵弁兵撤回各等语。该督等剿办清远、英德匪徒，如已蒇事，自应将现在情形先行奏报。此次擒获首要各犯，业已咨令江西撤防，何以该督等尚未奏到？现在该处匪徒是否全就肃清？邻省接壤之区，防堵各兵，果否应撤？着该督等迅将现办情形详细奏闻，以慰朕念，并着悉心体察，如尚有余党窜扰他处，即行飞咨邻省，一体严防，无稍疏虞。将此由四百里谕令知之。

又谕：陆应谷奏，粤东匪徒次第就擒，现撤防兵归伍一折。江西南赣一带，前因堵御粤匪，节经击退。兹据称该匪屡挫，余党逃窜，边境肃清。并据广东巡抚以首要各犯就擒，咨行江西，将防堵弁兵撤回各等语。现在广东清远、英德一带军务，尚未奏报完竣。该省接壤之处，恐尚有逃匪隐伏，尚须加意巡防。着陆应谷察看情形，饬属认真查缉，勿使余匪乘间再有窜扰。至该省防御出力之文武员弁，着俟广东奏报完竣，再行奏请。将此由四百里谕令知之。

清实录/文宗/卷三十

咸丰元年三月二十四日

又谕：前有旨，令广州满洲副都统乌兰泰驰驿前往广西帮办军务。现在正当剿捕吃紧之时，着该督等拣选绿营精兵五百名，备带适用器械。如乌兰泰业已启行，即遴派得力将弁管带，兼程赴粤西军营，听候调遣。昨因陆应谷奏称，接据叶名琛咨会撤防，该督等何以至今尚未奏到？现在清远、英德一带情形究竟如何？着即详细驰奏，以慰朕怀。其高、廉一带匪徒，剿办是否得手？着一并奏闻。广西需兵孔亟，现已添调滇、黔、楚、蜀等兵前往。广东清远军营如已凯撤，兵勇似可移往粤西协剿。至军饷一节，虽已饬部宽为拨解，尚恐缓不济急。徐广缙统辖两省，自必通筹兼顾，无待朕再三谆谕也。将此由五百里各谕令知之。

清实录/文宗/卷三十

咸丰元年三月二十八日

又谕：寄谕两广总督徐广缙等，前有旨，将高廉道宗元醇升授顺天府府尹。该员现在防剿匪徒，正当吃紧之际，着俟新任道员萨炳阿到任后，再令来京供职，至该省剿办匪徒，屡获胜仗。此次黄大一股，业已歼除殆尽，余匪无多。清远、英德一带，计不日亦可肃清。即着该督等察看情形，如粤东贼氛渐靖，即移兵广西，合力兜剿，两路夹击，以期立净根株。该督身任兼圻，责无旁贷，尤当通盘筹画，无失事机。至该省捐输，现在成数若干。广西调兵较多，需饷孔亟，屡经筹拨，并发内帑，犹恐缓不济急，朕甚悬念。该督就近筹酌各款，务当先其所急，勿致顾此失彼，是为至要。将此由四百里谕令知之。

清实录/文宗/卷三十

咸丰元年四月十五日

以剿办广东英德股匪，地方肃清，总督徐广缙、巡抚叶名琛，下部优叙，赏总兵官昆寿花翎。

清实录/文宗/卷三十一

咸丰元年四月二十日

谕军机大臣等：据李星沅、周天爵、向荣奏，堵剿怀集、陆川各匪情形等语。贼匪温大货五一股，前由贺县窜至怀集县之慈乐墟，复窜至梁村盘踞，胆敢直扑县城。虽经该署县李萱严防迎击，并经副将阿尔精阿等带兵驰抵该处会剿，而该匪等已分为两股，潜由陆路逃窜。此股贼匪，前经徐广缙等奏称，探知由里松窜赴罗石，拟分两股由桂岭、大凝分逃。其怀集之冷坑、冈坪、梁村、马凝一带当其冲。已饬游击强其修等，督带清远行营撤回弁兵，驰往筹防。计劳崇光由梧州带兵驰往督剿，即可与东省文武合力夹击，俾该匪不得东奔西突，自可迅速歼擒。其滋扰陆川县之刘八一股。据称，经各村团练，先后毙匪多名，复毙贼首。该署县张琳堵御尚严，署臬司杨彤如与总兵李能臣等，此时如已将郁林凌十八股匪剿灭净尽，定可移兵往剿。惟该匪等退回乌石，复由鸡笼卡一带窜去。该处毗连博白之三滩冷潭，前博白县游长龄现已降旨补授肇庆府知府。该员剿办贼匪，激励团练，素得民心。如一时未便更易生手，即着留于该处，俟剿办事竣，再赴升任。所有肇庆府一缺，现当防堵吃紧之际，即着徐广缙等派委明干之员署理。至凌十八匪党，如敢窜往武宣与金田会匪合伙，必须设法堵截，切不可令其勾结。其武宣、东乡大股逆匪，官兵连次接仗，尚未得手。现在如何筹画剿办，朕心实深悬念，想不至坐待统帅前往虚延时日也。至乌兰泰早报启程，于何日到粤西军营，是否亦在武宣会办？左江镇总兵德亮现带兵在何处剿贼，是否得力？均着附报具奏。将此由五百里各谕令知之。

清实录/文宗/卷三十二

咸丰元年五月初七

展缓广东佛冈、英德、翁源三厅县及肇庆、高州、廉州三府所属州县，被贼滋扰，上年未完额赋。

清实录/文宗/卷三十三

咸丰元年五月十六日

谕军机大臣等：有人奏，粤东高州府贼氛日炽一折。据称，信宜县贼首凌十八上年聚众滋事，署茂名县知县胡宗政奉委访拿，率将凌十八之弟凌廿四纵放，以致凌十八声势益大。更闻该处东镇墟等处，有王大亚、佛六等股，往来茂名、信宜两境，排庄挟劫，掳人勒赎。其尤甚者，有何名科、何名誉兄弟聚匪六千余人，踞住安鹅，由黄塘石骨墟一路焚掠，至府城外之水堂乡，杀死练丁百余并练长候选知县李景新等，复劫新峒等处，离郡城仅四十里等语。贼首凌十八滋扰两粤交界地方，胆敢围攻郁林州城，猖狂已极。当其初起滋事之时，该处地方官如果认真捕拿，痛加惩治，自不难立就扑灭。贼弟凌廿四，前据该督抚等复奏，系据绅耆联名具保，实不为匪，安知非地方官受其挟制，曲为回护，仍须确切访查，毋任奸匪漏网，劣员蒙蔽。现在廉州贼伙尚未尽歼，而高州之匪又复如此横行，若不并力扑灭，坐令蔓延两省，忽去忽来，何以靖闾阎而卫良善？着徐广缙、叶名琛按照折内所指盗匪姓名，督饬文武员弁，分投缉拿。其凌十八、刘八各股，尤当会同广西合力兜剿，立净根株。高、廉、肇庆各属均与广西毗连，在在均关紧要。赛尚阿等即日可到军营，大兵云集，一经痛剿，势必窜入东境。现在提督陶煜文带兵高、廉，而肇庆一带贼氛未靖，朕心实深悬念。徐广缙既未便离省远出，叶名琛正值清远撤兵回省之时，着该督抚等商酌何处情形紧要，或须叶名琛亲往两粤交界处所，驻扎督办，即一面启程，一面具奏。总期两省夹击迅速，扫荡群丑，慎勿再延时日。顷又据骆秉章驰奏，探报广东另有曾大生股匪，欲至湖南滋扰，而前由贺县窜回广东广宁之匪，亦未扑灭。如仍向英德、清远游窜，则湖南宜章、桂阳一带，又须防堵等语。着徐广缙等迅即查明曾大生一股是何处贼匪，赶紧擒剿，毋致蔓延邻省。奏折一件，着抄给阅看。将此由五百里谕令知之。

清实录/文宗/卷三十四

咸丰元年七月初九

谕内阁：徐广缙奏参营员世职一折，广东三江协中军都司线得智与世袭云骑尉彭世励伙运私盐，经地方官访获看管，辄敢纵令脱逃。迨经该督委员审讯，该员弁等坚不供认，显系恃符狡展。线得智、彭世励着一并革职，交该督严审确情，按律惩办。

谕军机大臣等：昨据骆秉章奏，查探两粤贼踪及防堵情形。据称，广西贺县贼匪窜回怀集县大竹埇，与湖南江华县濠界毗连；广东贼匪分窜乐昌县平石市及阳山县白虎墟，亦与湖南宜章、临武二县邻近。业经该提镇添兵协堵，并饬各该营县，雇募勇壮，一律严防。

清实录/文宗/卷三十七

咸丰元年七月十八日

谕军机大臣等：徐广缙等奏，剿办会匪凌十八叠次接仗情形一折。据称，该匪凌十八一股，由西省窜回信宜之怀乡墟，经总兵杨昌泗、知府胡美彦于六月初五日、初七日两次进剿，歼擒百余名，焚烧贼巢十余间。因贼众兵单，未能痛加剿洗，是此次接仗情形，未甚得力。该匪等声势相倚，凌十八一日不除，则韦正得借资援应，西省剿办亦难得手。且尚有何名科一股，首匪未获，一经啸聚勾结，必至他处蔓延。该督现既飞调潮州兵勇及提标各弁兵，亲往督剿，务将各股迅速扑灭，总期于两省毗连处所，严饬文武，分堵夹攻，不得再令该匪东西窜扰。该督现驻高州一带，所有剿办一切情形，谅已随时知照赛尚阿和衷妥办，不误机宜也。再前据骆秉章奏，探得广东英德、曲江一带有贼千数百人，分起行走。又连州属之阳山县白虎墟一带，有游匪二百余人窜扰，均五月内之事。与湖南地界毗连，并着该督抚查明此二股贼匪现在如何情形，该地方文武如何剿捕，曾否净尽。徐广缙现赴高州，着叶名琛就近查办，迅速扑灭，毋致滋蔓为要。将此由四百里各谕令知之。

清实录/文宗/卷三十八

咸丰元年八月十五日

又谕：寄谕两广总督徐广缙，此次德亮、吴德徵于地方著名贼目，停留太平土州等处，并不实力剿办，反行饰词咨送回籍，实出情理之外。其所称兵力不足之处，是否饰词推卸，抑系太平一带兵力本属单弱，仍宜酌拨弁兵协剿。现在劳崇光已抵该处，着该督饬令该司，察看南太等郡贼势，应如何添兵分剿，并知会赛尚阿，应酌派何处将弁兵丁前往会办，务须通盘筹画，不可稍分畛域。该督擒剿逆匪刘八之后，现在筹剿凌十八一股，若能速获渠魁，即可移兵廉州，督同陶煜文等与广西太平等处文武会合，以全力兜捕，庶可渐就肃清。该督统辖两省，当与赛尚阿随时咨商，计出万全，慎勿顾此失彼，致误事机。至前奏儋州土匪滋事，被害之巡检胡晨、署守备邝宗霖、把总张遇春、外委林鸣鹦等，着查明奏请议恤。又署廉州府知府沈棣辉昨因擒获刘八，赏戴花翎。该员于道光二十九年剿办阳山等县匪徒案内，业已得有翎枝，此次军功应如何加奖之处，着该督另拟具奏。将此由五百里谕令知之。

清实录/文宗/卷三十九

咸丰元年闰八月初五

又谕：程矞采奏，广东阳山县匪徒数百人，窜扑宜章之思仁坳卡，守备赵鸿宾等受伤，署千总张凌云、把总杜瑞被害。该匪屯聚莽山、糍粑岭一带，续经宜章县营带兵往剿，轰毙贼匪十余名，生擒头目贼妇王萧氏，余匪又窜聚乳源交界之容家洞地方。现已飞饬永州镇总兵孙应照、衡永郴桂道张其仁驰往剿办，并咨广东会剿等语。湖南宜章县界连广东连州、阳山、乳源等处，匪徒窜入滋扰，戕害弁兵，负嵎屯聚，亟宜痛加剿洗。着徐广缙、叶名琛即饬将弁带兵驰赴该处，合力兜捕，扫数歼除，勿留余孽。至王萧氏一犯，讯供起会收徒，与广东之杨得魁、刘上元等同伙。着该督等遴派妥员，将该犯等严密访拿，务获惩办。其沙包会系何邪教？王萧氏所收之徒一百四十人，现在何处游奕？此外入会之人尚有若干，均着严查究办，毋得稍有不实不尽。原折抄给阅看。将此由五百里谕令知之。

清实录/文宗/卷四十一

咸丰元年十一月二十六日

谕内阁：户部奏，请饬催广东省未完借垫银两及杂款摊捐等项，并历年行查应复各案，分别开单呈览。广东藩道各库历年借垫银两，并藩库应收田房税羡及摊捐连州军需等款，经该部节年分案奏催，并按季咨催，迄今逾限未完银，尚有二百十九万二千余两之多，若不赶紧清厘，势必益滋弊混。着徐广缙、叶名琛督同藩司柏贵，按照户部单开未完各款，勒限催追，扫数清完，报部拨用。至该部行查外省之件，例应照限查复，何以广东省及江苏等省未报未复之案，积有三十余件至五十余案之多？着各该督抚赶紧查催，毋得再任延宕。

清实录/文宗/卷四十八

咸丰元年十一月二十八日

以剿办广东英德等处贼匪，地方肃清，加巡抚叶名琛太子少保，赏总兵官昆寿“巴图鲁”名号，升任按察使祁宿藻，副将通安，参将怀塔布，游击刘开泰，都司贾运盛、罗璋，守备李道森、陈国辉、杜佳才、熊应飞、张瀚，同知韩凤翔。知州海廷琛、吴寿昌、马映阶花翎，千总孔继尧等蓝翎。余升叙有差。

清实录/文宗/卷四十八

咸丰二年七月初三

又谕：徐广缙奏，道州逆匪势将南窜等语。据称，逆匪于六月初八日分伙二千余人，入湖南江华县境。该县与广东之连州、阳山，广西之富川、贺县，俱相毗连。先据该督咨广东提督昆寿，在阳山、连州一带防堵，并调集船只，严札封川江口，遏匪下窜之路。是广东筹防尚属周密。至广西之富川、贺县，距江华甚近，防堵尤关紧要。该督先经派委员弁，管带潮勇一千名扼要驻守。现复飞饬高廉道沈棣辉迅赴梧州，酌拨兵勇前往严防。现在波山艇匪虽已翦除，而土匪尚未净尽，且江华股匪意图南窜，必须迅速堵剿，先其所急。着徐广缙会同劳崇光、向荣，即饬令得胜将弁兵勇，前往富、贺一带，遏贼回窜之路，或乘势直抵江华县境，与湖南将弁腹背夹攻，歼除窜匪，则道州逆匪亦必闻而胆落。想该督等通筹全局，不致顾此失彼。其广西游匪、土匪与散遣兵勇，沿途滋扰，均宜次第剿捕。着徐广缙等饬令各府属，督同练勇，迅速扫除，总期边圉肃清，不留余孽。将此由六百里谕知徐广缙、劳崇光，并谕令向荣知之。

清实录/文宗/卷六十五

咸丰二年七月二十八日

缓征广东佛冈、翁源、英德、高要、四会、广宁、阳春、封川、开建、德庆、茂名、信宜、化、合浦、灵山十五厅州县，被匪滋扰地方，道光三十年民欠银米。

清实录/文宗/卷六十七

咸丰二年八月初六

又谕：前有旨，令徐广缙驰往湖南，接受钦差大臣关防，督办军务，屡经寄谕，谅已接奉启程矣。本日据常大淳驰奏，贼情紧急，已有粤匪勾结土匪窜入安仁、攸县，探知醴陵、浏阳情势俱极危急等语。是逆匪窜出道州以后，势更猖獗。江华、永明、桂阳、嘉禾、郴州之陷，迭经赛尚阿等奏到，于声叙月日亦未明晰。兹据叶名琛奏，自六月初八日贼匪先踞江华，至七月初二日攻破郴州，中间尚有二十八日攻破蓝山之事。似此情形，不但衡州可以超越，长沙、岳州亦万分吃重，倘再延时日，事有不可问者。该大臣既经奉旨接受关防，则湖南剿捕事宜已有专属，朕所以尚未明降谕旨者，恐该大臣未到楚境，而营中先有所闻，号令愈不能行耳。该大臣抵楚后，即将前奉谕旨宣示赛尚阿，接受钦差大臣关防，统领全军。计贼匪现虽肆扰，尚在奔突未定之际，且官军勇练数万人，若得人调遣，何至任贼横行？总由赛尚阿督师日久无功，兵与贼均不免心生玩视，贼玩我而益骄，兵玩贼而益懈。该大臣当严定赏罚，申明纪律，为一鼓成擒之计。士气既振，贼胆自寒，定可转败为功，纾朕南顾之忧也。所以湖南前调湖北省官兵，谅此时分布各处，难以调回。已谕知常大淳，并飞调河南、安徽兵三千名，前往湖北，听候调遣。该大臣到后，察看情形，如岳州势当孔急，则两省交界处所，尤当力筹堵御，万不可再令蔓延。湖北兵力较单，豫皖征调，恐到亦需时，如何计出万全，俾居民不致惊扰之处，着与常大淳等妥商办理。柏贵现已启程，已谕令折回广东，署理巡抚，以便叶名琛驰赴连州一带防堵。并谕令叶名琛，如楚省剿办得手，有须夹击之处，即可越境围攻。两粤文武皆该大臣统辖，一切调度与叶名琛随时酌办，定能迅扫妖氛，克期奏捷。其广西防剿各事宜，着责成劳崇光经理，该大臣仍与叶名琛随时互相知照，亦可声息相通，无虞睽隔。常大淳折着抄给阅看。将此由六百里谕知徐广缙，并谕劳崇光知之。

…………

又谕：前因湖南逆匪窜踞郴州，当有旨令徐广缙赴楚，祇领钦差大臣关防，督办军务，并令叶名琛署理两广总督，柏贵暂署巡抚。兹据叶名琛奏，办理罗镜善后事竣，闻逆匪逼近广东交界，回省筹防。逆匪由道州纷窜，未及一旬，连陷数城。所有广东毗连各属，先经叶名琛移咨提督昆寿，统率兵勇移营连州，扼要防堵。旋因韶、连各属均与江华、蓝山、临武、宜章、桂阳各州县互相毗连，复委副将通安带领兵勇驰往防剿，是该省筹防尚为周妥。所奏探听湖南贼情，亦甚明晰。自郴州失守之后，现尚未据赛尚阿等奏报。本日复据常大淳奏，贼复窜入安仁、攸县，东奔西突，触处堪虞。楚粤毗连各要隘，急应严密巡防，以杜其奔窜之路。柏贵启程北上，已有旨仍令折回，署理巡抚。着叶名琛即酌带将弁兵勇，前赴连州一带楚粤扼要地方，驻扎调度，且可与广西近楚边界声息相通，随时咨会劳崇光筹办一切。徐广缙抵楚后，如剿匪得手，仍须两省夹击，该署督即带领弁兵，出其不意，越境协剿，使该匪腹背受敌，则歼灭更可迅速。叶名琛与徐广缙共事一方，向能同心协力，想必不分畛域，计出万全，以副朕望也。将此由六百里谕令知之。

清实录/文宗/卷六十八

咸丰二年八月十二日

又谕：赛尚阿、程矞采奏，桂阳县禀报，广东韶州府属仁化县，七月初间突有匪徒千余，声言欲由乐昌九峰等处窜赴湖南桂阳州一带，已飞咨广东严防等语。前据叶名琛奏称，湖南道州逆匪窜出分扰，逼近广东交界。当经谕令酌带将弁兵勇赴连州一带，扼要防剿。计柏贵奉到前旨，亦即驰回广东矣。现复据赛尚阿等称，有粤匪欲窜桂阳之信，恐与道州窜出逆匪勾结为患。着叶名琛仍遵前旨，迅速带兵驰赴楚粤交界地方，扼要堵剿，务将粤匪余孽悉数殄灭，以期全境肃清，并严防楚匪纷窜，且与广西声息相通。随时咨会劳崇光妥为布置，徐广缙不日到楚剿办，谅能得手。如须夹攻，该署督即督兵越境协击。军营情形旦夕不同，势难遥度，惟在相机筹办，合力同心，不分畛域，速荡贼氛，以慰廑念。将此由六百里谕令知之。

清实录/文宗/卷六十九

咸丰二年十月二十四日

又谕：叶名琛奏请将文闱舞弊之举贡等及巡绰不力之委员，分别惩办一折。本年广东乡试，经监试官惠州府知府苏学健查出，东文场水沟内有传递文字纸包，并拿获舞弊号军马亚幅一名，究出监生刘韵琼等，雇倩副贡生黄子森，代作文字传递入场等情。科场舞弊，大干例禁，必应严行惩办。香山县监生加捐同知衔刘韵琼、鹤山县附生张存礼、顺德县监生加捐翰林院孔目衔冯赞熙、清远县附生郭昭祖、监生加捐知州郭寿增均着即行斥革。其在逃未获之枪手，副贡生黄子森、举人关鸾飞、吴宝杰着一并斥革。与已革举人杨懋建及包揽传递之高亚腾、简亚满等均着按名严拿务获，归案讯究，按律惩办。其巡绰不力之委员，兴宁县巡检潘成林、琼州府经历余金生、广州协右营效力武举徐雄斌均着交部议处。寻奏，讯结刘韵琼、郭寿增、冯赞熙、郭昭祖、张存礼、马亚幅照例拟军，逸犯黄子森等俟续获究办。下部议。从之。

清实录/文宗/卷七十四

咸丰三年五月初九

又谕：据骆秉章奏，江西上犹县鹅形山等处，有匪首刘洪义聚众在桂东县地方滋扰，将把总吕志漳戕害。嗣据永州各属兵役拿获唐潮汉等供称，有郴州人刘清平声言，广东火烧山贼匪欲分股滋扰。又广东阳山县各属，均有土匪数百肆抢。

该处与宜章、临武等县接壤，亟宜严防会剿。四月十三日，沙田墟、溪源等处，有贼匪三千余人肆行抢劫。经该署县会营协剿，毙贼六十余名。该匪分五股冲突，兵勇绅士受伤甚多。该署抚已饬派参将玉山、候补知州张荣组、署盐法道夏廷樾带兵前往，相机剿办。该处与江西、广东壤地毗连，本日已谕令叶名琛、柏贵、张芾派兵会合兜剿。仍着张亮基、骆秉章迅即督饬文武员弁，设法剿捕。如必须大员督办，即着提督鲍起豹亲往督率将弁，将首要各犯迅速歼擒，毋得稍留余孽。将此由五百里谕令知之。

又谕：骆秉章奏，江西上犹县匪首刘洪义聚众在桂东县地方滋扰。广东连州火烧山及阳山县戊壬坑、星子境属之潭源洞，均有匪徒屯聚。该处与宜章、临武等县接壤，亟宜加意严防等语。土匪纠众肆扰，必当及早扑灭，方免蔓延贻患。已据骆秉章选派员弁，分带兵勇，前往堵拿。惟该处系三省交界，难保不此拿彼窜。着叶名琛、柏贵、张芾遴委干员，合力兜拿，并将该匪等巢穴先行捣毁，俾贼匪回窜无路，自不难迅速歼除也。将此由五百里各谕令知之。

清实录/文宗/卷九十三

咸丰三年五月十四日

又谕：前有旨，令叶名琛等雇募红单船，派南澳镇游击黄开广管领，由海入江，听向荣调遣。现在福建漳泉会匪滋事，厦门失陷，黄开广统带师船，必道经福建。如厦门海面有贼船游驶，即着协同该省水师并力攻剿，仍行前赴江省。再，朕闻署潮州府知府、佛冈同知吴均，管带潮勇，素著恩威，前办惠州盗贼已有成效。前任澄海鮀浦司巡检章坤，人颇强干，能驭枭桀，现寄籍广东，为吴均所识。潮州毗连漳泉，着叶名琛等即饬吴均与章坤带领得力兵勇，驰往会剿。现在漳泉会匪初起，出其不意，迅速掩捕，尚可及早扑灭，否则滋蔓难图矣。将此由五百里谕令知之。

清实录/文宗/卷九十四

咸丰三年六月初二

又谕：前因福建会匪滋事，谕令叶名琛等于惠、潮各镇协内抽调精兵二三千名，派员管带，就近赴闽协剿。并谕迅饬佛冈同知吴均、前澄海鮀浦司巡检现在寄籍广东之章坤，带领得力兵勇，驰往剿办，谅已遵旨办理。兹据王懿德奏，闽省待援紧急，请催调官兵会剿。着叶名琛等迅即挑选精兵二三千名，拣派得力员弁，星速管带前进。并饬令吴均、章坤二员一并带勇迅速赴闽，会合剿洗，毋得稍有延误，更滋蔓延。将此由六百里加紧谕令知之。

清实录/文宗/卷九十六

咸丰三年八月二十四日

又谕：叶名琛、柏贵奏，广州等府各属被水，现在委员勘办一折。本年广东省六七月间，雨水较多，东西北三江先后并涨。据奏，韶州府属之曲江、乐昌、英德，广州府属之南海、东莞、三水、清远，肇庆府属之高要、高明、四会，潮州府属之海阳、大埔、饶平，惠州府属之归善、博罗各县，水长一丈有余至二丈余不等，田亩淹浸，房屋倾圮者甚多。览奏实堪悯恻。现经该督抚饬司委员携带钱米，驰赴被水各处，先行抚恤，并着查明有无淹毙人口。其被淹田亩，勘明是否成灾，应如何分别蠲缓之处，据实具奏，以副朕轸念民依至意。寻奏，遵查广东被水各属，本不成灾，业已分别抚恤，给与修费，毋庸蠲缓接济。报闻。

清实录/文宗/卷一百四

咸丰三年十一月十三日

赈广东南海、三水、曲江、海阳、丰顺、大埔、澄海、高要、高明、东莞、香山、乐昌、英德、清远、四会、饶平、归善、博罗、封川、连、镇平、阳山二十二州县被水灾民，并给房屋修费有差。

清实录/文宗/卷一百十二

咸丰四年八月十八日

又谕：本日据骆秉章奏，现筹南路防堵情形，并探知东省仁化、乐昌两县盗踪蜂起，清远、英德、乳源各县亦被贼扰，韶州府城闻有围攻之信，连州三江营并皆危急。虽与叶名琛等昨日所奏，详略微有不同，而粤东贼匪猖获，势已蔓延。楚南所属，如郴州、宜章、桂阳、兴宁、临武一带，地皆犬牙相错。韶连以北，道路纷歧，诚有防不胜防之势。该抚所陈宜章一路可以兼顾临武，桂阳一路可以兼顾兴宁，即着照此办理，激励乡团，据险守御。现获奸细，既有由楚取道之言，即当实力防守，确探匪踪，毋令阑入，遇有可乘之机，尤当出境迎击，方操胜算。其永明、江华、蓝山各处与粤西毗连，亦须兼筹堵御。楚南当两粤之冲，官军不足，必与绅团联络，剿办方能得手。粤东驿道梗阻，文报不通，此后侦明贼情，即速驰奏，以慰朕念。……将此由六百里加紧谕令知之。

清实录/文宗/卷一百四十二

咸丰四年九月二十三日

谕军机大臣等：前因广东肇庆失陷，地与梧州接壤，令惠庆镇守省城，劳崇光出境剿办，或另派大员会剿，总以不分畛域，彼此兼顾为要着。本日据劳崇光奏，提臣到省即可赴梧进剿，并谓省城一带可以无虞等语。朕览该抚所奏，荔浦、修仁、阳朔、永福、永宁、恭城、灌阳、全州等处均有匪徒滋扰，亦皆系切近省垣之地。张敬修专办阳、荔贼匪尚不得手，临桂、六塘、大墟等处被匪屯聚，若不赶紧搜捕，所谓无虞者安在？该抚因广东军务紧要，出省不宜稽迟，究竟出省后近省州县匪徒作何办法？桂林根本重地，恐非藩臬等所能镇压。惠庆进省固须妥筹防剿事宜，劳崇光亦须兼顾桂林各属，不得以亲赴梧州办贼，置本境于不顾。梧、浔所辖各县新起匪党，亦须督饬各该府迅速扑灭，勿令与东匪勾结，更成滋蔓之势。广东久无奏报，前据骆秉章奏，城外之匪渐次解散，佛山匪众散去亦多，韶州道路渐通，惟连州等城，三江、星子、平石各市镇仍有贼踞。乃阅劳崇光此奏，除肇庆、顺德、高明、惠来外，尚有花县、德庆等十四州县失守之事，并闻省城尚未解围。是否传闻异词，抑因道途梗塞，侦探不确之故？着即疏通驿道，飞探速奏，并将退回紧要公文设法投递。……将此由六百里加紧谕令知之。

清实录/文宗/卷一百四十六

咸丰四年九月二十七日

又谕：叶名琛等奏，贼匪攻扑省垣，并东莞等处剿办情形各折。此次折件系七月初六日拜发，因在清远县属被贼拦截，十七日由海道驰递。详览所奏各情，均系七月初六日以前情形。自接阅该督等闰七月初二日奏报后，迄今两月有余，未据续报，屡次降旨询问该督等近日贼情，能否递到，亦未可知。似此驿路梗阻，殊深悬系。前据骆秉章奏，省城佛山之匪渐次解散，韶州道路渐通。又据劳崇光奏称，除肇庆、顺德、高明、惠来失守外，尚有花县等十四州县失守之事，并闻省城尚未解围。所奏各情，亦属传闻异词，并未能侦探明确。究竟此时省城曾否解围，各州县贼匪如何剿办，殊难悬揣。前有旨，令福建、湖南各调兵一千名，驰往协剿。近复谕令王懿德调闽浙水路官兵二三千名，由海道驶赴广东，以资援应。该督等即可飞咨闽浙，迅速拨往，以期厚集兵力，将贼匪次第扫除。该督等务当督率满汉官兵，并激励绅团，招集壮勇，先将近省一带匪徒扑灭，则剿办各路，自易得手。该逆事起仓卒，裹胁虽多，究系乌合之众。若能一面攻剿，一面设法解散，贼势自孤，但不可稍事迁延，以致无从着手。唊咪夷船前至天津海口，经朕密谕崇纶等，将所请各条一概驳斥。惟民夷相争及上海欠税、广东茶税三条，允其查办。该夷现已驶回，如至广东，该督务当遵照本月二十二日密谕，妥为办理。并将现在剿办贼匪情形，迅速驰奏，以慰廑念。所有八月十七，九月初八、十六、二十二等日谕旨，着再抄录，一并寄去。

清实录/文宗/卷一百四十六

咸丰四年十月十八日

谕军机大臣等：广东自会匪滋事以来，仅接叶名琛等两次奏报。现在已逾三月，肇庆府城并高明、顺德、惠来等县是否收复？攻扑省垣之贼如何击退？海阳自北炮台被占后作何剿办？其花县等十四州县有无另被贼踞？文报迟延，尚未据该督抚等续奏。本日侍郎罗惇衍奏，大股贼匪仍在广州北门外三元里地方屯聚，英德已陷，肇庆所属已失去十一州县，广州属之顺德、清远、花县、增城亦皆沦没等语。朕心实深焦灼。该侍郎请用剿抚兼施之策，欲慎选贤令，使之收复各城，并令绅士团练乡勇，所奏不为无见。惟该省群盗如毛，虽剿之不可胜剿，然非先慑以兵威，而遽议安抚，恐此等藐法之徒，未必帖然心服。至所谓离散党与，以贼攻贼，或亦剿捕之一法。闽楚援兵，前据骆秉章奏，已调辰沅兵丁一千名，王懿德亦派福建省标并漳泉各营精兵五百名，添雇漳勇二百名，委令总兵庆寅统带前往。此两项兵勇，计已陆续抵粤。其续谕王懿德再选闽浙兵二三千名，由海道赴援，谅亦不日可到。援师云集，加以本省兵团壮勇，足敷攻剿。着叶名琛等迅将近省贼氛，尽数扫荡，并严饬各路统兵文武，克复城池，勿再迁延，致令滋蔓。该侍郎所奏，并着察看情形，斟酌办理，原折抄给阅看。再前据陈启迈奏，监生周庆榕等管带练勇，会同南雄营兵，深入粤境，杀贼千余，已解韶郡之围。并闻仁化、乐昌等处匪徒，亦经湖南官军剿灭，叶名琛等务剿贼情形，迅速入奏，以慰殷盼，将此由六百里谕令知之。

清实录/文宗/卷一百四十八

咸丰四年十一月十一日

谕军机大臣等，骆秉章奏分路剿办犯境粤匪获胜一折，另片奏探防调援各情形。此次广东、广西两省匪徒，同时窜扑湖南边界，分扰桂阳、道州等州县。猖獗之势，几于应接不暇。均经在事文武督率兵勇，分投堵剿，转危为安。该省官绅协力同心，以少御众，各员弁兵勇，亦能人人用命，破阵冲锋，具征敌忾同仇，实堪嘉尚。现在本省大兵，多半随征东下，而邻省兵力，亦无可分拨。各路窜匪虽经击退，仍须随时激励鼓舞，以期捍卫地方。该抚筹防东西两路，以郴、桂、永州为重。分饬江忠济、王鑫等，统兵前往堵截，彼此互为策应，所办亦是。惟连州贼势甚炽，韶郡现复被围，其灌阳、贺县之匪，仍窥伺永明、江华一带。两路并重，若专事筹防，自不如相机协剿，较易为力。前此调赴韶州援剿之辰沅官兵一千名，当已行抵该郡。能先将此股剿洗，不但驿路疏通，并可移此有用之兵，以次接应他处。着骆秉章妥筹全局，既须固守本境藩篱，勿令贼踪复行阑入，仍应无分畛域，随时飞饬带兵文武及各地方官，防剿兼施，实力堵遏。其粤东省城近日能否解围，并此外各属贼情，均着探明驰报，以慰廑怀。将此由六百里加紧谕令知之。

清实录/文宗/卷一百五十一

咸丰五年三月初二

又谕：叶名琛等奏，省城北路歼贼殆尽，西路剿贼获胜，并番禺、海丰等处，均获胜仗。惠来窜出之贼，亦经官军截杀。广东剿捕事宜，似有头绪，惟所奏情形尚系十一月以前，距今又逾数月。各属匪徒，想可渐次扫除，而此次折内，未据提及。肇庆、韶州、潮州等处，作何剿办，朕心实深悬系。着穆特恩、叶名琛、柏贵迅即乘胜攻剿，尽歼丑类，并将各路军情详细入奏。其附近江西、湖南一带，是否尚有匪踪？亦着随时确探奏闻，以慰殷念。本日据王懿德奏，潮州等处道路已通。所有调拨赴粤之精兵一千名，现已饬令台湾镇总兵吕大升统领，改由平和陆路前进，已于二月十一日全数启程。其前次庆寅管带官兵，亦于上年十一月由海道赴援。着该将军等飞速迎提，以期厚集兵力，早殄逆氛。现在英德、清远等县驿路尚有阻梗，仍须设法疏通，勿再延缓。将此由六百里谕令知之。

…………

予广东佛冈、海丰等处阵亡知县罗才纶、林芝龄，把总李春，县丞施道彬，祭葬世职。

清实录/文宗/卷一百六十一

咸丰五年四月初九

谕内阁：骆秉章奏，湖南南路官军剿办广东、广西贼匪，叠获胜仗，收复城池，并办理本省土匪，擒获逆渠匪目多名一折。湖南南界与两粤毗连，各处贼匪时虞窜越，经骆秉章派拨兵勇，叠次痛剿。其广东连州之贼，犹窃踞城池，抵死抗拒。骆秉章派令即补知府王葆生、即补参将李辅朝带勇相机进剿，叠获胜仗，焚戮无算，即将连州及三江营城收复。乐昌之贼窜扰仁化，并分陷湖南桂阳县城，署郴州知州戚天保、即补知州赵启玉等军会合堵剿，连获大胜，旋将桂阳县城收复。仁化之贼犯扰桂阳县东岭等处，赵启玉等督率团勇击退，大加擒戮，余匪遁回。其广西之贼，经湖南官军屡次越剿，本年正月，忽有股匪自古城西岭而来，攻陷富川县城，委员王鑫、即补参将周云耀各带兵勇，由江华县进剿获胜。贼复勾合连州败匪，从龙虎关窜逼湖南永明县城，王鑫等督率兵勇，卷甲疾趋，前往救援，奋勇冲杀，大加剿洗，共计毙贼约二千名，并贼目多名，穷追三十余里，余匪窜逃。其湖南本省土匪，与粤匪勾结滋扰，被剿纷窜。守备谌琼林带勇追剿至郴桂交界，会合团绅，分路夹击，毙贼五六百名，生擒匪目谭光开等百余名，嘉禾败匪全股肃清。其窜逸者，复经各团捆送百数十名。其最为著名之逆渠邱倡道即朱九涛、尹石保二犯，经署郴州戚天保等于该州之周源山及蓝山县拿获正法。办理均尚妥协。着骆秉章仍督该员弁等实力堵剿，毋分畛域，并搜缉余匪，务期净尽。所有打仗阵亡之武举何魁，着照把总例议恤。文生侯东，着照从九品例议恤。武生黄腾骧、刘澍匀，六品军功童生何皆善、何修善，均着照外委例议恤。既选同知直隶州知州王鑫，剿办富川股匪尤为出力，着以知府遇缺即选，以示鼓励。其余在事出力弁勇，着该抚择尤保奏，候朕施恩。

…………

又谕：骆秉章奏，参将李辅朝等于二月初二、初八、十一等日，进剿星子司、白虎墟等处贼匪，叠获胜仗。连州三江营均于十七日克复。此次打仗出力之该州文武员弁绅团等，着有微劳。着叶名琛、柏贵查明保奏，以资激劝。现在该抚已饬李辅朝，并会剿桂阳股匪之知州赵启玉乘胜越境，冀将乳源、仁化、乐昌一带贼众，次第翦除。叶名琛等仍须督饬地方官弁，激励团练，协同剿办，以通韶连道路。该省军情，自克复佛山后，是否渐有头绪？各属贼党能否日就歼灭？实深悬盼。昨据劳崇光奏，张敬修赴封川防剿，已移兵攻克德庆州城，复会同署知府郭超凡合剿肇庆之贼。该督等务将近日各路情形，迅速奏闻，藉慰殷念。又据骆秉章片奏，暂委朱冈司巡检张清鉴代办连州知州篆务等语。该处民瑶杂处，伏莽尚多，急应迅将英德、清远一路廓清，遴派干员前往署理文武各缺，以重职守而资弹压。将此由五百里谕令知之。

清实录/文宗/卷一百六十四

咸丰五年四月十八日

又谕：陈启迈奏，派勇赴粤援剿获胜并筹饷接济军粮一折。广东乐昌、仁化等县匪徒，因江西练勇前赴韶关援剿，辄行攻扑始兴，冀阻官军进路。虽经周汝筠等督带兵进剿，歼擒二千余名，该逆已大受惩创。而郡围未解，韶关贼匪尚多，均自三水、清远、英德而来，势颇猖獗。韶州与江省毗连，陈启迈固应拨兵援剿。其英德等处贼匪蜂聚，叶名琛等亦应饬属认真搜捕，以断韶贼应援。至军饷一节，前已谕令叶名琛等设法绕道接济，未据复奏。现在江西筹拨赴韶兵饷，已有四万六千两，后难为继。着叶名琛等迅速筹款，绕道解韶，以济要需。陈启迈仍当不分畛域，督饬周汝筠等实力进攻，筹济兵饷，毋令缺乏。将此由五百里各谕令知之。

清实录/文宗/卷一百六十五

咸丰五年五月初七

又谕：叶名琛、柏贵奏，匪徒阑入阳山县城，旋即收复一折。上年秋间，广东英德、清远匪徒三次围攻阳山县城，经该署知县宫步霄督率兵勇击退。嗣因力战受伤，又为另股贼匪抄截后路，以致贼匪阑入县城。该署知县密约绅团，调集四乡练勇一万余人，连日进攻，杀毙贼匪不计其数，即将县城克复。该署知县虽失事于前，旋即收复于后，功过尚足相抵。署阳山县知县宫步霄着免其议处，所有出力员弁绅勇，着叶名琛等查明保奏。

清实录/文宗/卷一百六十七

咸丰五年七月初一

又谕：骆秉章奏，两广匪徒同时犯楚筹办情形一折。湖南省东北边界，自武汉再陷，崇通贼炽，江西义宁又复告警，岳州、长沙两府属已有防不胜防之势。乃据奏称，广东贼匪邓象、王二潮等，竟由乐昌九峰窜入，攻陷委员赵启玉营盘后，复分股由黄茆岭窜临武，归并宜章，并间道窜扑嘉禾。复有逆首何禄等，率大股袭踞郴州城池。广西贼亦同时从全州、灌阳攻破东安。虽该抚业经派员带勇堵剿，而兵力无可分布，急迫情形岂堪设想。现在桂阳县属亦有窜匪，动以万计，所获器械，多有佛山、芦苞、三水、中宿、白土、惠、潮、清、英等处地名，是贼势已将全窜湖南。现在广东本省办贼已有头绪，且兵力素称强悍，必当堵截逆匪，毋令乘虚窜入湖南。即广西兵力较单，亦不当以驱贼出境遂为了事。着叶名琛、柏贵、劳崇光各饬该省带兵将弁，严遏北窜，以清其源，越界分剿，以杀其势。与骆秉章派出之兵勇，前后夹击，务殄群凶，不致分窜为患。将此由六百里加紧各谕令知之。

清实录/文宗/卷一百七十一

咸丰五年七月初六

以广东三江协副将张国梁为福建漳州镇总兵官。

清实录/文宗/卷一百七十一

咸丰五年七月二十二日

以克复广东广宁、清远、四会县城，免知县朱甸霖、程兆桂、牟考祥、千总王胜彪、典史孙凤仪等处分。

…………

予广东清远县殉节知县程兆桂妾赵氏旌表如例。

清实录/文宗/卷一百七十三

咸丰五年七月二十九日

谕内阁：叶名琛、柏贵奏，贼匪围攻翁源县城，官兵抵御，大获胜仗，歼匪殆尽一折。据称上年英德、佛冈二厅县被匪窜扰，翁源系与接壤。七月二十六日，突有匪徒一万余众围攻县城，火烧南门，已被穿破。该县知县陈德铨连次设法，以水倾灌城中，火旋扑灭。二十八日，匪分三门进攻，该县督率壮勇于东门开炮，自辰至未，轰毙六百余名，西、南门各匪亦被壮勇轰毙四百余名。嗣后该匪或深挖地道，或添造炮车，诡计不一，屡经该县设法击退，计城下歼毙之匪，不下七千余名。溃围后，经壮勇追剿击毙，又不下三千余名，境内现已肃清等语。此股匪徒由英德、佛冈分窜翁源，围攻县城，该官绅等合力固守，先后歼毙匪徒万余名，剿办甚为得手。在事出力之官绅人等，准其择尤保奏，候朕施恩。其伤亡壮勇，着该部查明，照例议恤。翁源县把总钟煜，先期下乡缉捕，迨贼匪围攻，并不回城救援，着即查拿，严行惩办。

清实录/文宗/卷一百七十三

咸丰五年八月十八日

谕内阁：叶名琛、柏贵奏，连州等城被匪攻陷，先后克复一折。上年四月间，广东连州有游匪窜入，叠经官军击退。七月间，复有英德匪徒窜至，并分股驾船，于闰七月二十三日将三江城池攻陷。署三江协副将博尔恭阿自焚殉难，署都司光裕等亦皆阵亡。贼匪并力攻扑州城，知州张寿龄等出城抵御。匪由东门窜入，张寿龄等随往上水堡地方，集团协剿，乡民赴援者数万人。署吏目沈华亭等亦招聚散亡兵勇，先后赶到。至本年二月十六日，奋勇进攻，连州、三江城池同日克复，毙匪二千数百名，生擒七十余名，击沉匪船十余只，淹毙匪徒不计其数，夺获炮位旗帜等无算。其连山厅城，亦于闰七月二十五日被匪阑入。张寿龄密饬巡检史致熙劝谕团练，合力攻剿，毙匪一千余名，于十月初七日将厅城克复。此股贼匪叠陷城池，经兼理知州张寿龄等会督弁兵，激励绅团，将三城次第收复，并将通贼之毛永康当场杀毙。功过尚足相抵，张寿龄等均着免其参处。所有在事出力员弁绅民，着叶名琛等酌量保奏。

清实录/文宗/卷一百七十五

咸丰六年正月二十八日

改铸广东提标右营游击，佛冈同知，增城、惠来、河源、长乐、封川、鹤山、花县知县，连州、河源、阳山儒学，葵潭、南津、苏州巡检，各关防印信条记，从总督叶名琛请也。

清实录/文宗/卷一百八十九

咸丰六年七月初四

缓征广东被贼滋扰之英德、归善、陆丰、潮阳、普宁、惠来、高要、开建、恩平、长乐、连、阳山十二州县未完额赋。

清实录/文宗/卷二百三

咸丰六年七月二十五日

改铸广东阳山县淇潭巡检司印信，惠来县儒学钤记，肇庆城守左营守备、三江口协左营守备、右营守备各关防，从巡抚柏贵请也。

清实录/文宗/卷二百四

咸丰七年五月二十四日

以广东阳山、连州、三江、连山及湖南郴州、江华等处剿贼出力，赏署副将勒福、署知州张崇恪花翎，主簿张清鉴等蓝翎，余升赏有差。

清实录/文宗/卷二百二十六

咸丰七年八月十七日

以克复广东清远县城，赏同知衔教谕郭钟熙花翎，举人向阳等蓝翎，余升叙有差。

清实录/文宗/卷二百三十四

咸丰七年十一月初九

以克复广东英德县城，并韶、惠各城，剿办出力，赏提督昆寿太子少保，副将龄山，守备李际昌、李森、陈凤仪、任士魁等花翎，巡检邹恩培等蓝翎，余加衔升叙有差。

清实录/文宗/卷二百三十九

咸丰七年十一月二十六日

以……广东捐输军饷，永广乡试中额四名。南海、番禺、顺德三县学额各十名。兴宁县九名。香山、嘉应二州县各八名。东莞县六名。新会县五名。增城、龙川、澄海、开平、茂名五县各二名。清远、新安、新宁、英德、归善、连平、博罗、潮阳、大埔、高要、阳江、新兴、化、河源、长乐十五州县各一名。

清实录/文宗/卷二百四十

咸丰七年十二月十五日

蠲缓广东清远、和平、四会、恩平四县被兵地方，未完地丁耗羡银米。

清实录/文宗/卷二百四十一

咸丰八年十一月二十九日

谕军机大臣等：有人奏，风闻广东府县性情贪暴，声名狼藉，请严饬查办一折。据称，……署连州知州张崇恪，复有隐匿军饷，激变壮勇情事。府县皆亲民之官，似此贪暴横行，实属目无法纪，大为地方之害。着黄宗汉按照所奏各款，逐一访查，从严参办，无稍徇隐。原折着抄给阅看。将此由四百里谕令知之。

清实录/文宗/卷二百七十

咸丰八年十二月二十日

又谕：黄宗汉奏，甄别水陆营员一折。广东……署三江协副将拣发副将松寿，昏愦糊涂、信任家丁，均着革职；南韶连镇中军游击周文福，性耽游玩、训练不勤，惟年力尚壮，着降为守备，留于广东，酌量补用，以肃戎政。

清实录/文宗/卷二百七十二

咸丰九年九月初三

谕内阁：黄宗汉等奏，股匪投诚，恳免治罪一折。广东阳山县属之果子寨等处，自咸丰四五年股匪四起，虽经官绅击散，尚多潜伏。经黄宗汉等宣布恩旨，剀切晓谕，并委捐升参将孔继尧等亲往查办。该股首李干、黄相奎等先后悔罪投诚，并请立功自赎。适怀集匪徒围攻阳山县城，孔继尧即亲带黄相奎等七百名驰赴援剿，立解城围。李干等六百名，亦经广州府知府吴昌寿带赴韶州，进剿乐昌踞匪，屡获胜仗。现将大湾、七巩各老巢悉数荡平，尚能输诚效力。所有股首李干等三十名，并伙党五千九百七十二名，均着免其治罪。该头目等果能奋勉立功，再行据实请奖。

清实录/文宗/卷二百九十三

咸丰九年九月十一日

缓征广东清远、英德、广宁、德庆、四会、开建、灵山七州县被贼村庄新旧额赋。

清实录/文宗/卷二百九十四

咸丰九年九月十九日

谕内阁：劳崇光奏，官军克复厅城一折。据称，贼匪分扰连山厅境，署同知韩凤翔带勇驰赴上吉抵御，该匪由天堂岭阑入厅城，该署同知退守金坑山，捐资募勇，随同副将恒通叠次进攻，将厅城克复。办理尚属迅速。署连山厅同知韩凤翔虽随同克复，究有失守处分，若竟予免议，不足示惩，着改为革职留任。在事出力官绅兵练，准其择尤保奏。

清实录/文宗/卷二百九十四

咸丰九年十月二十七日

予广东英德县阵亡知县陶人杰、典史吴嘉禾，南雄州阵亡把总黄超伦，祭葬世职。

清实录/文宗/卷二百九十八

咸丰九年十一月二十三日

又谕：前因黄宗汉等奏，广东清远等州县缓征银米一折。迟至经年，始行奏到，当经降旨，交黄宗汉明白回奏。兹据奏称，系由巡抚主稿，不知前巡抚柏贵何日会稿，何日发折，究由何处延阁，是否吏胥舞弊，请饬由广东查明等语。着劳崇光查明具奏。

清实录/文宗/卷三百一

咸丰九年十一月二十六日

又谕：骆秉章奏，派兵越剿广东贼匪叠获大胜一折。广东贼匪窜入湖南宜章县境，败窜连州之星子司。经即选道张运兰等越境追剿，立斩大旗贼目数名及悍贼百余名，立破九陂贼巢，并将石塘贼巢攻破。援贼四面纷出，我军散队纵击，复毙贼二千余名。即选道王文瑞进剿邵村、泥潭之贼，直捣三江城，毙贼二千余名。三江城围立解，白虎墟老贼巢穴一律肃清。此次楚军越境追剿，两保危城，叠获大胜，办理甚为得手。其尤为出力文武弁勇，着骆秉章择尤保奏。

清实录/文宗/卷三百一

咸丰九年十二月十六日

又谕：骆秉章奏，剿办广东禾洞贼匪，大获胜仗，连州连山一带地方肃清一折。广东连山属禾洞地方，猺匪罗家诲与积年贼首何观保、李荣淑等，合伙久踞该处。经骆秉章密饬都司张广胜等前往剿办。该逆等于连山禾洞上下门村一带，建木城六所，互为犄角。张广胜督同游击陈青云、参将文恒久、都司易开俊、游击何本高，由白石山安马水口破卡而入，与知府陈士杰所部会捣下门村，参将刘松山等会捣上门村。两路同时攻破卡隘，立将贼巢焚剿净尽，毙贼七八千人，并贼目五十余名，余匪五百余名。此次楚军越境雕剿，将积年巨憝迅速扫除，实足快人心而昭天讨。所有出力员弁勇丁，着骆秉章核明，汇入剿办广东贼匪案内，一并奏请奖叙。

清实录/文宗/卷三百三

咸丰十年正月二十三日

又谕：劳崇光奏，特参擅提盐饷，并擅卖仓盐之署知州，请旨惩办一折。广东署连州直隶州事补用知府张崇恪，因地方防剿土匪，支发勇粮，并未禀明各该上司，辄行擅提盐饷至三万余两，又提卖仓盐，抽收盐包，军需银两，自行动用。及被控行查，复含糊禀复，推诿绅士，并不将提用支发实数分晰声明。经该督等撤任提省审办，犹复任意耽延，显有借端侵蚀，情虚畏审情事。张崇恪着即行革职拿问，交劳崇光提同埠商及经手绅士人等严切审讯，究明实在银数若干，严追惩办。

清实录/文宗/卷三百六

咸丰十年三月三十日

展缓广东清远、广宁、开建、灵山、阳山、南雄六州县被扰地方旧欠额赋。

清实录/文宗/卷三百十一

咸丰十年五月初四

又谕：曹澍钟奏请饬湖南防兵，就近合剿贺县贼匪，并咨劳崇光派兵进攻一折。据称，广东北江首匪陈金刚窜踞粤西贺县城池，并阑入富川县境，经湖南兵勇往援，踏破贼垒，余匪遁回贺邑。嗣因楚师撤回本省之江华县白芒营驻守，该匪复分股窜至富川县西乡。现由粤西增募湘勇二千名，派左江道苏凤文驰往督剿，并咨劳崇光派兵进攻。请饬楚省刘岳昭一军，合力会攻，以期迅速扫平等语。逆匪攻陷贺县，踞为老巢，四出滋扰，以致楚粤边界连年未靖。粤西兵力未厚，自宜由粤东合力协剿，着劳崇光迅速派兵，由广宁、开建一带前往会攻。候选道员刘岳昭所统楚军现驻江华，距贺县不远。本日据骆秉章奏，富川业经收复。着该抚即饬令刘岳昭统率所部兵勇，驰赴粤西，会同各军进攻贺县，务期尽拔根株，为一劳永逸之计。毋得稍分畛域，致滋延误。将此由六百里各谕令知之。

清实录/文宗/卷三百十八

咸丰十年五月十二日

谕军机大臣等：前因户部奏，广东省请拨关税充饷，应饬加谨存储。当谕耆龄于抵粤后设法办理。本日据耆龄奏，访查粤海关收税数目，现拟筹办情形等语。粤海关征收税银，自上年八月起，所收银两被夷人提取大半。该抚拟嗣后以西江、北江军需为名，所有关库收到税银，无论多寡，酌提十之五六，同省城各库银两一并解往佛山，另款收存，以备拨解，余银留为补还该夷经费之用。并拟于佛山建筑城垣，俾商贾不招自至，渐收利权。且筑城以后，足以自固，该夷无可窥伺，自属妥善。惟佛山尚与省城密迩，仍不足以昭慎重，若另觅去省较远之处，将提拨银两收存，更可无虞疏失。即着耆龄熟筹酌办。至粤省商贾贸易，近因夷踞省城，本已争趋佛山。此时设法招徕，亦须以渐施行，使夷人不觉，以免因此启衅。将来利权尽归于我，自当废然思返。其省城之兵，亦未可因佛山设备，遽议移撤。将此由六百里密谕知之。

清实录/文宗/卷三百十九

咸丰十年六月初五

以广东清远剿匪出力，赏都司钟南俊、罗才友，守备胡保南花翎，余升叙有差。

清实录/文宗/卷三百二十一

咸丰十年九月十七日

予广东英德县阵亡守备邓建勋祭葬世职。

清实录/文宗/卷三百三十一

咸丰十年十一月初八*

以广东官军援解江西安远县城围出力，赏守备吴光亮花翎，余升叙有差。予阵亡外委黄船祭葬世职。

清实录/文宗/卷三百三十五

咸丰十年十二月十三日

以广东续捐军饷，永广乡试中额六名；新会、河源、茂名、化、文昌五州县学额各五名；东莞、归善、龙川三县各四名；翁源、连平、永安、高要、电白、吴川、琼山七州县各三名；香山、英德、合浦、嘉应、平远五州县各二名；增城、从化、三水、花、曲江、博罗、和平、长宁、大埔、海阳、阳江、新兴、鹤山、阳春、信宜、石城、海康、遂溪、徐闻、澄迈、会同、乐会、定安、东安、始兴、兴宁、长乐、镇平二十八县各一名。

清实录/文宗/卷三百三十八

咸丰十一年四月初六

展缓广东乐昌、和平、连平、四会、开建、灵山、阳山七州县被扰地方旧欠额赋。

清实录/文宗/卷三百四十八

咸丰十一年四月二十一日

又谕：据劳崇光奏，盐务缉私紧要，请在隘口设立排船一折。广东盐务积疲已久，私贩充斥，以致官引滞销，课项征收短绌。北江一带，枭匪联帮贩私，持械拒捕，大为盐务之害。着照所请，所有清远县属白庙地方，即添设排船，制备枪炮，编立字号发给兵役。遇有大伙私匪执持火器军械抗拒，即格杀勿论。如零星私贩并未拒捕，仍照常缉拿，不得概行施放枪炮。并着劳崇光遴委公正文武大员前往，常川驻扎，督同缉私员弁兵役，严密查缉，认真办理，以肃鹾纲。

清实录/文宗/卷三百五十

穆宗毅皇帝实录

咸丰十一年九月十七日*

以广东攻克蓝山贼巢，免投诚贼目侯陈带罪，更名“勉忠”，并擢守备，赏蓝翎。

清实录/穆宗/卷五

咸丰十一年十月二十九日

又谕：劳崇光等奏参玩视军务捏禀冒功之知县，请旨革职一折。广东署英德县知县乔泰阶身任地方，当蓝山匪徒滋扰之时，并不亲率团练协力剿洗。迨官军扫荡贼巢，转复捏禀邀功，实属荒谬胆玩。乔泰阶着即行革职，以示惩儆。

清实录/穆宗/卷八

同治元年正月十八日

谕议政王军机大臣等：……广东省北江军务尚未蒇事，着即会商劳崇光，于司道大员中拣派能得军心、晓畅戎事之员接办，以便该抚迅即起程。闽、浙军情至紧，万不可缓。至庆端、瑞瑸及裕铎等被参各款，耆龄于抵闽后，务须逐款访查，秉公参办，毋稍徇庇，以儆官邪。原奏二件，均着抄给阅看。将此由六百里谕令知之。

清实录/穆宗/卷十六

同治元年正月十九日*

谕内阁：耆龄奏，官军攻破蓝山各贼寨，歼毙首逆，地方肃清一折。广东蓝山逆匪被击后，窜踞赫岩寨等处，意图抗拒。上年七月间，经耆龄派令知府康国器等率勇进剿，先将寨前神庙炮台蹋毁，杀贼无算。都司吴光亮乘势移营进逼贼巢，施放火箭。寨内火起，贼众惊溃，歼毙不计其数，生擒逆首梁懇保、梁神通等百余名，讯明正法。其螃脚逆巢，经康国器等分路进剿，斩擒无算。逆首周薒率党数百人沿途窜伏，旋经绅民拿获，解赴韶州，凌迟处死。其蓝山积年悍贼，均经官军歼擒无遗，地方一律肃清。在事出力人员，着该督抚择尤保奏，候朕施恩。

清实录/穆宗/卷十六

同治元年五月二十日

又谕：本年正月间，命耆龄驰赴福建办理援浙军务。时逾数月，始据奏报于四月十五日起程。此次奏报，系四月二十八日所发，尚在清远途次，距省止三百余里。似此节节耽延，实属不知缓急。广东巡抚耆龄着先行交部议处。如再迟滞不前，定当严行惩处。

…………

又谕：耆龄奏，选练广勇，劝办厘金一折。该抚奉命援浙，已逾四月之久，现甫自粤起行，实属迁延贻误。现在浙江温郡解围，台州各属亦据庆端奏报克复，而贼氛未远，军务方殷。叠经谕令耆龄于闽浙交界驻扎，与庆端、左宗棠会商办理。着仍遵前旨，迅赴浦城，与庆端筹商，何路最紧，即由何路进兵，总须视贼所向，力遏凶锋。该抚此次节节耽延，由省起程，计已半月，始抵清远，实属不知缓急。若再迟回观望，坐误事机，定将重治其罪。所部广勇，据称训练已精，约束尚严，即着督令带勇各员弁，认真稽察，毋令滋事扰民。……将此由六百里谕令知之。

清实录/穆宗/卷二十八

同治元年五月三十日

缓征广东乐昌、仁化、灵山、阳山、平远、信宜六县被扰地方旧欠额赋有差。

清实录/穆宗/卷二十九

同治元年六月初一

又谕：前因耆龄前赴福建办理援浙军务，节节耽延，降旨将该抚交部议处。兹据吏部奏称，广东巡抚耆龄，时逾数月始报起程，嗣复在清远逗遛，应照任意耽延降一级调用例上加等，议以降二级调用，无庸查级议抵等语。耆龄着加恩改为革职留任，若再玩延，定当从严惩处。

清实录/穆宗/卷三十

同治二年二月初七*

以克复浙江金华、龙游、兰谿、永康、武义府县等城，赏游击吴光亮、都司古捷芳“巴图鲁”名号，都司林本等花翎，予知府康国器等升叙有差。

清实录/穆宗/卷五十七

同治二年八月初四*

谕内阁：沈葆桢奏请将办理挖堤案犯姑息贻患之守令议处一折。江西撤任临江府知府单兴诗，于棍徒挖毁晏公堤一案，前经沈葆桢饬令查拿重惩。该员一味因循，致本年三月间，匪徒复敢聚众挖堤，不能禁止，酿成巨案。撤任代理清江县知县张兴言，听信已获要犯傅景藻等诡托之词，放令前往，阻止挖堤，致该匪等乘间脱逃。均属姑息贻患，仅予议处，不足蔽辜。单兴诗、张兴言均着交部严加议处。并着沈葆桢通饬所属，将傅景藻等各犯，一体缉拿务获，严行究办，毋任漏网。

清实录/穆宗/卷七十五

同治二年十月二十二日

谕议政王军机大臣等：……并着阎敬铭严饬总兵李懋元迅督水由粤窜楚，截击大胜，余匪散走粤黔，现筹防剿情形一折。发逆窜入富、贺界内，与广东相距不过二三百里。现在该省兵力萃于肇庆、高州，若此股乘虚直入广东腹地，深属可虞。恽世临现饬臬司张运兰等军，由宜章横出连山，扼贼东趋之路，即着毛鸿宾、郭嵩焘督饬张运兰等实力扼截，随时与楚边各军互相联络，实力剿洗，杜其窜入江西之路。……将此由四百里各谕令知之。

清实录/穆宗/卷八十三

同治二年十一月初五

又谕：毛鸿宾奏，请将劫盗重案，酌拟章程，变通办理等语。广东省各属劫盗重案日常数起，而弋获者甚属寥寥。其申报获犯者，往往声明带病，旋即报故，总由地方官捕务久弛，甚或以盗案处分綦重，希图搪塞。积习相沿，转致凶恶众著之犯，瘐死狱中，幸逃显戮，殊不足以昭炯戒，亟应量为变通，以除积弊。着照毛鸿宾所拟，嗣后广东省除广州府属及佛冈直隶同知，拿获逆匪盗犯，仍行解省勘审外，其距省较远之各府、厅、州、县，所获拜会从逆，拒敌官兵，及叠次行劫，伙众持械拒捕伤人，罪应斩枭斩决各犯，由各该州县审实后，即解送该管道府复审，录供具详，该督抚核明情节确实，即行饬令就地正法。一俟军务完竣，盗匪敛戢，即行奏明，仍照旧章办理。此外寻常命盗案件，着仍照例勘解，以符定制。

…………

又谕：毛鸿宾等奏，收复信宜县城，陈逆余党全行解散，并容县、岑溪次第克复，石逆余党现窜怀集县境，檄调楚军进剿各折片。此次高州军务，虽经昆寿督军前往，叠破贼之坚巢，军威丕振。该督督办全省军务，尤须慎益加慎，不可稍自矜饰。降众人数太多，又有同时投诚之化州石水堡，西宁排阜、加益，阳春八甲、双滘等处余匪，一时解散，均未大经惩创，务须妥筹办理，不可稍涉苟且，致令反侧，滋生事端。信宜等处善后事宜，尤须切实讲求办理。容县、岑溪相继收复，两广军情同时得手。其由容、岑逃往藤县之罗洞等处余匪，即着毛鸿宾等严饬方耀等军，会合西师，乘势扫除，务期净尽，毋留余孽。并着与张凯嵩饬令唐启荫、蒋泽春，会同督率文武绅团合力防剿，并将一切抚绥善后各事宜妥为办理。广海客匪遁归老巢，着该督抚速饬卓兴得胜之师，移剿阳春一路，大彰挞伐，务令刁顽咸知悔惧。仍督令地方官吏剿抚兼施，设法妥为解散安插，俾客土衅端永绝方为妥善。石逆余党李幅猷由蜀绕黔，阑入楚境，复拥众窜扰粤边，节经谕令楚、黔、两粤各督抚合兵剿办。兹据毛鸿宾所奏，李幅猷自率大股窜往广西，其党李幅、曾贵在广西怀集县之石莹坑尾树栅屯粮，将图久踞。该处逼近广东阳山县境，逆党之计图负阻，垂涎粤东膏腴，可想而知。毛鸿宾现已檄调张运兰一军，由郴州度骑田岭，直抵连州，顺流进剿。即着该督与恽世临严饬此军星速进兵，务乘石莹等贼垒未坚，迅速掩捕。并令现驻宜章之杨虎臣所部，严堵该逆窜越江楚之路。此股余匪游奕楚粤边界已久，人数尚众。若使负嵎久踞，及遣党四出乘隙鸱张，剿办又将费手。毛鸿宾、恽世临、张凯嵩等即当各督楚粤诸军会合兜剿，乘贼游魂残喘之际一鼓歼除。倘或进剿不能实力，各怀观望，致令余匪仍复蔓延，必惟该督抚等是问。另片奏请将劫盗重案酌拟章程变通办理等语，业照所请，明发谕旨准行。粤东民俗顽悍者多，当此地方积乱之后，自应设法变通办理，以资整顿。但人命至重，亦须严饬地方官吏，不得借此擅作威福，任意草菅，致滋流弊。将此由六百里各谕令知之。

清实录/穆宗/卷八十四

同治二年十一月十六日

谕议政王、军机大臣等：……前据毛鸿宾奏，李幅猷一股窜至广西怀集县之石茔地方，树栅屯粮，意图久踞。兹据张凯嵩奏，署怀集县知县况逢春等，督团截杀，歼匪甚多，复会合东省勇练，填濠焚栅，枪炮齐施。该逆腹背受敌，夺路狂窜，仅余残匪一二千人，由阳山之白带寨冈窜去。现在广东兵勇赶到，督队跟追，其前窜开泰县属一股，忽于十月十一日自焚其巢，全股突向永从县窜去等语。李幅猷股匪，经此次痛创之后，余党尚有一二千人，亟应各省合兵夹击，聚而歼旃。着毛鸿宾、劳崇光、张亮基、郭嵩焘、张凯嵩、恽世临等，各饬在事员弁，实力堵截，严密兜拿，或悬赏购获首逆，或设法解散胁从，务将积年巨憝，一鼓歼除，毋令豕突狼奔，余烬复炽，方能永靖边陲。……将此由六百里各谕令知之。

清实录/穆宗/卷八十五

同治二年十一月十七日

又谕：恽世临奏，李逆股匪穷蹙投诚，生擒首逆一折。李幅猷股匪，自遁入广东连阳山内之石茔、坑尾一带，负嵎固守。经福建按察使张运兰等督率湘军，于十月十一、十四等日，驰抵寨冈、石茔等处进剿，贼目二十余人诣营乞抚。十七日，贼目等将石茔、坑尾贼垒概行焚毁，呈缴军械、旗帜、伪印、伪照多件，除积年悍贼伪旗帅向日鼎等三十余名业经正法外，其乞降之余党三千余人，分别遣散安插。首逆李幅猷逃至连州所属之铁坑，复经兵勇奋力冲杀，悉数擒缚，又拿获伪军略曾溃、伍幅胜二名，一并解赴广东，讯明办理。连阳地方，一律肃清，办理甚为认真。着恽世临饬令张运兰等，乘此声威，将逃窜余匪，会同粤、黔各军，合力歼除，毋留余孽。

清实录/穆宗/卷八十五

同治二年十一月十八日

又谕：张凯嵩奏，容县官军生擒范逆一折。范亚音以积年巨憝，流毒两省，自蒋泽春克复容县后，该逆窜往窦家寨地方，经官军密约内应，立将范亚音生擒，就地寸磔，逆弟范六一并斩枭，实足以快人心而彰国宪。惟容、岑一带伏莽尚多，藤县、苍梧、平南各路土匪亦未遽净。着张凯嵩即饬蒋泽春督率全军，会同浔、梧两府，乘首逆就歼贼势瓦解之余，迅将各路余匪搜捕净尽。毛鸿宾、郭嵩焘即饬方耀一军，会同西省官军，实力剿除以清积孽。范逆就擒后，该省著名悍逆自以黄三为最。该逆跧伏天平寨，地险巢坚，复有由浔分窜横州之李亚得、甘汰然等股，勾结永淳土匪，分我兵力，尤应合两省官军，会克坚巢，诛锄巨恶。着张凯嵩督饬刘坤一，迅将黄三一股，捣穴擒渠，次第廓清横州等处之贼。李幅猷于连阳就擒，全股肃清。广东兵力自已有余，并着毛鸿宾、郭嵩焘、昆寿派拨劲军，与刘坤一合力痛剿，速筹蒇事。……将此由五百里各谕令知之。

清实录/穆宗/卷八十五

同治二年十二月初三

补铸广东佛冈同知，惠来、西宁二县儒学，阳山县洪潭堡巡检，肇庆城守营，三江口协左营、右营守备，各关防印信条记。从兼署巡抚劳崇光请也。

清实录/穆宗/卷八十七

同治二年十二月初十

又谕：恽世临奏，楚军防剿发逆及苗教各匪情形，请饬黔粤两省派兵会剿一折。李七为李幅猷悍党，凶狡异常。黔中苗教各匪虽煽乱数年，其众究系乌合，若再与该逆合而为一，习其伎俩，必为楚、粤、黔三省大患。此股悍匪窜入黎平境内为时已多，总未据劳崇光、张亮基将实在剿办情形详细入告。该督抚不能乘贼初至之时迅图殄灭，必待该逆养成羽翼，滋蔓难图，重烦兵力，贻误封疆。自问当得何罪？着即迅派得力兵勇赶赴黎平一带，迎头截击，尽歼丑类，不准再有迟误。黎郡与楚粤犬牙相错，防不胜防。苗教各匪，又有下窜沅晃之势，亟宜预筹布置。着张凯嵩遴派劲旅，由融县、怀远等处进兵，会合夹击。恽世临仍饬周洪印等军，力扼要隘，一俟黔粤兵勇到齐，即行出境会剿，务将李七一股，悉数扫荡。庶苗教各匪慑于声威，剿抚均易得手。该督抚等务当合三省兵力，殄此巨患，肃清边陲，不得各分畛域，贻误戎机。正在寄谕间，据毛鸿宾奏，生擒李幅猷详细情形。李幅猷擒获，前据恽世临奏到，业经明降谕旨宣示矣。至阳山县一带，土匪窃发，亟应迅速剿除。着督饬张运兰移军前往拿办，总期尽数歼擒，不准一名漏网，致留余孽。毛鸿宾另折奏，历陈广东厘务情形，期于兴利除弊等语。办理厘务全在经画得人，方能涓滴归公，而商民亦不至扰累。该督务当会商郭嵩焘，董率属员，力除积弊，核实抽收，以奏裕国恤商之效。将此由六百里各谕令知之。

清实录/穆宗/卷八十七

同治三年正月十七日

又谕：毛鸿宾奏，官军攻剿三山土匪贼巢及现在筹办情形一折。阳山县匪首邓二尺七纠党肆扰，恃险负嵎，历有年所。此次四出劫掠，经张运兰督兵进剿，破其隘卡三重，擒斩多名。该逆遁回三山老巢，剿办甚属得手。惟该逆巢山深林密，啸聚易滋，若不乘此声威悉数歼灭，将来兵勇一撤，必将余烬复然。毛鸿宾现饬张运兰将所部五队全数调齐，并力进攻。所办尚合机宜。即着督饬该臬司带领全部兵勇鼓勇前进，务将邓二尺七擒获，并余党及三峡头另股逆匪冯九指等一律扫除，免致养痈贻患。将此由五百里谕令知之。

清实录/穆宗/卷九十一

同治三年二月十一日

又谕：毛鸿宾奏，官军攻剿三山贼巢，生擒首逆一折。匪首邓二尺七于广东连阳一带纠众肆扰，恃险负嵎，历年进剿官兵，均以山势深阻，未能覆其巢穴。此次臬司张运兰移得胜之师，乘势亟进，竟将积年巨憝一鼓荡平，剿办迅速，甚属可嘉。惟该处界连数省，峻岭危滩，万重险阻，若不将余匪搜捕净尽，恐官军一撤，必至又成啸聚，余烬复然。着毛鸿宾、郭嵩焘督饬在事文武，实力搜捕，务绝根株，并将应办善后事宜，详细妥筹，认真区画，以期一劳永逸。将此由五百里各谕令知之。

…………

以广东攻克三山贼巢，生擒首逆，予按察使张运兰等升叙有差。阵亡游击易永茂、守备熊万隆、把总刘明辉，祭葬世职。

清实录/穆宗/卷九十四

同治三年三月二十八日

又谕：毛鸿宾奏，官军追剿客匪情形，及留张运兰一军驻粤，密陈添募楚勇缘由各折片。卓兴之军追剿阳江等属分窜客匪，叠有歼馘，并将匪首曾白面猪擒获，而余匪尚复分窜信宜、东安所属各地。信宜久为贼扰之区，甫经蒇事，断不可令贼再行煽乱。东安富霖洞、新宁天堂墟地势如何？粤地率多山险，尤不准任贼久踞，又成负嵎，致滋棘手。即着毛鸿宾、郭嵩焘督饬卓兴及侯勉忠等各军实力进剿，痛歼丑类。客匪与逆匪究属不同，其应如何剿抚兼施，妥为安插，总期畏威怀德，得以一劳永逸，弥其衅隙，免滋事端，方为妥善。其由皖南窜越江西逆党，早有由新城等处图越闽境光邵一带者，并有欲回窜粤东之说，不可不预为之防。前据左宗棠奏，请饬令福建臬司张运兰一军前赴本任，以资防剿，节经谕令毛鸿宾等遵照办理。兹据奏称，张运兰一军此时不可轻离粤境，并据陈现令知府刘德谦添募楚勇各情，朝廷不为遥制。第张运兰既不能即赴任，而闽省防剿亟须预为筹布。着左宗棠、徐宗干催督曾元福内渡之军，迅移得胜劲旅，回顾腹区，以资调遣。由江窜闽贼势如何？并着随时驰奏。张运兰之军驰往英德，于该处零星股匪，自当迅速扫荡。刘德谦楚勇即准其添募，与为掎角，速将各处伏匪翦除，严布粤东毗连江闽边境，以防逆匪回窜。其南韶与嘉潮两路，均属不可大意。而嘉潮民俗尤悍，逆匪由闽之邵、汀一路奔趋，路尤径捷，且恐其党与散归者于该处为多。张运兰如移扎此路，相机堵剿，于闽省较为声息易通，即以刘德谦新募楚勇，专防南韶，亦觉便捷。应即如何办理之处，着毛鸿宾等妥筹办理。该督既称潮勇多不可靠，其将方耀所部驻扎镇平，以顾嘉应一路，是否合宜，并着毛鸿宾妥筹调度，毋稍疏虞。将此由六百里各谕令知之。

清实录/穆宗/卷九十八

同治三年四月二十四日

又谕：毛鸿宾奏，剿捕菱角塘一带土匪，生擒逆首，北江一路肃清一折。英德等县交界之菱角塘石街蒋洞一带，有冯九指等在彼久踞。经张运兰等设计诱擒，余匪遁入老虎径之水仙岩洞，亦俱困死洞中。北江英德、阳山一路，大致肃清。该督拟令张运兰驻扎南雄州防堵。张运兰一军，叠经谕令带赴闽省，剿办江浙窜匪。江西自新城收复后，贼众悉趋闽界，阑入将乐县境，延平军情吃紧。昨复谕令毛鸿宾、郭嵩焘檄令该臬司星驰前进，由潮州入闽剿贼。着即懔遵叠次寄谕，饬令赴闽，不得渎请奏留，贻误戎事。其翁源、英德交界之垅口乡，尚有零星土匪逃匿，着饬地方文武，实力搜拿，以期净绝根株，勿任漏网。另片奏，花旗股匪林正杨由广德州窜扰江西，兼及闽境，探闻汀州之宁化、宁都之石城皆有贼踪。广东边防，此时以嘉应州为最，已饬吴赞诚等办理沿边团练，总期遏贼境外等语。所筹尚属妥协，着即督令派办各员，认真经理，先清内匪，以免外匪勾结，不可有名无实。如本境边防已固，仍须派兵出境剿洗，毋得稍存畛域之见。将此由五百里各谕令知之。

清实录/穆宗/卷一百一

同治三年五月初九

补铸广东嘉应州州同，开建县知县，太平乡，连山厅宜善司，南雄州百顺司等巡检各关防印信。从巡抚黄赞汤请也。

清实录/穆宗/卷一百二

同治三年七月初六

以广东连州、英德剿办窜匪出力，赏游击王维德等花翎，知县龙甘霖等蓝翎，余升叙有差。

清实录/穆宗/卷一百八

同治三年九月十三日

又谕：……据毛鸿宾驰奏，逆匪由江西窜入粤界，分队进逼南雄州城。虽经唐启荫督兵拦截获胜，而贼势蔓延，南雄池东之始兴、翁源，池西之仁化、乐昌，皆有贼踪。广东为贼匪注意之区，而惠、潮、嘉三属尤首当其冲。毛鸿宾现已饬令唐启荫等募勇增兵，防堵北江一路，方耀等军防堵东江一路。又另委守备黄添元等募选练勇，以备调遣，并为省城巡防之需，所筹尚属周密。即着毛鸿宾、郭嵩焘督饬在事员弁，实力扼剿，迎头截击，毋令贼踪纷窜，扰及完善之区。前据杨岳斌等奏，贼匪被剿窜粤，江西各军不能越境追剿。当经谕令粤东地方紧要，该督等务当派兵追击，毋任滋蔓难图。现在南韶一带，贼势甚炽，新募之兵，恐不足以制贼死命。着杨岳斌、沈宝桢懔遵前旨，迅饬宁赣等处防兵，克日拔队，越境会剿，不得畛域攸分，贻误大局。其毛鸿宾咨商鲍超调派之王衍庆五营，并着杨岳斌等催令迅速起程赴粤，以厚兵力，毋许稍有迟误。将此由六百里各谕令知之。

清实录/穆宗/卷一百十五

同治三年十月初六

又谕：……沈葆桢另片奏，南雄之贼，犯龙南洒源堡及插株坳背等处，经署令蒋如琳等督勇轰击，毙匪甚多，余匪窜向定南厅而去。此处与广东地方交界。着毛鸿宾、郭嵩焘饬令地方文武，严防窜越，并派兵出境追剿，以免再有阑入。沈葆桢仍当责令地方文武员弁认真防剿，如贼势尚众，即酌量抽调数营前往，会同粤军，合力剿洗。正在寄谕间，据毛鸿宾等奏，匪扑南雄州城，官军迎击叠胜，贼趋东路，现饬臬司督兵出省防剿。另片奏，贼由江西安远、长宁窜入平远县城，知县吴炳绶中枪坠马等语。南雄贼匪被击退窜，复由江西之龙南窜入和平、龙川境内，幸各县均有准备，遂横窜嘉应州界之长田，和平、龙川交界之下车等处。毛鸿宾等已飞饬郑绍忠，由龙南驰赴连平，与昆寿所派之常秀各军互为联络，并令知府吴赞诚等扼扎州境防剿。着即催令李福泰筹添兵勇，统带出省，赴南雄一路妥筹剿办，毋任匪踪纷窜。并严饬方耀等军，迅行规复平远县城，以赎前愆。

粤省与江西、湖南犬牙相错，在在接壤，粤东一日不得肃清，江西、湖南即一日不能安枕，与其糜经费以筹防，不若合群力以制贼。着沈葆桢即饬王文瑞一军，由赣南一带长驱入粤，会合惠潮各军，以剿东江之贼。恽世临即令赵焕联一军，由桂阳、桂东入粤，会合南韶各军，以遏北江之冲。均须克日赴援，不得稍分畛域，致误戎机。毛鸿宾等当饬令李福泰先就现有兵力迅图剿办，不可坐待客兵，迁延时日。将此由六百里各谕令知之。

清实录/穆宗/卷一百十七

同治四年二月二十三日

以广东连山等处剿匪出力，赏道员张恒祥二品封典，知州龙甘霖、参将李大有等花翎，通判冯宝封等蓝翎，余升叙有差。

清实录/穆宗/卷一百三十一

同治四年闰五月十七日*

以广东大溪等处剿匪获胜，赏千总邓安邦“巴图鲁”名号，游击黄相奎等花翎，总兵官翟国彦等加衔升叙有差。

清实录/穆宗/卷一百四十二

同治四年九月二十三日

又谕：李瀚章奏，粤东逆股窜动，现筹楚边防剿情形一折。汪逆大股攻扑江西之定南、龙南两城，经官军击败后，复退窜龙定之交，势将铤而走险。江、闽、粤兵力萃集，该逆似不敢回向东窜，惟虑逸入西路，则阳山、连州、连山及广西边境，在在空虚，恐致死灰复燃，仍成燎原之势。着李瀚章激励边防将士，审机遮击，以挫贼锋。瑞麟、郭嵩焘当饬水师将弁，严扼北江一带水道，其韶河下游，并着加意拦截，严遏窜越。张凯嵩尤须迅调劲兵，将粤西边境扼要防守，毋令贼踪窜入。现在贼势败挫，奔突靡常，亟应乘胜剿灭，如果贼向西趋，刘坤一务当迅令席宝田一军驰赴楚省，并力会剿。湖南备多力分，实形单薄，刘连捷、朱洪章等军如能赴楚追剿，自可稍助兵力。并着左宗棠、刘坤一会商调派，毋失机宜。将此由六百里各谕令知之。

清实录/穆宗/卷一百五十五

同治四年十月二十五日

以广东守备侯勉忠捐输勇粮，永广清远县学额二名。

清实录/穆宗/卷一百五十八

同治五年二月二十九日

追予广东佛冈殉难同知罗才纶于福建建宁府原籍建立专祠。

清实录/穆宗/卷一百七十

同治五年十一月初一*

以记名总兵官吴光亮为闽粤南澳镇总兵官。

清实录/穆宗/卷一百八十八

同治五年十一月二十五日

以广东捐输军饷，永广南雄州学额十名，永安、海阳二县各七名，归善、高要二县各五名，翁源、连平、河源、阳江、电白、文昌、始兴、长乐八州县各四名，英德、龙川、博罗、长宁、茂名、化、灵山七州县各三名，增城、三水、和平、潮阳、澄海、新兴、阳春、吴川、合浦、琼山、平远十一县各二名，顺德、新会、清远、新安、从化、龙门、曲江、海丰、大埔、揭阳、普宁、丰顺、鹤山、广宁、恩平、信宜、石城、会同、崖、罗定、东安、西宁、镇平二十三州县各一名。

清实录/穆宗/卷一百九十

同治六年二月十三日

又谕：瑞麟、蒋益澧奏，裁减广州府属征收米折，酌定银数一折。广东广州府属十四县征收色米价银，前经谕令该督抚核实减裁，酌议章程具奏。兹据奏称，拟自同治六年正月初一日始，南海、番禺二县，每民米一石，连耗折征银五两八钱；香山、新会、顺德、龙门四县，每民米一石，连耗折征银五两五钱；花县、增城、三水、清远四县，每民米一石，连耗折征银五两；东莞、新安、从化、新宁四县，每民米一石，连耗折征银四两八钱。此外，不准丝毫浮折。通计广州府属十四县，每年减征银一十六万五千四百余两，着照所请，由该督抚等出示通行，勒石永远遵行。经此次核减之后，倘有不肖官吏，巧立名目，暗中增收，或纵容书差苛索，一经发觉，即着严参，按律惩办。此外各府属所征色米，是否有累于民，应如何议减之处，并着该督抚体察情形，分别核议具奏。寻奏，续查惠、潮、嘉、肇、罗、韶、连、佛冈等属，所收米羡，不免浮多，现经核减，通计每年共减征银十九万九千八百三十余两，以后不准丝毫浮收。下部议。从之。

清实录/穆宗/卷一百九十六

同治六年三月二十七日*

谕内阁：贵州安义镇总兵赵德昌、江苏常镇通海道英喜、浙江金衢严道和龄、广东高廉道陆心源、贵州粮储道金钧、江西临江府知府**单兴诗**、安徽池州府知府李翰华、湖南沅州府知府张樾、贵州兴义府知府马应镗，均着开缺送部引见。

清实录/穆宗/卷一百九十九

同治七年七月二十五日*

以克复贵州龙里、贵定两县城，予总兵官汪柱元等以提督用，赏副将李荣春、游击**何雄辉**、都司舒得胜、守备王得贵“巴图鲁”名号，知府樊葆书等花翎，李怀易蓝翎，余加衔、升叙、开复有差。予阵亡都司田国珍等十三员祭葬世职加等。

清实录/穆宗/卷二百三十九

同治七年十一月二十八日*

以山东鄃平捻匪暨历年城防、河防出力，赏总兵官萧绍荣一品封典，总兵官莫组绅，副将雷显扬、陈安邦、杨正琪、李楹、黄兆昇、刘得顺，参将**黄增广**、熊国志、王宝林、郭大胜、周森藻、刘万发、陈荣辉、杨飞鸿，游击何大培、官得禄、王仕旺、宋正文、莫在明、陈步云，都司陈连德、陈保宪、张仕忠、杨长华、刘德泰，守备刘培“巴图鲁”名号，道员萧培元，参将廖楚胜等花翎，郎中高柏龄等蓝翎，副都统莫尔赓额等，升叙、开复有差。

清实录/穆宗/卷二百四十七

同治八年四月十七日*

两广总督瑞麟等奏：总兵官吴光亮捐建所部阵亡将士专祠，拟请赐名表忠。允之。

清实录/穆宗/卷二百五十七

同治八年八月初四*

又谕：曾璧光奏，官军攻克九阡等处，生擒首逆，都匀失守，分军进剿各一折。逆匪占踞荔波县属之九阡等处。经粤军孔宪隆等进攻，以兵力单薄，曾璧光复添派卢振刚等会剿，将九阡等处逆巢攻克，逆首吴邦吉、潘新简均经擒获，剿办尚为得手。该抚即督饬将弁，认真扫荡，并着苏凤文檄饬派出各军，协同攻剿，务当乘此声威，将余匪搜捕净尽，以绝根株。张文德因饷项奇绌，移兵就粮，以致都匀复陷，各营将领损折良多，朝廷实深廑系。此次军退城陷，实因饥乏所致，张文德着免其置议。即着曾璧光督令激励官军，迅图规取，为克复都匀之计。一面饬令何雄辉等，由贵定等处分路防剿，毋令匪踪蔓延。将此由六百里各谕令知之。

清实录/穆宗/卷二百六十四

同治八年十月初七

谕内阁：瑞麟、李福泰奏，查出前任运司办事专擅，款目轇轕，请饬调来粤清理一折。据称，广东乐桂埠商孔法来等，因商力疲乏，援案禀请加三拆配，业经瑞麟两次批驳，该商等复蒙混续禀，乃前任运司方濬颐，并不检查前案，擅准搭拆，以致连阳、丰富等商纷纷效尤，该司亦俱批准，并查该司任内收支款目多属不符各等语。方濬颐于上司批驳之案，何以专擅批准，任内完解数目又多不符，其中有无通同蒙混情弊，亟应严切根究。调任两淮盐运使前任广东盐运使方濬颐，即着马新贻、丁日昌饬令迅赴广东，听候瑞麟等督算清理，毋任迟延。所有两淮盐运使员缺，并着马新贻等派员署理。寻瑞麟等奏，查明方濬颐任内征款，因筹解协饷移缓就急，致形轇轕，核其收支总数，尚与报部拨册相符。至批准埠商搭拆积引，由于体恤商艰，且系援案办理，尚非专擅。惟未经详禀，究属疏漏，请交部议处。从之。

清实录/穆宗/卷二百六十八

同治九年正月初八

谕内阁：瑞麟、李福泰奏，特参庸劣各员，请旨分别降革一折。广东……署英德县事补用知县阮承恩，趋向不端，物议腾沸，均着即行革职。

清实录/穆宗/卷二百七十四

同治九年四月初十

以广东绅民协力剿匪，永广灵山、封川、阳山、高明四县学额各二名。

清实录/穆宗/卷二百八十

同治九年五月初二

又谕：刘崐奏，缉获会匪伙党，分别办理等语。广东阳山县属茶田等处土匪，勾结湖南宜章、临武等县匪徒，聚众滋事。经刘崐督饬该地方文武，将匪首李求球等兜拿，并搜获逆书门牌等件，已将首要各犯正法，其余胁从党与，分别监禁管束。即着刘崐饬令章濂、吴锦章等，务将逆犯悉数拿获，不准一名漏网。瑞麟、李福泰亦当檄饬林述训等，将茶田等处逃散余党，并邀约入会之刘姓查拿，务获惩办，以靖地方。仍随时督率各该员弁，于交界处所，会同巡查，毋令匪踪阑入。将此各谕令知之。

清实录/穆宗/卷二百八十二

同治九年闰十月二十二日*

又谕：曾璧光奏，提督赴任，分别筹办军务一折。提督周达武奉旨接办援黔军务，曾璧光拟俟该提督到黔接印后，即令驰赴下游，与席宝田筹商机宜，或进规凯里，或由重安南渡，以收夹击之效。酌派提督林从太管带兵练二千，接防贵定，总兵**何雄辉**带领所部由定番出剿，期与刘士奇等军分归都匀八寨。所筹均尚妥协。即着崇实、吴棠催令周达武克期驰赴本任，接办下游军务，会同楚省各营，将梗化逆苗次第扫除，以靖疆圉。前已有旨，军营紧要机宜，准周达武会同曾璧光列衔具奏。黔省带兵各员，遇有应剿应防事宜，悉听周达武调遣，业已优予事权。曾璧光此次所陈，虑及下游各属意见参差，所见亦是。并着照所请，周达武着帮同曾璧光办理军务，所有下游府、厅、州、县，悉归该提督节制。所带原部兵勇及将来酌留唐炯等营文武各官，即由周达武咨明崇实、吴棠查核奏报。其林从太等防剿各营，系属黔省自募之军，其营制饷需，即照曾璧光所议，仍按该省旧章办理。该抚惟当力筹接济，毋令缺乏，并檄令联络川楚援军，通力合作，以壮声势。

经此次布置后，崇实、吴棠、刘崐、曾璧光务当分饬各营妥为防剿，以竟全功，毋再如前观望，致滋贻误。唐炯前致席宝田函内，有川中月协黔饷五万，归黔自办，闻黔中意甚欣然等语。曾璧光谓当时并无此意。唐炯之言从何而来，必须各还根据。着崇实、吴棠饬令唐炯明白登复，即行查核具奏，以惩虚诬。嗣后该将军、督抚等总当力顾大局，不得惑于浮言，致军务稍涉松劲。将此由五百里各谕令知之。寻奏，唐炯以传闻之语，形诸函牍，殊属非是。惟系私函往来，且该道已于移师平瓮，案内摘去顶戴，此次可否免其置议？得旨：唐炯着免其置议。

清实录/穆宗/卷二百九十五

同治十年正月初五*

谕内阁：曾璧光奏，官军剿平贵定等处贼巢，攻克都匀府城一折。贵州苗逆金干干等，占踞都匀府城，经署提督刘士奇等分军三路，节节进攻，平毁贼巢多处，斩擒悍贼多名，遂于上年十一月初九日将府城克复。剿办尚为得手。前署贵州提督、古州镇总兵刘士奇督军攻剿，克拔坚城，实属奋勇可嘉，着赏换“额腾依巴图鲁”名号，仍交部从优议叙。其在事尤为出力之提督林从太，着赏穿黄马褂。总兵**何雄辉**，着以提督记名简放，并赏穿黄马褂。

清实录/穆宗/卷三百二

同治十年四月十六日

又谕：瑞麟奏，绅民剿匪守城出力，援案请加学额一折。广东连山、连州、归善、陆丰、德庆、开平、鹤山、恩平、花县、饶平等厅、州、县地方，前曾被匪窜扰。该处绅民捐资练勇，随同官兵防剿，力保危城，实属深明大义，敌忾同仇。着照所请，将连山、连州、归善、陆丰、德庆、开平、鹤山、恩平、花县、饶平等厅、州、县文武学额，永远加广各二名，用昭激劝。惟该省学额，历次加广甚多，若再陆续奏请，未免太滥。嗣后绅民出力请奖，着不准援案请加学额，以示限制。

清实录/穆宗/卷三百九

同治十一年二月十一日

以神灵显应，加广东佛冈厅城隍神封号曰“灵佑”。

清实录/穆宗/卷三百二十八

同治十三年六月初八*

谕军机大臣等：沈葆桢等奏，理谕倭将稍有端倪，仍遵旨加紧筹防，并请饬彭楚汉带队赴台各折片。潘霨偕道员夏献纶等于五月初八日驰抵琅琊，与日本中将西乡从道反复辩论，逐条穷诘，西乡从道理屈词穷，旋以所用兵费无着为言，复经潘霨据理驳斥，彼请一面致书柳原前光，一面寄信该国，暂不添兵前来。惟彼族贪鸷性成，未必遽能就我范围。沈葆桢等所奏，非益严警备，难望转圜，倘恃其款词，日延一日，奸民乘隙构煽，必至事败垂成等语，深合机宜。着照所请，由北洋大臣调拨久练洋枪队三千人，南洋大臣调拨久练洋枪队二千人，均乘坐轮船赴台。该郡现有兵勇不甚得力，李鸿章、李宗羲务当迅速调派，令其克日起程前往，以壮声势。南北洋防务紧要，俟日本兵退后，沈葆桢等即令此项队伍各归防所。前据文煜等奏，拟留罗大春驻扎厦门，当经降旨，仍令迅即渡台，办理淡水一带防务，并谕李鸿章檄饬彭楚汉迅赴本任。沈葆桢等此时计可接奉前旨，所陈台湾南北路布置情形，及令曾元福提倡乡团各事宜，即着督饬该员等悉心筹办，务臻周妥，并侦探日本情形，随时详悉具奏。潘霨在琅琊时，传各社生番头目，至者百数十人，皆称日本欺陵，恳求保护，并愿设官经理，永隶编氓。仍着沈葆桢等遵奉叠次谕旨，妥为收抚，以固其心。所有奏调之前南澳镇总兵吴光亮、浙江候补道刘璈，着瑞麟、杨昌濬派令迅往台郡，用资任使。闽省轮船不敷调拨，江苏、广东沿海各口轮船，前有旨准归沈葆桢调遣，即着于沪局添调数号，由吴大廷督带驶往。前谕李鸿章饬彭楚汉赴闽，如该提督尚未起程，此次调拨之北洋洋枪队三千人，着即令其统带，迅由轮船驰赴台湾，毋稍迟缓。该提督抵台后，应否留于该郡督队办防之处，着该大臣等与文煜、李鹤年会商办理。将此由六百里密谕沈葆桢、瑞麟、李鸿章、文煜、李宗羲、李鹤年、杨昌濬，并传谕潘霨知之。

清实录/穆宗/卷三百六十七

德宗景皇帝实录

光绪元年十月三十日*

谕军机大臣等：沈葆桢等奏筹巡抚兼顾省台情形暨台湾各路续办事宜，王凯泰奏，整饬台地营伍、吏治、士习、民风各折片。台湾开山抚番事宜，现经总兵**吴光亮**等将南、北路及中路陆续督办，并于剌桐脚等处填扎勇营，以备弹压；于车城、新街等处增设义塾，以资训课。办理尚为妥协，即着王凯泰饬令认真经理。官兵粮饷务当源源接济，毋任缺乏。一切机宜，仍着沈葆桢、文煜、李鹤年随时会商妥办。至巡抚有全省地方之责，自难常川驻台。王凯泰拟于冬春驻台，夏秋驻省，庶两地均可兼顾，即着照所请办理。该抚现近省垣，若俟明岁冬间始行赴台，为日过久。着俟假满后，即将省署应办事宜赶紧料理，即行渡台，以资镇摄。该抚驻省期内，台郡一切事务，即着夏献纶等妥为办理。台湾孤悬海外，风气夐殊，现在亟图整理，自当于吏治、营规实力讲求，而欲挽回积习，则民风士习尤应设法转移。该督抚当随时认真整饬，不得有名无实，致负委任。将此由五百里各谕令知之。

清实录/德宗/卷二十

光绪二年三月初一*

谕军机大臣等：文煜等奏，台湾北路旧勇请分别汰留；丁日昌奏，署知县朱干隆纵勇殃民，请撤任参办各折片。台湾开山抚番事宜，甚关紧要，刻下中路、南路业已开通，提督**吴光亮**办理中路颇为得力。惟北路地方辽阔，兼之番情反复无常，尤须认真经理。乃该处营官参将黄得桂一营，勇丁只有三百八十余名，短数至一百二十余名之多。似此虚耗勇粮，实堪痛恨。即着文煜、李鹤年、丁日昌查明，严行参办。北路勇丁尚有五千余名，亟宜力筹整顿，汰弱留强，以期饷不虚糜，兵归实用。文煜等现在咨会提督彭楚汉前往北路，与**吴光亮**会同查办。即着饬令该提督等，将各营分别裁留，一面选择营官，实心训练。其各营应如何扼要分扎，文煜等务当随时妥筹商办，以期周妥。署彰化县知县朱干隆劣迹甚多，丁日昌已将该员撤任，并将所带勇丁全撤，即着该抚严参惩办，以儆贪顽。……将此由五百里各谕令知之。

清实录/德宗/卷二十七

光绪二年六月初四

谕内阁：刘坤一、张兆栋奏，请将庸劣不职及人地不宜之知县，分别革职、勒休、另补一折。广东封川县知县刘祖庆任性自由，署清远县事试用知县李若昌营私念重，新宁县知县秦廷英行止卑污，龙川县知县王炳文性情狡猾，均着即行革职。鹤山县知县刘书云才识迂疏，合浦县知县王德溥公事疲玩，均着勒令休致。

清实录/德宗/卷三十四

光绪三年三月二十五日*

谕军机大臣等：丁日昌奏，台湾后山防务紧要，拟请大员移扎，并请假一月回省调理暨筹款赈济番民各折片。台湾后山一带情形，经丁日昌亲历履勘，以南、北、中三路统领声气未能相通，拟将**吴光亮**所部移扎后山璞石阁、水尾，居中控驭。苏澳至新城中间所扎各营，移至歧莱、秀孤峦、卑南一带，归**吴光亮**调度节制。苏澳不设统领，仍扎一营，就近归总兵孙开华调度。所筹尚为周妥。**吴光亮**力疾请行，颇能勇于任事。该抚当属令该总兵将各营认真钤束，随时整顿地方，驾驭各番民，俾知向化，以资得力。该抚病体未痊，着赏假一个月回省调理。吴赞诚因公赴台，所有台湾防务事宜，即着吴赞诚暂行接办。应如何筹画布置，着与何璟、丁日昌筹商妥协，次第举行。丁日昌病稍痊愈，仍当前赴台湾驻扎，以专责成。内山各番民饥困情形，殊堪悯恻。该抚现已筹款赈济，按名发给口粮，准其于事竣后核实报销，用示体恤。将来赈济饥番，必设立章程，有所稽考，方免侵蚀浮冒。着何璟、丁日昌悉心会商，奏明办理。将此由五百里各谕令知之。

清实录/德宗/卷四十九

光绪三年六月初七

谕内阁：御史邓华熙奏，广东省北被水大概情形，请旨饬查妥筹赈抚各折片。据称，广东北江长堤绵亘，为清远等县屏障。闻本年四五月间，雨水过多，江河泛滥，石角围堤决口百数十丈。此外，河堤复溃塌十余处。又闻连州于五月间，山水陡发，居民淹毙万余人，训导康赞修漂流不知下落，四野田庐均被淹没等语。着该督抚即行查明，详悉具奏，并即勘明被灾轻重，妥筹抚恤，毋任一夫失所。一面将河堤决口速筹堵筑，以资捍卫，至所称广州府城，立有惠济义仓，请饬酌提租息银两，以为办赈之需，交公正绅士经理。并停免由邻省至该省谷米厘捐，严饬厘厂，不得创立名目，擅抽米船船头银，禁止省河私设米埠，把持粮价诸弊，均着该督抚酌度办理。

清实录/德宗/卷五十二

光绪三年六月二十二日

又谕：刘坤一、张兆栋奏，特参知府各员一折。广东雷州府知府崇龄、罗定州知州黄光周借差逗留，有旷职守。崇龄着开缺回省当差。黄光周着勒令休致。清远县知县郑晓如年力就衰，行为荒谬，着勒令休致。候补知县邓复兴性情粗暴，舆论沸腾，着即革职以肃官方。

清实录/德宗/卷五十二

光绪三年七月初三

谕内阁：前因御史邓华熙奏，广东省被水情形，当经谕令该督抚查勘抚恤。兹据张兆栋奏称，本年三四月间，广东清远各县因雨水过多，围基冲决，田禾村落间被淹浸。现已饬属周历查勘，设法赈济等语。着该督抚仍懔遵前旨，将河堤决口速筹堵筑，以资捍卫。并勘明被灾轻重，妥筹抚恤，用副朝廷轸念灾区至意。

清实录/德宗/卷五十三

光绪三年七月二十六日

两广总督刘坤一等奏：连州等处被水，分别委勘抚恤。报闻。

清实录/德宗/卷五十四

光绪三年八月二十四日*

调福建福宁镇总兵吴光亮为福建台湾镇总兵官，以福建台湾镇总兵张其光为福建福宁镇总兵官。

清实录/德宗/卷五十六

光绪三年十月初三

谕军机大臣等：本年陕西蒲城等处被旱，福建闽县等处被水，江苏上元等处被虫、被旱，兼因兵燹之后田亩抛荒，山东阳信等处被旱、被风、被雹，业经各该省奏到，已加恩将新旧钱粮漕米分别减免缓征。山西全省被旱，特由户部拨银二十万两，谕令李鸿章于海防经费项下拨银八万两，将天津练饷制钱发商生息一款易银十万两，拨给提办来年江西、湖北漕粮五万石运赴该省。预拨山东本年冬漕八万石，并准截留京饷二十万两，以资赈济。河南被旱，特令李鸿章于海防经费项下拨银十二万两，截留本届江安漕粮四万石。预拨山东本年冬漕八万石，并准截留京饷银十万两、漕折银四万七千余两办赈。暨准该抚所请，分别加赈抚恤，并谕令河南、山西各该抚，查明被旱灾区，奏请蠲缓钱粮。安徽六安等处被蝗，该抚已筹银米平粜。云南东川等府属被旱，经该督抚酌拨银两赈恤。直隶保定等处被旱，经该督购粮赈济。江苏被蝗各属，经该督抚筹款收买蝻子，借资工赈，小民谅可不至失所。惟念来春青黄不接之时，民力未免拮据，着传谕该督抚等体察情形，如有应行接济之处，即查明据实复奏，务于封印以前奏到，候朕于新正降旨加恩。江西靖安被水，丰城等处低田被淹，鄱阳被旱，广东清远等处被水，甘肃皋兰等处被雹，迪化等处被旱、被虫，浙江余杭等处田禾被淹，富阳等处田禾被风、被水，湖南浏阳等处低田被淹，福建台湾北路被风，江苏沿江沿河低田被淹，山东各属田禾，间因被旱受伤，安徽各属，开被水旱虫灾，均经该督抚等委员查勘，即着迅速办理，并将来春应否接济之处，一并查明，于封印前奏到。此外，各省有无被灾地方，应行调剂抚恤之处，着该将军、督抚等一并查奏，候旨施恩。将此各谕令知之。

清实录/德宗/卷五十九

光绪三年十一月二十五日*

又谕：何璟等奏，剿办台湾后山凶番情形一折。台湾后山中路阿棉、乌漏两社凶番梗化滋事，经**吴光亮**率队攻破乌漏悍巢，阿棉、纳纳等社尚敢纠众抗拒，官军拔栅进战，突有另股绕后狙击，以致先胜后挫，亟应添兵助剿，以儆凶顽。何璟等现已饬孙开华选带两营，并添派沈茂胜一营，均赴后山助剿，应需军火、粮米，饬夏献纶力筹运济。即着檄催该员等克期取道前进，会同**吴光亮**相机剿办，迅将乌漏余党及阿棉、纳纳等社凶番大加惩创，以免他社效尤。该番如果悔罪，仍准宽其既往，予以自新，一面安抚善良，俾资观感，毋得卤莽从事，波及无辜。副将林福喜、**吴光忠**先胜后挫，失亡哨弁。姑念力战受伤，着从宽摘去顶戴，责令立功自效，以赎前愆。……将此由四百里谕知何璟、吴赞诚，并传谕葆亨知之。

清实录/德宗/卷六十二

光绪四年正月十六日

以神灵显应，颁广东佛冈厅田公神庙扁额，曰“珠江昭佑”。

清实录/德宗/卷六十六

光绪四年三月二十八日

谕军机大臣等：刘坤一、张兆栋奏，佛冈厅城被盗匪阑入，旋即克复，暨民饥盗炽，办理情形各一折。本年二月间，匪徒欧就起等阑入佛冈厅城，占踞打单，旋经官兵会同民团，将该城克复。匪首欧就起等是否歼毙，余匪若干逃匿何处，着刘坤一、张兆栋严饬在事员弁，确切查明，实力搜捕，以净根株。所有该厅被陷收复详细情形，及地方各官何以毫无防范，并着迅速查明具奏。此次出力官绅勇练，着俟首要各犯悉数弋获，再行奏请奖励。广东被水成灾，闾阎困苦，匪徒潜相勾煽，肆行抢掠。该督抚务当督饬属员，将赈务尽心经理，毋任灾黎失所。一面妥为弹压，严缉匪徒，以靖地方。刘坤一等分别倡捐赈银，尚属急公。刘坤一着交部从优议叙。张兆栋着交部议叙。将此各谕令知之。寻奏，匪首欧就起先行正法，要犯黄亚灶等数十名供情游移，须俟一律审定后，归案办理。报闻。

清实录/德宗/卷七十

光绪四年四月十三日

谕军机大臣等：刘坤一等奏，省城西门，陡遇风灾，现在查办等语。前月初九日，广东省城外，雷雨大作，暴风随之，倒塌房屋一千余间，覆溺船只数百号，伤毙人口约计不下数千人。览奏实深轸念。着刘坤一、张兆栋先行确看，妥为抚恤，俾无失所。其压毙淹毙人口，以及被风损坏之房屋船只，分别资助殓埋修复。至距省较远之处，有无同时被风，田庐船只等项有无伤损，人口有无伤毙，并着迅速查奏，一面设法安抚。清远县属堤基，复被河水损坏，地方有无被淹，一并查奏以慰廑系。将此各谕令知之。

清实录/德宗/卷七十一

光绪四年六月初三

谕军机大臣等：刘坤一、张兆栋奏，查办翁源县属土匪暨防堵贺县等处匪徒情形一折。广东翁源县土匪刘发盛纠党攻劫县属茶园铺，连平州土匪亦纠党攻破翁源县属贵塘铺。均各劫踞围楼滋扰。经刘坤一等檄饬兵勇，分往剿捕，业将茶园铺、贵塘铺攻毁，歼毙匪徒多名，地方肃清。惟匪首刘发盛及余党尚多逃匿，深恐余孽复萌，致贻后患。该督等务当严饬所属，一体认真查拿，尽数弋获惩办，毋任远扬。此次剿匪出力人等，着俟刘发盛各犯拿获后，再行择尤酌保，毋许冒滥。至广西贺县、岑溪、藤县、苍梧、博白等处，均有土匪聚集滋事，亟应迅速扑灭。刘坤一等现已添拨兵勇扼守连州、肇庆，借固边防，并饬总兵张得禄等察看情形，就地添募，以厚兵力。即着檄令在事各员严密布置，遇有匪徒蠢动，即行越境夹击，以剿为防，毋得稍分畛域。杨重雅务当饬令各属认真缉拿匪徒，毋任勾结蔓延，酿成巨患，并将各处饥民安插抚恤，免致流而为匪。该省伏莽尚多，必须悉数殄灭。着即严饬道员王达材等随时搜捕，会同广东兵勇协力兜击，以期绥靖地方，毋得养痈贻患。将此由四百里各谕令知之。

清实录/德宗/卷七十五

光绪四年八月初一

以广东剿办佛冈厅城匪徒奋勇出力，予副将邓安邦以总兵记名简放，赏总兵官郑绍忠珍物。

清实录/德宗/卷七十七

光绪四年八月初五*

谕军机大臣等：黎培敬奏，湘省苏元春一军请饬留扎贵东暨剿捕匪徒情形各折片。前据崇福奏，湘省南路与广东、广西壤地毗连，近年寇警频闻，兵力单薄，将提督苏元春所部驻扎清平县等处各营调回，以资分布，是湘省需兵正殷。此军调防本省并非裁撤，且现在留驻贵东之湘军尚有数千人，该抚惟当督饬黔军与之联络声势，妥为布置。所调苏元春营勇人数无多，贵东防军谅不至遽形单弱，所请饬令仍留原防之处，着毋庸议。黔省各营兵勇，黎培敬务宜督率将领认真训练，俾成劲旅，力为自立之谋，不得恃邻省防兵为经久之计也。苗性顽梗难驯，尤须整饬吏治，慎选贤能，将地方善后诸务尽心筹办，痛除从前苛虐苗民积习，以期除暴安良，消患未萌。大定府归化厅所属地方，匪徒滋事，着督饬员弁严密缉捕，随时弹压。定番州属降苗纠众肆扰，经提督**何雄辉**带兵进剿，当将首逆擒获，余匪弃械乞降，仍着饬该提督等将安插降苗及善后各事宜实心经理。所有在事出力各员弁，准其择尤保奏。阵亡之游击黄学胜，着交部从优议恤。将此由四百里谕令知之。

清实录/德宗/卷七十七

光绪四年十一月十六日

缓征广东连、清远、曲江、乐昌、英德五州县被水地方额赋有差。

清实录/德宗/卷八十二

光绪四年十二月二十八日*

以剿平贵州定番州属苗匪出力，予提督**何雄辉**优叙，总兵张家瑜以提督记名简放，高德元赏换“奇成额巴图鲁”名号，胡光晋赏“巴图鲁”名号，余升叙加衔有差。

清实录/德宗/卷八十四

光绪五年十一月初一

以克复广东佛冈厅出力，予举人宋铨山等升叙有差。

清实录/德宗/卷一百三

光绪五年十一月十六日*

谕内阁：岑毓英奏，访拿哥老会匪首要各犯讯明正法一折。已革总兵杨海泰即杨开泰等，胆敢在贵州省城歃血结盟，谋为不轨，于本年十月间纠集多人，约期举事。经岑毓英与司道府县等访闻，派副将**何雄辉**等先后拿获逆犯多名，并起获号片、旗帜、军器等件。当将杨海泰即杨开泰等八犯讯明后，均凌迟处死，地方一律安靖。办理尚为妥速。逸犯张幅芝等，仍着饬属严缉，务获究办，毋任一名漏网，以绝根株。所有此次出力员弁，着准其择尤请奖，毋许冒滥。

清实录/德宗/卷一百四

光绪六年三月初十

谕军机大臣等：给事中张观准奏，广东去年四五月间，南海、三水、清远、四会等县各围被水冲决，淹没田禾，龙门等县遇灾未报，米价翔贵。查光绪二三年间，有发给免厘护照九百余张，招商采运平粜，仅用去五百张，即已停止，请将此项免厘已发未用之护照四百余张，给商运米接济等语。粤东各属被水，曾经刘坤一奏明，量予抚恤。该给事中所称，从前奏准免厘护照已发未用者，尚存四百余张，是否实有此事，应否给商运米平粜，抑或另筹接济之处，着张树声、裕宽确切查明，酌度办理。总期民食有资，亦毋任奸商借端射利。至龙门等县，有无遇灾不报情弊，并着查明具奏。原片均着抄给阅看。将此谕令知之。

清实录/德宗/卷一百十一

光绪六年十月初五

又谕：张树声等奏，甄别贪劣不职各员一折。……阳山县典史黄风诏，贪鄙狡诈，胆大妄为；试用巡检潘文焕，生性轻浮，出身微贱。均着革职，永不叙用。

清实录/德宗/卷一百二十一

光绪六年十二月十二日

又谕：张树声奏，特参庸劣不职之将备各员一折。……连阳营中军守备张萼华，性情巧滑，难期得力……均着即行革职。……

清实录/德宗/卷一百二十五

光绪七年三月十五日

以广东督标中军副将蔡金章署广东陆路提督，三江协副将刘成元署广东琼州镇总兵官。

清实录/德宗/卷一百二十八

光绪七年三月二十七日

旌表……节妇广东英德县李王氏。

清实录/德宗/卷一百二十八

光绪七年十一月二十九日*

以擒获逆匪麻景翠出力，予广西候补游击**谢有功**等奖叙有差。

清实录/德宗/卷一百三十九

光绪八年六月十六日

谕军机大臣等：裕宽奏，崖州黎匪请俟秋凉再行进剿一折。据称，崖州黎匪自副将刘成元攻破水脚等处匪巢后，匪首符亚对负嵎抗拒，未能一鼓歼除。现因暑热熏蒸，弁勇感受瘴疠，欲图进攻，兵力单薄。请俟秋凉再行剿办，并请将刘成元暂行革职等语。崖州匪巢前已攻破数处，若乘势进取，计可早日蒇事。乃因刘成元调度无方，致失机会。刻下弁勇感瘴致疾，不能进兵。即着缓俟秋凉，添募劲旅，合力进剿，务将匪首歼擒，以安边境。并着曾国荃、裕宽督饬道员刘镇楚体察情形，将现在各营兵丁分别撤留，妥为布置，扼要严防，毋稍大意。署广东琼州镇总兵、三江协副将刘成元迁延不进，实属畏葸无能，着暂行革职，仍责令随同剿匪立功，以观后效。将此各谕令知之。

清实录/德宗/卷一百四十八

光绪八年十月初二*

命云南昭通镇总兵麟志开缺引见。以贵州平远协副将**何雄辉**为云南昭通镇总兵官。

清实录/德宗/卷一百五十三

光绪九年二月十六日*

署云贵总督岑毓英等奏：新授云南昭通镇总兵**何雄辉**在黔有年，深资得力，请暂缓陛见，仍留黔统带练军。允之。

清实录/德宗/卷一百六十

光绪十年三月二十六日

以交清欠款，开复广东已革信宜县知县饶佩贤原官。前署英德县事阿克丹布等欠解银米，均革职勒追。

清实录/德宗/卷一百八十

光绪十年四月二十二日*

又谕：前据邓承修、潘衍桐奏，法人饷项不继，情形困敝，其所胁广东钦、廉一带客民，受其荼毒，积愤甚深。请遣总兵**何雄辉**赴粤，专召客民数营，外援内应，可以出奇制胜等语。现在法酋到津，与李鸿章讲解，已定有简明条约，虽有可和之机，仍不可一日忘战。召募客民乘间内应之说，固不可轻率从事，然亦不妨存此一策，待时而动。本日已降旨，令**何雄辉**前赴广东，交彭玉麟差遣委用。即着该尚书悉心酌度，所筹是否可行，并察看**何雄辉**是否可用，据实具奏。将此由五百里密谕知之。

…………

命云南昭通镇总兵**何雄辉**发往广东军营，交彭玉麟差遣委用。

清实录/德宗/卷一百八十二

光绪十年闰五月初四*

又谕：彭玉麟五月二十一日具奏折内密片一件，所筹尚合机宜，如事有翻覆，当即电旨传知，均照所请各节，妥速办理。至**何雄辉**是否可靠，务当悉心察看，断不可以粗疏喜事之人，与闻机密。懔之！慎之！将此由五百里密谕知之。

清实录/德宗/卷一百八十五

光绪十年闰五月十七日

又谕：太仆寺少卿冯尔昌奏，遵旨保荐人才一折。前广东连州直隶州知州曾纪渠……着该督抚查明事迹，出具切实考语，送部带领引见。

清实录/德宗/卷一百八十六

光绪十年六月初一

又谕：张树声、倪文蔚奏，分别举劾一折。广东广州府知府萧韶、清远县知县罗炜、署东莞县知县张琮、前任钦州知州田明曜、前任河源县知县吴徵鳌，据张树声等所奏，该员等才具政迹，深堪嘉奖。着该督抚饬令该员等益加策励，勉为循良，毋得始勤终怠。

清实录/德宗/卷一百八十七

光绪十年九月初四

命……前广东连州直隶州知州曾纪渠……均往福建，交左宗棠差遣委用。

清实录/德宗/卷一百九十三

光绪十年九月初八*

以剿捕土匪出力，赏贵州副将吴占先换“绰勒欢巴图鲁”名号，予云南昭通镇总兵**何雄辉**等升叙，阵亡马兵沈大诚等议恤。

清实录/德宗/卷一百九十三

光绪十年十月十二日

谕内阁：本年恭逢慈禧端佑康颐昭豫庄诚皇太后五旬万寿，普天同庆，所有随班祝嘏之革职等员及耆民等，自应量予恩施。……前广东佛冈直隶厅同知朱兆槐，……以上革职休致等员，五品以上者，均着照原官降二等赏给职衔；六品以下者，均着赏还原衔；其已有职衔者，均着加一级。随同叩祝之耆民等应如何赏赉之处，着该衙门查照成案办理。

清实录/德宗/卷一百九十五

光绪十年十一月二十八日

谕内阁：长善奏遵保人才一折。署广东陆路提督潮州镇总兵郑绍忠，署钦州营参将调补清远营游击补用副将莫善喜，汉军镶黄旗佐领王汝梅，汉军正白旗骁骑校潘广泽，均着交军机处存记。

清实录/德宗/卷一百九十八

光绪十一年正月二十三日*

又奏：饬委云南昭通镇总兵**何雄辉**等添募粤勇来越，与滇勇换班。得旨：所筹尚妥，着即饬令该总兵等赶紧召募，训练成军，以资得力。

清实录/德宗/卷二百二

光绪十一年六月十三日

谕内阁：翰林院侍讲学士梁耀枢奏，广东水灾甚重，请饬筹抚恤一折。据称本年五月间，西北两江同时陡涨，沿江之英德、清远、从化、花县等处，并自广西之贺县、怀集及肇庆府属之广宁、四会、高要、高明暨南海、顺德、新会、三水等县，或城垣倒塌，或堤埝漫决，冲没民居，淹毙人口甚多等语。览奏被灾情形，深堪悯恻，着该督抚迅饬所属，认真查勘，其应如何赈抚之处，并着体察情形，奏明办理。

清实录/德宗/卷二百九

光绪十一年六月十七日

谕军机大臣等：前据翰林院侍讲学士梁耀枢奏，广东水灾甚重，当降旨令该督抚饬属查勘，妥为抚恤。据称，广东于本年五月初六日，因西北两江同时陡涨，沿江之英德等处被灾，广西之贺县、怀集亦有水患。何以迄今月余，尚未据各该督抚奏报。着张之洞、倪文蔚、李秉衡饬属认真查明，迅筹赈济，毋任一夫失所，仍一面将详细情形，即行奏闻。又有人奏，广东绅士李文田近以罚款三万两汇京，以备该省会馆经费，其同乡京官仍将汇款退回，谓宜归本地公用，请饬该省督抚以此款赈济灾黎等语。罚款例应归公，何以该绅私行汇兑来京？所罚究系何款？着张之洞、倪文蔚明白回奏。原片着抄给阅看，将此由五百里谕知张之洞、倪文蔚，并传谕李秉衡知之。寻奏，遵查李文田汇京捐款，系闱姓商人情愿捐修会馆公用，不在罚款之内。该绅士因势利导，劝令捐施，毫无勉抑。报闻。

清实录/德宗/卷二百十

光绪十一年八月二十七日

又谕：张之洞等奏，甄别贪劣不职各员一折。……英德县知县秦侍尧才识庸陋，不勤民事。电白县知县郑履端平日公事尚称明晰，惟不知循分，营求妄为，均着以府经历县丞降补。试用知县宗树兰年力衰颓，难期振作，着勒令休致。候补知县陈惟不修行检，难膺民社，着以巡检降补。……

清实录/德宗/卷二百十四

光绪十二年二月二十二日

谕内阁：张之洞、倪文蔚奏，特参盗案过多，未经获犯各厅州县一折。广东劫盗各案，每年多至数百起，叠经获犯惩办，盗风仍未稍息。近来，南海等处劫案尤多，并有拒伤事主重情，似此捕务废弛，实堪痛恨，即着张之洞等督饬所属，认真缉拿，务获严讯究办，以靖地方。疏防之署南海县知县张瑞、署顺德县知县郑葵、署番禺县知县裘伯玉、花县知县饶继惠、四会县知县史光溥、东莞县知县王煦、署新会县知县岑傅霖、署增城县知县陈绍棠、曲江县知县鲁宗颋、署高明县知县刘骏声、东安县知县陈自新、署鹤山县知县席宝书、翁源县知县史宝臣、佛冈同知岳龄、署新宁县知县沈春辉、署开平县知县莫东奎等，着一并摘去顶戴，勒限严缉，倘限满无获，即行从严参办。该督抚等所拟缉盗限期，及赏罚章程，着该部议奏。

清实录/德宗/卷二百二十四

光绪十二年四月二十七日

以讳盗殃民，革广东清远县知县罗炜职。

清实录/德宗/卷二百二十七

光绪十二年四月二十八日

谕内阁：张之洞等奏特参贪劣不职各员一折。广东试用同知龙德泗，居心险诈，借差营私；连州知州文魁，才具平庸，官声甚劣；连州州判蒋耀东，行为谬妄，怨讟沸腾，均着即行革职。试用巡检黄茂山，嗜利妄为，行同无赖，着革职永不叙用，以肃官方。

清实录/德宗/卷二百二十七

光绪十二年五月初十*

谕内阁：新科一甲进士三名，赵以炯、邹福保、冯煦业经授职外，彭述、姜自驺、蔡金台、周爰诹、张星吉、姚丙然、陈昌绅、华学澜、吴庆坻、刘启襄、吴鸿甲、王荫槐、王荣商、于齐庆、冯芳泽、丁秉乾、张夑堂、连捷、杨士骧、孙锡第、宋伯鲁、王廷相、朱延熙、凌彭年、葛振元、陈志喆、刘玉珂、徐嘉言、罗光烈、沈曾桐、周承光、陈遹声、李端棨、陆寿臣、宋滋兰、韩培森、柯劭忞、杨天霖、李焕尧、陈文瑑、李玮堂、徐世昌、盛沅、徐受廉、李子荣、刘学谦、余赞年、孙综源、鹿瀛理、高熙喆、孔宪教、高觐昌、仇继恒、江希曾、沈维善、丁良翰、马芳田、余朝绅、吴炳、尹殿飏、渠纶阁、徐敏中、阔普通武、林鉴中、贺沅、瑞洵、陈田、梅汝鼎、林仰崧、李子茂、张元奇、钟大椿、承德、荣庆、凌芬、陈兆葵、庄钟济、杨森、王新桢、谢崇基、宋育仁、叶在琦、王荣先、景厚、王守训、黄绍曾、格呼铿额，俱着改为翰林院庶吉士。

吴品珩、常牧、余肇康、缪祐孙、陈爔唐、姚肇瀛、葛金烺、刘岳云、邱淮、史绪任、张僖、杨圣清、吴濬、康克明、党庆奎、怡龄、章绍洙、刘孚京、叶大琛、吴国镛、王承蕊、江德宣、张登瀛、刘果、叶大涵、郑宝琛、王基磐、姚桐生、林启东、李翊煌、杨文春、陈恒庆、方培恺、曾福谦、秉彝、赵俊升、顾曾灿、文德馨、刘安科、区震、胡之钧、邹嘉来、秦树声、周生锦、王文毓、徐德钦、吉绅、裴景福、陈夔龙、徐贞、石镜潢、李英华、姜子珍、张则周、李梦莹、侯葆文、杨祖兰、谭国恩、刘启彤、黄祖直、傅秉鉴、马九如、余应云、张庆翎、何联禧、刘光祖、雷天柱、王树枬、魏延龄、袁楚藩、王诚羲、魏联奎、宋滋蓍、蔡寿星、金鹏、张丕基、王国庆、熊冠斗、杨书詹、张骧、谢昌年、陈孝恪、李贺礽、郝秉忠、李坦、张六翮、倪教敷、薛秉壬、王肇修，俱着分部学习。

王明德、赵以煃、蒋茂璧、刘培、陈顺镶、李宗唐、李相、熊拜昌、苏品仁，俱着以内阁中书用。

杨琮典、童春、柴作舟、胡文瀚、段树榛、李文焕、郑仲和、邱为钰、邓士芬、茹宝书、屈光烛、陈时中、李树敏、何守谦、徐元瑞、唐则璲、傅彦瑞、逯蓉、高枫、党献寿、陈文然、江峰青、林福熙、刘愈、宋嘉炳、回长廉、王葆琛、刘翰藻、张阜成、朱汝赓、华凤章、徐友麟、梁卓午、庞绍统、夏葆彝、刘兰馨、刘宪仁、任佑观、朱暄、李垚、杜友白、胡宝仁、张良暹、沈士林、韩宝球、史继泽、楚材、何文燿、张燮霖、汪懋琨、陈阆、杨增辉、左宜之、张尧淦、刘有光、史诚、李子春、马树芬、林履端、戴朝普、王源瀚、杨汝滨、黄兆岷、夏汝镛、郑仰虞、胡毓材、胡裔麟、王福钟、杜甡、范克承、李宗裕、何达聪、刘永清、闻捷、王人文、许益谦、蒋传燮、杨澍、裴作则、董汝明、程搏万、白焯、刘榆生、唐树誉、王皋、滕尚诚、赵廷光、王玉山、宋万选、刘炳青、黄耀奎、黄济川、王秉箓、查文清、续曾、罗崇鼎、唐国珍、李蟠根、谢锦江、周德至、梁乃赓、黄运春、许源清、刘自然、赵新，俱着交吏部掣签，分发各省，以知县即用。

刑部即补郎中谢元麒，着仍归原班补用。兵部候补郎中庆颐，着以郎中即用。

内阁候补中书李锡龄、赵臣翼，均着仍以中书候补。国子监助教候选堂主事松廷、国子监典簿麟瑞、大挑知县傅汉章，均着各以原班用，余着归班铨选。

清实录/德宗/卷二百二十八

光绪十五年九月二十九日

又奏：粤省连山厅瑶匪，滋蔓日广，委员查办情形，报闻。

清实录/德宗/卷二百七十四

光绪十六年六月十三日

以恭逢恩诏，复已革广东佛冈厅同知朱兆槐、海阳县知县胡鉴原官。

清实录/德宗/卷二百八十六

光绪十六年十月十五日*

以遵命捐赈，予云南总兵**何雄辉**、道员陈席珍、知府邹馨兰等各为其故父母建坊。

清实录/德宗/卷二百九十

光绪十八年四月十六日

以亏欠银两，革已故广东阳山县知县徐沅职，提属勒追。

清实录/德宗/卷三百十

光绪十八年五月初七

谕内阁：李瀚章奏，匪徒拜会滋事，剿捕净尽，请将出力暨阵亡员弁分别奖恤一折。广东阳江厅属地方有匪徒谭运青等，沿袭久经禁绝之三合会旧名，聚集多人，分为十族，盘踞大仁山白空石筑墙掘濠，势甚猖獗。经李瀚章会商提督郑绍忠，遴派参将颜金等督率勇营，并力进攻，先后擒斩匪首梅菉四、黄继义、林得三、郑亚林，及悍贼多名，夺获枪械多件。匪首谭运青续被兵差拿获，经李瀚章派员讯明各犯，正法枭示，解散胁从，地方安静如常，办理尚为迅速。所有出力各员，自应量予奖励。尽先参将南韶连镇右营都司颜金，着以副将在任尽先补用。候补都司惠州协左营守备白琚，着以游击在任尽先补用。佛冈营左哨千总罗扬贵、连阳营左哨头司把总魏陆，均着以守备在任尽先补用。降补府经历县丞辛光苯，着留于广东补用。阵亡之把总刘有升，外委黄得成、曾满，均着交部照阵亡例从优议恤。

清实录/德宗/卷三百十一

光绪十八年闰六月十八日

以因循弛职，广东三江协副将宋福庆等，革降有差。

清实录/德宗/卷三百十三

光绪十九年八月十一日

两广总督李瀚章奏：……又连州地方毗连瑶寨，饬三江协副将添练标兵二百名，扼要驻防，其练兵兼习炮火，添募炮教习四员，请饬立案。下部知之。

清实录/德宗/卷三百二十七

光绪二十年正月初一*

又奉懿旨：本年予六旬庆辰，在廷臣工，业经降旨加恩，因念各省文武大臣有久膺重寄、卓著勋劳者，允宜同膺懋赏。大学士直隶总督李鸿章，着赏戴三眼花翎，伊子李经迈着以员外郎用。两江总督刘坤一，着赏戴双眼花翎。

…………

广东南韶连镇总兵方友升、高州镇总兵左宝贵、北海镇总兵王孝祺、广西右江镇总兵张春发、柳庆镇总兵马盛治、云南开化镇总兵蔡标、昭通镇总兵**何雄辉**、贵州安义镇总兵蒋宗汉、古州镇总兵丁槐、威宁镇总兵苏元瑞，均着赏戴双眼花翎。

清实录/德宗/卷三百三十二

光绪二十年四月初二

又谕：李瀚章奏，韶州、南雄等处，匪徒滋事，派队剿捕情形，请将出力营官奖励一折。上年冬间，广东英德县罗坑山内匪徒，聚党潜匿，经李瀚章派令游击郑润材等督勇查拿。该匪倾巢出窜，在曲江县白土村地方，恃强抗拒，并勾结英德县青塘土匪，意图滋事。郑润材督队追剿，擒获要匪吴观就等多名。匪首萧单眼即萧金煌，率党窜至乳源县之牛背岭，攻夺围楼，踞为巢穴。该匪被官军围困，乘夜出窜，郑润材亲督所部四面兜拿，当将匪首萧单眼击毙，并毙匪多名，生擒匪犯叶罗春等二名，暨窜匪王三槐等三名，全股悉平。郑润材复往南雄州沥坪村查办匪徒，击毙邱春分等二名，拿获谭成发等十四名，分别惩治。办理尚为妥速。尽先副将南韶连镇中营游击郑润材，着以总兵补用，其余出力员弁，准其择尤汇案请奖，毋许冒滥。仍着李瀚章等饬令该管地方文武员弁，认真巡缉，绥靖闾阎，勿稍松懈。

清实录/德宗/卷三百三十八

光绪二十年九月二十七日

又谕：御史钟德祥奏，中国煤铁本足自给，请条陈粤矿一折。据称，广东、广西产煤甚多，廉州之合浦，韶州之英德，暨右江百色等处，煤质甚美，运载尤便，拟请饬招商开办。广东之佛山、广西之左江，往时均有铁炉不少，自洋铁入口，炉铁停工，亦拟请与煤矿同一办法，并请将煤铁免厘轻税等语。近年煤铁之用，所需最广，亟应讲求开采。惟度地兴工，必须踏勘确实。着李瀚章、张联桂派委妥员，考察各该处地方情形，如所产煤铁实系可用，自应妥立章程，设法开办，以兴矿务而开利源。原折均着抄给阅看。将此各谕令知之。

清实录/德宗/卷三百五十

光绪二十一年八月二十一日

谕军机大臣等：有人奏，疆臣劣迹昭著，据实纠参一折。据称，广东巡抚马丕瑶任用私人，英德县知县李汝璠因将该抚私逃之妾送入抚署，遂委芦包厂缉私优差；肇阳罗道吴仲翔与该抚同年交好，委署臬司；又私调已革山西知县王性存赴粤差委；南海县知县杨荫廷因供张迎合，委办抚署文案；候补知县张侍皋买妾献于该抚，委总办太平关税厂；纵容家人郝玉池、孔晓春私受门包，把持公事，并向首县面荐家丁沈福，又为亲戚王兆垣索取干修，该抚长子随侍在粤，常亲笔函致首县，干托公事等语。巡抚为通省表率，正己始能正人，若如所奏各节，实属大负委任。谭钟麟近在同城，见闻较确，着按照原参各款确切查明，据实具奏，不准丝毫徇隐。倘稍有扶同瞻顾，别经发觉，唯该督是问。原折着抄给阅看。将此谕令知之。寻奏，遵查抚臣马丕瑶被参各节，逐款查明，毫无确据，案内并无应讯应议人员，惟家丁王升等应行杖责，早经驱逐，应免置议。报闻。

清实录/德宗/卷三百七十五

光绪二十三年正月初九

谕内阁：谭钟麟等奏，特参庸劣各员一折。……英德县知县朱治和，性极优柔，不自振作；西宁县知县清安，性情迂缓，办事竭蹶，均着开缺另补。

清实录/德宗/卷四百

光绪二十四年八月十二日

又谕：谭钟麟等奏，查明贪劣不职文武各员一折。广东……前署清远营游击冯骅，不知振作，带勇缺额……均着即行革职，以肃官常。

清实录/德宗/卷四百二十七

光绪二十五年八月十五日

谕内阁：谭钟麟奏，特参庸劣武员一折。……清远左营守备陈国保，两耳重听，难期振作，均着勒令休致，以肃戎行。

清实录/德宗/卷四百四十九

光绪二十五年十一月二十四日*

云贵总督崧蕃等奏：上年冬间，川匪滋事，派昭通镇总兵**何雄辉**督营防堵。现在地方静谧，民教相安。得旨：即着督饬该镇，将沿边各营扼要填扎，以资镇慑。

清实录/德宗/卷四百五十五

光绪二十六年二月十四日

谕内阁：德寿奏，特参庸劣各员一折。广东清远县知县魏学恒，缉捕废弛，难期振作；前署大埔县候补知县何维桓，办事颟顸，操守难信；署东安县西山司巡检杨正衡，貌似老成，办事颟顸。以上三员均着即行革职。

清实录/德宗/卷四百五十九

光绪二十七年三月十二日*

调云南提督蒋宗汉署贵州提督，贵州提督**何雄辉**署云南提督。

清实录/德宗/卷四百八十一

光绪二十八年六月十三日

谕内阁：陶模等奏，特参庸劣不职文武各员一折。……三江协副将调补湖南常德协副将戴恒山，结交匪人，行多巧伪……连山绥瑶同知黄晋铭，办事疏略，难胜边要……均着开缺另补，以肃官常。

清实录/德宗/卷五百

光绪二十九年八月二十五日*

谕内阁：丁振铎奏，特参庸劣不职各员一折。……又奏武职各员营私玩法，据实纠参等语。……云南昭通镇总兵**何雄辉**便利是图，罔知职守，着一并开缺。

清实录/德宗/卷五百二十

光绪二十九年十二月初七

谕内阁：岑春煊奏，参贪劣不职文武各员一折。……清远县知县钱祖荫嗜好甚深，缉捕不力……均着即行革职。……调署连阳营游击、潮阳营游击永禄叠见劫案，毫无整顿……调署增城营参将连阳营游击王德杰声名平常，不知振作……清远营右营守备邓佐清久病贪利，恋栈贻误，均着革职永不叙用，并不准投效军营。

清实录/德宗/卷五百二十四

光绪三十年三月初五

又谕：岑春煊奏，特参庸劣不职文武各员一折。……署佛冈厅同知补用同知黄晋铭性情执拗，罔识治理……均着即行革职。

清實錄/德宗/卷五百二十八

光绪三十年三月初七

换铸广东连山绥瑶直隶同知关防，从署两广总督岑春煊请也。

清实录/德宗/卷五百二十八

光绪三十年五月二十五日*

上御太和殿，传胪，授一甲三人刘春霖为翰林院修撰，**朱汝珍**、商衍鎏为编修，赐进士及第；二甲张启后等一百二十人赐进士出身；三甲张鸿等一百五十人赐同进士出身。

清实录/德宗/卷五百三十一

光绪三十年六月初八*

引见新科进士。得旨：一甲进士三名，刘春霖、**朱汝珍**、商衍鎏业经授职外，张启后、林世焘、颜楷、麦鸿钧、贺维翰、黄瑞麒、徐潞、林志烜、庄陔兰、宋育德、杜严、张成栋、谷芝瑞、岑光樾、林乾、江孔殷、郭寿清、潘浩、王庆麟、谭延闿、叶先圻、杨毓泗、李翘燊、许承尧、唐尚光、吴德镇、高振霄、童锡焘、钱崇威、朱点衣、阎士璘、李湛田、李椞、徐钟恂、陈国华、景润、吴琨、程宗伊、钱淦、张成修、张琴、田明德、陈启辉、苏舆、张国溶、马荫荣、章祖申、朱元树、许业笏、竺麟祥、舒伟俊、毕太昌、程叔琳、雷恒、章梫、陆光熙、云书、李德鉴、梁善济、邢端、王慎贤，俱着改为翰林院庶吉士。

朱文劭、王赓、张茂炯、翁兆麟、郑言、何景崧、熊坤、陈震、莫以增、楼思诰、吕祖翼、谢启中、龙建章、王枚、蒲殿俊、朱振瀛、陈之鼐、蒋尊祎、苏源泉、方兆鳌、马步瀛、季龙图、何毓璋、陈蜚声、张恩寿、施尧章、李景纲、李言蔼、唐桂馨、梁禹甸、陈继舜、沈钧儒、陈度、舒元璋、龚福焘、谢銮坡、徐金铭、张世畸、沈秉乾、钟刚中、王炳宸、傅增濬、段国垣、雷延寿、阎祖训、王季烈、戴宝辉、何振清、张诒、吴晋夔、杨巨川、汤化龙、李景铭、关赓麟、雷多寿、胡家钰、陈世昌、宋名璋、欧阳鼐、张介孚、张名振、陈赓虞、陈正学、白葆端、随勤礼、姚华、梁成哲、周之桢、方贞、张则川、刘远驹、袁永廉、陈宗藩、欧阳绍祁、果晟、彭运斌、郑元桢、王鸿甡、叶大华、陈熙朝、王烜、王慧润、张履谦、栾守纲、彭守正、冯巽占、闵道、朱崇年、章圭瑑、朱大玙、赛沙敦、史之选、夏和清、饶孟任、段维、张称达，俱着以主事分部学习。

刘启瑞、顾显曾、曲卓新、谢桓武、汪康年、徐培、陈焕章、金梁、夏道烨、李景濂，俱着以内阁中书用。

潘鸣球、刘钟俊、单志贤、张其锽、陈敉功、舒嘉猷、张云翼、董绳焘、邵孔亮、张朝辅、李延真、聂传曾、朱秉筠、周观涛、邵从恩、朱泽年、熊范舆、贾景德、孙家钰、杨光瓒、邱景章、郭钟美、吴兆梅、陈兆槐、姜廼升、宫炳炎、覃寿堃、钱昌颐、邓隆、张俊英、尚崇基、王宝璜、忻江明、杨济时、崔炳炎、林基逵、孙鸾、任嘉莪、王树忠、曹元鼎、黄为基、张肇铨、程镇瀛、叶大章、刘光筼、杨灏生、李应寿、叶湘、孟应、李凤书、李熙仁、李臣淑、王元璐、仲延仕、周安康、刘绍曾、陈迪吉、李维第、刘绵训、荣濬、杨大芳、程天锡、王言绥、韦延秩、宾光椿、李维汉、张廷栋、田明理、李凝、陈金华、郑献宣、张学宽、李寿祺、余维翰、王文焕、张肇基、许树声、增春、林振先、董镛、茹欲可、乔海峰、林苍、苏兆奎、王景崧、杨靖恭、章锡光、王承佐，俱着交吏部掣签，分发省分，以知县即用。

刑部候补郎中陈毅，着以本部郎中即用。刑部学习郎中冯汝琪、范家驹，均着俟奏留后，以本部郎中即用。外务部候补主事张鸿、兵部候补主事刘谷孙、刑部候补主事刘敦谨，均着以本部主事即用。兵部额外主事李盛和、刑部额外主事张又栻，均着俟报满后，以本部主事即用。内阁候补中书赵录绩、何震彝，着仍以中书候补。候选内阁中书张应济，着仍以中书候选。江苏补用道汪士元、江苏候补知府江绍杰、江苏候补知县濮文波，均着发往原省，各以本班补用，余着归班铨选。

清实录/德宗/卷五百三十二

光绪三十年七月二十六日

以征存银米，延不清解，革署广东佛冈厅同知赵从芾等职，并勒追。

清实录/德宗/卷五百三十三

光绪三十一年正月二十四日

谕内阁：张人骏奏甄别属员一折。……连州直隶州知州瞿光业情形不熟，遇事张惶……均着开缺另补，以肃吏治。

清实录/德宗/卷五百四十一

光绪三十一年四月初五

署两广总督岑春煊奏：请裁撤广东督粮道，添设廉钦兵备道，驻扎钦州，管辖廉州一府、钦州一州。以粮道原辖之广州府暨佛冈、赤溪二直隶厅改隶肇罗道，更名广肇罗道，移驻广州。以原属雷琼道之雷州府，原属肇阳罗道之阳江直隶厅，与高州府归原设之高廉道管辖，更名高雷阳道，仍驻高州。原设之雷琼道更名琼崖道，仍驻琼州，并请将添设之廉钦道，定为冲繁难边远要缺，以粮道裁缺之廉俸，照数改支。又奏，请以琼州府属崖州升为直隶州，改为冲难烟瘴要缺，以附近该州之感恩、昌化、陵水、万州归其管辖，并将万州改为万县，以符体制。均下政务处、吏部议行。

清实录/德宗/卷五百四十四

光绪三十一年四月十三日

谕内阁：岑春煊奏，特参文武不职各员一折。……清远县知县李光襄，貌似有才，心术巧诈；……清远县回岐司巡检华承荣，借名清乡，勒诈有据；试用巡检何劼英，怠于奉公，疏脱要犯；……着一并革职，拔去翎枝。……华承荣情节尤重，并着永不叙用，发往新疆，充当苦差。

清实录/德宗/卷五百四十四

光绪三十一年十月初五

又谕：岑春煊奏，查明庸劣不职武员一折。……清远营守备党秀升，取媚上司，扶同弊混；候补守备翟荣昌，办事疲缓，难期振作；莫友胜，保案含糊，举动昏聩；徐国扬，庇匪分肥，被控有案；焦益坚，言语卤莽，心气粗浮；冼芳桂，精力孱弱，言语支离；庄家荃，亏挪巨款，胆大妄为；温桂祥，身家不清，钻营蒙保；冯锦荣，纵盗通匪，横肆贪婪；潘芳胜，庸懦无能，任意粉饰；……均着即行革职。……莫友胜、庄家荃、温桂祥……均着永不叙用，并不准投效军营。

清实录/德宗/卷五百五十

光绪三十一年十月初七

谕军机大臣等：电寄岑春煊。据电称，广东连州有美国医院教堂，因村民醮会启衅，致将教堂焚毁，并教士男妇五人被害，余均救出。现已派员酌带兵勇，前往保护，查办缉凶等语。该省民情浮动，前经谕令地方官随时认真防范，妥为保护。乃该州漫不经心，出此重案，实属咎无可辞。着查取职名，先行革职。其余疏防各员，均着查明，分别议处。仍着岑春煊严饬派出之员，赶紧查拿首要各犯，按律治罪，毋稍宽纵。教士五名无辜被害，情殊可悯，着即妥为抚恤。其余各处教堂教士，并着一律认真保护，勿再疏虞。

清实录/德宗/卷五百五十

光绪三十一年十月十二日

谕军机大臣等：电寄岑春煊，据电奏连州村民，因赛会启衅，致酿教案，并现在查办情形等语。连州知州沈麟书、游击雷镇谷着一并革职，仍留该地方勒限缉犯，务获重惩，并严饬各属加意保护，毋稍疏虞。

清实录/德宗/卷五百五十

光绪三十二年五月初三

谕内阁：岑春煊奏，举劾属员一折。……英德县知县吕光琦，性近迂谨，人地不宜，均着开缺另补。

清实录/德宗/卷五百六十

光绪三十三年三月二十九日*

以署云南鹤丽镇总兵**谢有功**为云南普洱镇总兵官。

清实录/德宗/卷五百七十一

光绪三十三年六月初八*

……绩溪县知县邓士芬，心地长厚，吏治多疏，惟文理尚优，着以教职归部铨选。……

清实录/德宗/卷五百七十五

光绪三十三年十二月初六*

又谕：此次验看进士馆游学毕业学员，所有考列最优等之编修杨兆麟、朱汝珍，均着记名遇缺题奏。考列优等之编修商衍鎏、检讨范桂鄂，均着赏给侍讲衔。

清实录/德宗/卷五百八十四

光绪三十四年正月二十四日*

翰林院代递编修朱汝珍条陈，请派蒙王、藏僧及殷实商民为资政院议员，以固人心而安边圉，并于内地设蒙、藏语学堂，于蒙、藏设汉文学堂，以通内外之情。下所司议。

清实录/德宗/卷五百八十六

光绪三十四年二月十八日

以捐款兴学，予广东阳山县从九品职衔张九儒建坊。

清实录/德宗/卷五百八十七

光绪三十四年六月初五

谕内阁：朕钦奉慈禧端佑康颐昭豫庄诚寿恭钦献崇熙皇太后懿旨，前据张人骏电奏，广东五月中旬连日大雨，东、西、北三江潦水同时涨发，冲决围堤，损伤民业，当经谕令将被灾户口妥为抚恤。兹复据电奏称，南海、三水、清远、高要、高明、鹤山、四会等县共决围基八十余处，田庐尽成泽国。其余新会、东莞、顺德、香山等县围基，亦有冲决坍卸。曲江、英德、花县等属亦遭淹浸，乡民财物悉付东流。被水之区甚广，实为数十年来未有之巨灾。览奏，殊深悯恻，加恩着赏给帑银十万两，由度支部给发。着该督派委妥员，前往详细查勘，办理急赈，仍着宽筹款项，妥为接济，毋令灾民失所，并设法补筑围堤，俾得复业，用副朝廷轸念灾黎至意。

清实录/德宗/卷五百九十三

光绪三十四年十月十六日*

予故署贵州提督、云南昭通镇总兵**何雄辉**照军营立功后积劳病故例优恤。

清实录/德宗/卷五百九十七

宣统政纪

光绪三十四年十二月初四*

以报效巨款，协助建筑监狱经费，予江西道员苏秉枢以四品京堂候补，槟榔屿副领事戴春荣以道员用，并赏二品衔。

清实录/宣统政纪/卷四

宣统元年六月初七

蠲缓广东南海、三水、花、清远、曲江、归善、高要、高明、开平、英德、新兴等十一县上年被灾田亩钱粮银米。

清实录/宣统政纪/卷十五

宣统元年六月二十二日

谕内阁：张人骏奏，特参文武庸劣不职各员一折。……连州朱冈司巡检夏鼎，老而务得，夙有烟癖……均着即行革职。连州直隶州知州存庆，性情迂缓，人地不宜……均着开缺另补。连州州判汪作霖，体弱多病，着勒令休致。

清实录/宣统政纪/卷十六

宣统元年十二月初十

赈抚广东佛山、新宁、香山、清远、从化、永安、翁源、广宁、高明、高要、开平、恩平、长乐等厅县被风、被水地方有差。

清实录/宣统政纪/卷二十七

宣统元年十二月二十八日

又谕：袁树勋奏考察属员，分别举劾一折。……前署英德县知县、补用知县刘培椿，漠视劫案，久匿不报，形同聋聩，心地糊涂；……佛冈同知司狱朱锡辉，擅离职守，均着即行革职。

清实录/宣统政纪/卷二十八

宣统二年四月二十六日*

调山西太原镇总兵王世雄为云南普洱镇总兵官，云南普洱镇总兵**谢有功**为山西太原镇总兵官。

清实录/宣统政纪/卷三十五

宣统二年六月初四*

谕军机大臣等：电寄李经羲，据电奏，请饬王世雄克日来滇，并暂缓陛见等语。普洱镇总兵王世雄、太原镇总兵**谢有功**，均着迅速各赴新任，毋庸来京陛见。

清实录/宣统政纪/卷三十七

宣统二年六月初九*

本年考试法官。命法部郎中张丕基、陈棣堂为四川考试官，法部郎中何奏篪、萧之葆为云南考试官，学部参事林棨、翰林院编修**朱汝珍**为贵州考试官，礼部参议李擢英、监察御史萧丙炎为甘肃考试官。

清实录/宣统政纪/卷三十七

宣统二年十月十六日*

以独捐赈款巨万，予头品顶戴候补四品京堂江西道员**苏秉枢**以三品京堂候补。

清实录/宣统政纪/卷四十三

宣统二年十一月十八日

又谕：电寄增祺。据电奏，连州匪徒抗钉门牌，聚众滋事，已饬员确查开导等语。着该署督速即严拿首要，解散胁从，相机因应，毋任蔓延，并将教堂教士加意保护。所有办理情形，随时电奏。

清实录/宣统政纪/卷四十五

宣统二年十二月二十一日*

又谕：电寄张鸣岐。据电奏，粤省绍荣公司承包基铺山票饷项，欠缴额款及报效等费一百三十余万两，请将承办商人候补三品京堂**苏秉枢**暂行革职，勒限追缴等语。着照所请。

清实录/宣统政纪/卷四十七

宣统三年二月二十日

两广总督张鸣岐奏：连州匪乱平靖，请将查户酿事署连州知州谈国政等，分别惩处。如所请行。

清实录/宣统政纪/卷四十九

宣统三年闰六月二十六日

谕内阁：张鸣岐奏，举劾文武员弁一折。……清远县知县朱永观，瞻徇蒙蔽，罔恤民冤……俱着即行革职。……南韶连镇总兵杨忠义，高雷阳道荣元，候补道恽学基、王祖庆，韶州知府联堃，琼州知府庆斌，才具平庸，难资造就。杨忠义、荣元、联堃、庆斌均着开缺，与恽学基、王祖庆一并咨送回籍。

清实录/宣统政纪/卷五十七

宣统三年九月初三*

又谕：电寄陆钟琦。据电奏，晋省南路界连直、豫，关系重要，现统前路巡防队太原镇总兵**谢有功**，到任数月，情形尚未熟谙。请改派前路帮统知府陈政诗就近接统等语。着照所请，该衙门知道。

清实录/宣统政纪/卷六十二

附　录

附录一

明代国史视野下的清远地方史研究

——以《明实录》为中心

钟洁华

实录作为官修的编年大事记，其卷帙浩繁，内容丰富，能全面反映各个朝代政治、经济、军事、社会等层面的面貌。即使是那些堆垛繁复的婚丧祭典、繁文缛节，也是研究宫廷生活不可多得的珍贵资料，加之其忠于原始资料（如圣谕、臣奏等），很少有编撰者之笔，尤其对于事件发生的时间和地点，一般均有准确记载，史料价值较高，为国内外学者普遍重视。

明代历经16朝，先后编撰了从太祖到熹宗13朝实录，此外，还有清初编成的《崇祯实录》十七卷，以及仿照实录体裁编写的《崇祯长编》（残存六十六卷）。

《明实录》这部历史文献从诞生时起，就受到学术界的密切关注。学术前贤围绕《明实录》做了不少工作并取得了较大成绩，积累了很多成果。如1988年刘耀荃编、练铭志校补的《〈明实录〉广东少数民族资料摘编》，1993年俞旭编的《明实录类纂·广东海南卷》，均较好地挖掘了《明实录》的史料价值。但是这些研究成果还不能满足地方历史文化发展的需要，特别是对于地方区域史的研究，还需要进一步整理与挖掘史料。

本文以现今清远地区，包括明代广州府属清远县、连州及所领阳山、连山二县，韶州府英德县为对象，选择《明实录》中自然、政治、经济、军事、文化等方面资料，对照地方志资料，以求进一步了解明代清远地区历史概貌。据统计，《明实录》有关清远地区的记载约有2.4万字。显然，结合地方志，或能较为完整地揭示明代清远地区的历史。

一、基层的控制：地方军政建置与官员任免

《明实录》在记载清远地区的行政区设置，军事机构设置，官员升迁、任免和行政机构调整上给予了较多篇幅。因为实录本身就是反映皇权对全国的控制和统治，对地方机构的建置和撤裁，对军政官员的任免，都是显示皇权的重要标志，所以实录对这些内容的记录翔实。

（一）行政区的设置

洪武初年，全国行政区划都有很大的变化。清远地区州、县的划分与归属亦有多次调整。这些变化，是根据明初全国各地经济残破的具体情况而定的。早在洪武二年，《明实录》就记载了连州、英德州、阳山县、连山县的撤并。如：

洪武二年三月十五日：以封州之封川、开建二县隶德庆府，阳山县隶连州，寻并封州于新州，桂阳州于连州。[①]

洪武二年三月十九日：改英德州为县，隶韶州府。[②]

洪武二年四月初十：……罢连州，以所辖阳山、连山二县隶韶州府。[③]

由于连州、英德、阳山、连山位于广东北部，与湖广接壤，从关防与治安的角度分析，均为要冲之处，位置极为重要。洪武中期，政局相对稳定，社会经济需要发展，于是再次进行调整。如：

洪武十三年十一月二十四日：复置……广东广州府连山县……[④]

洪武十四年四月二十九日：改阳山县为连州，寻复置阳山县隶之。[⑤]

与军事建置的记载相比，清远地区的行政建置和政府官员任免在实录中记载的次数明显较少。地方志对于类似清远地区何时被明军攻克、何时重修城池、何时建立县治等事却有详细的记载。如万历《广东通志》卷十五载："清远县城，旧无城池。元至正，主簿白太平始筑土城。""洪武十五年，调千户刘俊立守御千户所。二十二年，都指挥花茂奏置清远卫，指挥同知李英筑砌砖城。"[⑥]

（二）军事机构的设置

军事机构在明初的设置是一个重点，明太祖年间，实录就有记载清远地区所设置的军事机构。这与清远地区的地理环境有关，使得明朝政府对该地区有所关注，尤其是该地区频发的"瑶乱""壮乱"等，使得清远地区陆续设置了卫所。先是洪武十五年十月二十三日调广州左卫后所官军守御清远县。[⑦] 后于洪武十七年八月十四日置广东清远守御千户所。[⑧] 洪武二十二年正月十八日改清远千户所为清远

---

① 《太祖高皇帝实录》，卷四十。

② 《太祖高皇帝实录》，卷四十。

③ 《太祖高皇帝实录》，卷四十一。

④ 《太祖高皇帝实录》，卷一百三十四。

⑤ 《太祖高皇帝实录》，卷一百三十七。

⑥ 郭棐纂：《广东通志》，明万历三十年刻本，卷十五。

⑦ 《太祖高皇帝实录》，卷一百四十九。

⑧ 《太祖高皇帝实录》，卷一百六十四。

卫。[①] 再有洪武三十五年八月十五日，增设广东阳山县西岸、星子二巡检司[②]，这两个基层军事治安机构的设置原因是“广东西地接瑶壮，始于关隘冲要之处设巡检司，以警奸盗”[③]。再到万历年间，该地瑶、壮啸聚为患，两广总督奏请朝廷在连山等处设置千户所：

万历五年十二月初十：先是，广西岑溪六十三山、七山、那留、连城等处与罗旁接壤，瑶、壮啸聚为患。至是，贼首潘积善等畏威求抚，愿归地输粮。总督凌云翼以闻，并请于连山等处设指挥千户五员，分兵屯守，以防芽孽。[④]

（三）官员的升迁与任免

清远县、连州、阳山县、连山县、英德县等历任知县的任免，嘉靖《广东通志》和万历《广东通志》均有记载。《太祖高皇帝实录》“修纂凡例”有严格的规定，如果记载官员除授，必须是三公、三少、南北二京、五府、六部、都察院、太常寺、通政司、大理寺、詹事府、光禄寺、应天府、顺天府、亲军指挥使司、太仆寺、鸿胪寺、国子监、翰林院、钦天监、太医院堂上官，以及近侍七品以上官，监察御史、宗人府经历，并在外中都留守司、都指挥司、布政司、按察司堂上官，行太仆寺、苑马寺卿，盐运使，这些级别及以上官员的升降“皆书”。守令或佐贰及以下官员被当地人民请求留任的，朝廷顺应这种要求，令其留任，升其品级俸禄，这样的除授“亦书”。若中央、地方文武官员有功绩显著及以特例升迁者，不限职之大小“皆书”。封荫大臣之子“亦书”。但到了《世宗肃皇帝实录》“修纂凡例”中，特别规定“有司知府以下保留升俸秩者亦书”。清远地区的知县除授，显然够不上上述品级，也达不到其他的要求，比如当地人民请求留任或功绩显著、以特例升迁的情况。因此，清远地区州、县的行政人员任免，在实录中记载相对较少。如：

洪熙元年七月二十一日：升……广东英德县知县陈汭为监察御史……[⑤]

宣德六年十二月十九日：降工部主事谢孚广东连山县典史……[⑥]

（四）行政机构的调整

在《明实录》中，关于清远的机构裁革，最早的记载是：

---

① 《太祖高皇帝实录》，卷一百九十五。

② 《太宗文皇帝实录》，卷十一。

③ 万光谦纂修：《阳山县志》，清乾隆十二年刻本，卷十二“职官志上”。

④ 《神宗显皇帝实录》，卷七十。

⑤ 《宣宗章皇帝实录》，卷四。

⑥ 《宣宗章皇帝实录》，卷八十五。

正统四年闰二月初四：并广州府清远县横石马驿于水驿，以广东左布政使王俊得言“二驿密迩，舟楫为便，骑乘可省”故也。[①]

这是关于驿站的撤并，由于清远县横石马驿和水驿均在同一地，驿道站铺之间水路与陆路的路程基本一致，于是合并为水马驿，一直沿用至康熙元年。又有：

正统七年五月二十四日：裁省广东布政司军器局大使、副使，南雄府通判、知事、检校，连州、万州、崖州同知，清远、阳春、石城、灵山、定安、海丰六县主簿，从左布政使吴扬等奏，其事简也。[②]

正统九年五月初八：丁巳，革广东韶州府英德县河泊所。[③]

直到嘉靖十年闰六月十七日，在全国性的精简机构过程中，裁革包括清远、连山、阳山、英德县在内的“四十县各训导一员”，同时裁革了清远卫知事一员。[④]

二、社会的治理：自然灾害与地方税贡

（一）自然灾害

在《明实录》中，对清远地区自然灾害的记载只有3条：

永乐元年七月十一日：广东布政司言：水坏连州儒学及河源、曲江、英德三县城垣、廨宇、坛庙……[⑤]

成化二十年二月十九日：广东清远县雨雹大如拳。[⑥]。

成化二十年二月二十九日：广东清远县大雷电、雨雹。[⑦]

以上均是关于水灾的内容。通过与地方志对比发现，实录关于地方自然灾害的记载常缺，如万历《广东通志》卷六载：“隆庆元年五月连州大水，平地丈余。”[⑧]“隆庆五年辛未夏五月韶州大水，英德官署水深四尺。”[⑨]但《穆宗庄皇帝实录》并无记载。此外，清远地区地方志记载的旱、火、蝗等多种自然灾害在《明实录》中并没有完全记载。

---

① 《英宗睿皇帝实录》，卷五十二。
② 《英宗睿皇帝实录》，卷九十二。
③ 《英宗睿皇帝实录》，卷一百十六。
④ 《世宗肃皇帝实录》，卷一百二十七。
⑤ 《太宗文皇帝实录》，卷二十一。
⑥ 《宪宗纯皇帝实录》，卷二百四十九。
⑦ 《宪宗纯皇帝实录》，卷二百四十九。
⑧ 郭棐纂：《广东通志》，明万历三十年刻本，卷六。
⑨ 郭棐纂：《广东通志》，明万历三十年刻本，卷六。

（二）矿产

明代政府十分重视官营冶铁的发展，力图由国家垄断和控制冶铁业的生产。政府在官事上和生产上所需的铁器，主要靠官营冶铁厂来供给。

嘉靖《广东通志初稿》云：

铁冶也者，固兵之资，国家之利，民用之急也。惟资故防，唯利故榷，惟急故冶。东南财赋，利尽山海，铁冶其一也。敛山泽之利以宽田赋，以益军饷，故榷不可以已也。①

《明实录》载：

洪武七年四月初八：命置铁冶所官，凡一十三所，每所置大使一员，秩正八品，副使一员，秩正九品。是时，各所岁炼铁额：……广东广州府阳山冶岁七十万斤……②

阳山是金属矿藏十分丰富的地区，金、银、铜、铁、锡俱全。洪武六年，阳山是全国 13 个冶铁所之一，置阳山冶大使一员、副使一员，专门督办铁务。冶铁所分置炉冶 15 处、矿夫 1 000 名、博士 10 名。③ 洪武年间，阳山厂发展至鼎盛期，成为大型冶铁基地。

（三）进贡

明初，广东地区的瑶首通过进京朝贡、贡献方物，使其纳入朝廷统治之下。明中叶，随着广东地方社会形势的变化，瑶首朝贡活动在地域上有所扩大且更为频繁。如正统十一年六月十一日，广州府清远县瑶首周保贡方物④；正统十一年七月初六，广东广州府清远县瑶头张成山等贡马驼及方物⑤；正统十二年六月初十，广东广州清远县瑶首黄庆名贡马及方物⑥。

（四）献策

清远的地方官员会主动向朝廷献计献策，提供智力上的支持。《明实录》载：

正统五年七月十二日：广东广州府连州阳山县民邓亚贰等奏：臣邻境黄莲、大罗诸山，瑶民二百户有奇，素未驯服，时为民患，请遣官同臣等招之，俾附籍

---

① 戴璟修，张岳纂：《广东通志初稿》，明嘉靖十四年刻本，卷三十“铁冶”。

② 《太祖高皇帝实录》，卷八十八。

③ 《永乐大典》，卷一一九〇七“广州府·土产”。

④ 《英宗睿皇帝实录》，卷一百四十二。

⑤ 《英宗睿皇帝实录》，卷一百四十三。

⑥ 《英宗睿皇帝实录》，卷一百五十五。

供役，则顽狠向化，良民得安。从之。[①]

一个偏远的阳山县，普通县民也主动为国家的招抚瑶民建言献策，反映出地方对于瑶民附籍还是比较接受的。另有典史莫孟希上奏，将连山县农桑丝折米上交。

正统八年三月二十八日：命广东连山县农桑丝折纳米，从典史莫孟希奏也。[②]

三、战事与剿抚：贼匪的镇压与战争

（一）瑶贼

明朝建立后，明太祖朱元璋对尚未纳入朝廷统治的各少数民族采取招抚的政策。随着明朝统治的深入，朝廷通过设置土官对南方地区的少数民族进行管理，但广东各地瑶人仍然动乱不断。《明实录》载：

洪武十六年九月十九日：广东清远县瑶贼作乱。都指挥使王臻率兵讨之，降贼众一千三百七人，送京师，命给衣粮，发泗州屯田。惟贼首麦至清遁入矮岭大罗山，臻复以兵捕之。[③]

征剿后，朝廷的做法是将降贼发往偏远地区屯田。屯田者主要有罪犯、降兵降民、军队、缺少田产的贫民以及因兵火劫难、赋役剥削和自然灾害导致破产而颠沛流离的流民。[④] 王臻再次带兵追捕贼首麦至清的结果在《明实录》中也有记录：

洪武十七年正月二十三日：广东都指挥使王臻讨清远等县瑶寇，平之。初，瑶寇作乱，臻率兵讨击，招降其党。惟贼首麦至清等遁入矮岭大罗山寨。臻复以兵捕之，至是，擒至清并其众七百一十九人，诛之，瑶寇悉平。[⑤]

对于一些战事，实录会展现其全貌，不但有前因后果，还有过程，是一个较为完整的记录。地方志则没有这种角度的详细记载。

（二）壮贼

明代之前，只有少量壮人在广东生活。宣德以后，广东官民“招引广西壮蛮

---

① 《英宗睿皇帝实录》，卷六十九。

② 《英宗睿皇帝实录》，卷一百二。

③ 《太祖高皇帝实录》，卷一百五十六。

④ 郭翠丽：《文献的瑰宝　史料的渊薮——〈明实录〉史料、学术价值研究》，安徽大学硕士学位论文，2005 年。

⑤ 《太祖高皇帝实录》，卷一百五十九。

越境佃种空闲田地”①，以达到“以壮制瑶”的目的，壮人由此进入广东并逐步扩展生活范围。嘉靖《广东通志初稿》云：

（壮）蔓延入广东，其初来尚以听招名色佃田纳租，与瑶人种类不同，时相仇杀，有司及管田之家颇赖其力以捍瑶人。及后势众，亦与瑶人无异。肇、高、廉三府与雷州之遂溪县，广州之新会、四会、清远，暨连州在有之。②

得到官民大力扶持的壮人势力得到发展，其“渐渍瑶山日久，多与瑶交通，结党激变，减半田租者矣”③，并在天顺年间也加入地方动乱的行列当中。《明实录》载：

天顺二年十月二十七日：……连山、贺县壮贼约四百余流劫江华县诸乡村，人民逃窜……④

（三）流贼

流贼是相对于清远地区的“土贼”而言，依据贼的归属地来源可以划分为从广西而来的“西贼”与从湖广而来的“苗贼”，而对本地危害最大者当属由广西而来的流贼。该群体人数高达数万，流劫区域覆盖了与广西相邻的高、肇、雷、廉四府，其流劫乡村，杀掳人财。《明实录》载：

洪武十四年十一月二十九日：广州海寇曹真自称“万户”，苏文卿自称“元帅”，合山贼单志道、李子文、李平天于湛菜、大步、小亨、鹿步、石滩、铁场、清远大罗山等处，据险立寨，攻掠东莞、南海及肇庆、翁源诸县。⑤

洪武十五年闰二月初四：南雄侯赵庸率兵讨阳山、归善等县蛮寇，平之。又克灯心、龙湖、龙归、大牛、成家塘、潭源洞等寨，生擒贼首万户、营长、都公、少公等数十人，斩首千余级，招降二千九十户。事闻，命赏将士有功者绮帛各有差。⑥

相比实录，地方志偏重于地方记载，以及后续对地方的影响事宜。《阳山县志》载：

洪武十四年，南雄侯赵庸讨阳山叛蛮，平之。时闽粤盗起，太祖命庸讨之。逾年悉平。诸盗及阳山、归善叛蛮，戮其渠魁，散遣余众，民得复业。庸因奏，籍蜑人万人为水军。⑦

---

① 叶盛：《两广奏草》，明崇祯四年刻本，卷十二“请设梧州帅府疏”。

② 戴璟修，张岳纂：《广东通志初稿》，明嘉靖十四年刻本，卷三十五“瑶壮”。

③ 陆舜臣修纂：《德庆州志》，明嘉靖十六年刻本，卷十六“夷情外传”。

④ 《英宗睿皇帝实录》，卷二百九十六。

⑤ 《太祖高皇帝实录》，卷一百四十。

⑥ 《太祖高皇帝实录》，卷一百四十三。

⑦ 万光谦纂修：《阳山县志》，清乾隆十二年刻本，卷二十“杂志”。

（四）聚众作乱

明朝开国之初，军事实力强盛，各地人民因慑服于明朝强大的军事实力而不敢兴兵作乱，但据实录记载，明代洪武朝却有清远、英德县民反叛事例。如：

洪武十二年十一月二十七日：清远县民房文广聚众作乱。①

洪武二十一年正月二十六日：广东韶州英德等县民周广全等聚众作乱，都指挥同知花茂将兵讨平之。②

从各种记载来看，聚众型贼盗事件发生的具体原因有国家政策失当、官吏渎职、赋役沉重、社会动荡等多方面。但与一地如此密切相关的事情，现存《清远县志》和《英德县志》均没记载。

四、人物的表彰

根据《太宗文皇帝实录》“修纂凡例”，只有“在京文武官员三品以上，近侍五品以上，在外都司、布政司、按察司正官，殁皆书卒及概见其行实、善恶”。但合乎朝廷表彰节孝的伦理标准者也书：“凡旌表孝子、顺孙、义夫、节妇悉著乡里、姓名、行实。”《明实录》载：

景泰二年六月二十一日：……杨氏，广东连州民邵守琪妻，俱弱龄守节，勤纺绩以养老抚孤，始终无玷，皆旌其门曰“贞节”。③

收录在《明实录》中的清远地方人物不多，得到朝廷旌表的只有连州县民邵守琪的妻子杨氏。

五、结语

明朝270余年历史，从未中断《明实录》修纂，《明实录》传承的“实录体”体裁，是有史可据的宝贵史料，其从明朝政府的角度书写的内容是详细且丰富的。但由于实录有其修纂标准，其以国家立场来记录的地方史实有限。《明实录》关于清远地区的记载只有约2.4万字，不能完整地反映清远地方历史，因此，在日常研究中，我们还需借助地方志、笔记、诗集等多种文献，方能更全面地研究明代清远地方史。

---

① 《太祖高皇帝实录》，卷一百二十七。

② 《太祖高皇帝实录》，卷一百八十八。

③ 《英宗睿皇帝实录》，卷二百五，废帝郕戾王附录第二十三。

附录二

清代国家档案所见清远史料

——以《清实录》为中心

钟洁华

《清实录》是记录清代历朝皇帝执政活动的官修编年体史料汇编。《清实录》的编修自清太宗皇太极始，此后凡承嗣皇帝即位，均依例开设实录馆，为前朝皇帝编修实录。《清实录》主要依据内阁、各部院署等机构调入的各种上谕、题本、奏本等，采用干支纪年，按时间顺序逐条记述皇帝的施政大事、日常活动。《清实录》是研究清史、编写方志的重要依据。尽管出于现实统治的需要，《清实录》编修者曾对某些史实加以修饰、篡改，但这种改动亦属有限，其内容丰富详尽，依然有很高的史料价值。

一、现存《清实录》概况

《清实录》共修有 12 部，包括太祖至德宗 11 朝实录，以及按照实录体例编成的《宣统政纪》。1986 年，中华书局根据中国第一历史档案馆、故宫博物院图书馆、北京大学图书馆藏本，以及辽宁省档案馆藏崇谟阁本，经互相参照补充后，整理成《清实录》4 400 多卷。其所载的内容，包括了清代社会的政治、经济、军事、外交、人物、文化、工程、礼仪、刑狱等方面的政策及事件。

《清实录》的编修，从编纂人员的组成、稿本的审定、编纂体例的确定、材料的选择、史实的记载以至最后编纂成书，各个主要工作环节都是在皇帝的严密控制、层层把关之下进行的。实录合格与否，最终由清帝来裁定，涉及有损其父祖先辈荣光的史实，或缺而不书，或加工粉饰，让后世莫得其真相。如：乾隆朝重修前朝实录时，对满人入关后推行的圈占汉人土地、逃人法、文字狱等野蛮残酷的统治政策，进行了大量的修改和删减。有的史实，如当时震动全国的特大要案曾静案，雍正、乾隆两朝实录中只字未提。

《清实录》体例严谨，其以时间为序记载史事，时间观念极强。有时一件史事的时间跨度较大，虽分载于不同卷，但有始有终，只要按时间顺序进行检索，便能将一件史事的完整来龙去脉弄清楚。

《清实录》在运用编年之法叙述史事的同时，十分注重借鉴纪传体长于记人的笔法，于编年叙事之中引出相关人物的事迹，通过对人物行为、言论等的描述，将记事与述人有机地融为一体，既利用时间线索清晰地展现了人物的行为、性格及事件的本末原委，又不至于因插入人物事迹而影响编年体记事的流畅性以及对历史进程的反映。因此，实录能从国家视野到地方角度，从执政地位到基层实际，很好地弥补地方志史料的不足。

二、《清实录》中稀见的地方史料

（一）安南使节经过清远

乾隆五十五年发生了安南使节觐见的重要国事。那一年是安南阮文惠（阮光平）光中三年，恰好是清朝乾隆皇帝八旬寿庆，安南国王亲自带领使节团来华贺寿。[①] 同行的还有礼部尚书潘辉益、工部尚书武辉瑨与翰林待制段浚，这三人的文学造诣颇高。他们取道北江，经过清远，沿途留下了与清远有关的诗作，如潘辉益的《题飞来寺》[②]、武辉瑨的《题禺峡飞来寺和郡守张浮山诗韵并引》[③]、段浚的《登峡西飞来寺走笔书于壁》[④]。然而，不知为何，这件事在后来编纂的《清远县志》中没有记载[⑤]，连主要记述飞来寺历史的光绪《禺峡山志》也没有记载。直到民国二十六年的《清远县志》才有记载，是根据飞来寺保存下来的残碑抄录的内容：

乾隆庚戌之夏，光平仰蒙恩命赴京觐祝，逾南关，入东粤，溯流而上，道经清远峡，石径临涯，云庵挂岭，树木蓊蔚，花鸟笑啼，盖古之飞来寺也。[⑥]

与之相比，实录更为详细地记载了乾隆五十五年六月初二阮光平使团经过清远及在途中发生的事。他们在清远时，接到了圣旨和受到了皇帝的封赏。《清实录》载：

谕军机大臣曰：福康安奏，清远县途次，带领阮光平跪接敕封阮光垂为世子谕旨及荷包、香器。该藩恪恭欣幸，伏地叩首。并称尚有长子光缵现在监理国事，光垂为次，蒙恩晋封世子，非敢承当，特具表申谢。朕欣览之余，深为嘉尚，特

---

① 陈益源：《清代越南使节于中国刻诗立碑之文献记载》，《汉学研究》2017 年第 1 期，第 179 – 182 页。

② 潘辉益：《星槎纪行》，中国复旦大学文史研究院、越南汉喃研究院合编：《越南汉文燕行文献集成》（第六册），上海：复旦大学出版社，2010 年，第 211 – 212 页。

③ 武辉瑨：《华程后集》，中国复旦大学文史研究院、越南汉喃研究院合编：《越南汉文燕行文献集成》（第六册），上海：复旦大学出版社，2010 年，第 355 – 357 页。

④ 段浚：《海烟诗集》，中国复旦大学文史研究院、越南汉喃研究院合编：《越南汉文燕行文献集成》（第六册），上海：复旦大学出版社，2010 年，第 20 页。

⑤ 现存清代《清远县志》有康熙十一年增刻、康熙二十六年刻、乾隆三年刻、光绪六年刻四种。

⑥ 朱汝珍修纂：《清远县志》，民国二十六年铅印本，卷十九“石类”。

用朱笔批答，以示优宠。着将原表发交福康安，转给阮光平阅看，并告以大皇帝接览谢表。方知光垂为国王次子，国王不稍隐饰，披诚具奏，实深晓大义。大皇帝特命阁臣改撰敕书，即封王长子阮光缵为世子，至节次所赏物件，仍给予阮光垂，再赏给王世子阮光缵玉如意一柄、大荷包一对、小荷包二对、纱四端、茶叶二瓶、扇一匣、香器七匣、药锭二十封。俾得同沾宠锡，均被恩施。①

这属清朝外交细节，地方官员一般是难以知悉的，因此地方志也无法记载。在重大的政事上，实录往往能够补充地方志的不足。

（二）官员赴任程限

清代，州县官员从候官到上任，需按赴任程序。一般而言，官员接到任命之后，需要领取凭证。由吏部自奉旨之日起限期十日发给官员“文凭”或发交督抚，该督抚“于凭到十日内行知该员”领凭。官员需要按时接凭。② 官员领凭后须按时赴任，有交代事宜者，“于交卸清楚后，限二十日内起程赴任”。根据赴任行程远近，各有定限。《钦定六部处分则例》规定，若官员超期赴任，将按“延迟月日”分别议处。因为赴任程限有这样严格的规定，地方官员一般不会无故逾期。据《清实录》记载，乾隆十八年六月初八，吏部新设了地方领凭程限，官员前往连州赴任的程限定为一百日。

兹据江苏、福建、广东各该抚咨复到部，查文武官自京领凭赴任，应分别限期。……广东省之嘉应州、连州均定限一百日，罗定州一百五日。饬行遵照，并载入现行例册及会典。③

关于官员赴任程限，地方志一般不载，只载官员到任与离任时间。当然，除了实录，我们还可以从成为定例后的《钦定六部处分则例》或《会典》中查阅到程限。

（三）行政机构建置

在《清实录》中，大到一座城，小到一个巡检司，都会有所记载。这反映了清代皇权对地方基层社会的统治和控制。在《清实录》中，有两个发生在清远地区的事例值得注意。通过与地方志对比，可以看出实录与地方志记载的特点和区别。

---

① 《高宗纯皇帝实录》，卷一千三百五十六。

② 《钦定六部处分则例》，卷七“赴任・领照限期”：“各省奏请拣发并进士即用、大挑、一等拔贡朝考以知县用者，均限一月内赴部领照。”

③ 《高宗纯皇帝实录》，卷四百四十。

1. **移建三江城**

乾隆四年，连州移建三江城。相关内容在乾隆《连州志》上只有简单记载："三江新城，乾隆三年，知州熊士望详请建三江新城于文子墩。周三百六十丈，与旧城相接，移协镇都司署于新城内。"①

至于具体移建过程，我们可以从乾隆四年七月二十四日的实录中得知：

先是两广总督马尔泰向乾隆皇帝进呈奏章称："广东连州三江界城垣，经前任布政使萨哈谅奏请移建高良墟地方……"② 接着又有右翼镇总兵官王涛奏："与其改建，不若将旧城加高培厚，添筑子城。"③ 乾隆皇帝下旨交由鄂弥达处理："经鄂弥达饬布政司刁承祖，檄委理瑶同知杨国栋等勘详，查有文子墩地方，堪以建筑，咨准部复，将或应改筑或应加筑之处，妥议具奏。"④ 最后，经过调查得出的结论是："高良墟地势湫隘，三江旧城又逼近大山，亦难添筑子城。唯文子墩地方，四面平宽，控八排之咽喉，为三连之重镇，形势扼要，应于文子墩另建新城。将副将、都司、把总衙署，军器、火药局俱建于新城之内。"⑤ 除此之外，还有关于旧城建筑的处理方案："至旧城附郭居民已久，不便拆毁，应仍令理瑶同知与把总驻扎，其旧城都司衙署令协标千总移驻，副将旧署留作文武往来栖息之所。再，千总所遗旧署并旧存火药局，示召居民价买，应如所请。"⑥ 这就有了连州三江新城建设的前因后果。

2. **移驻巡检司**

巡检司制度始于宋代，经过元代的发展，至明代巡检司数量达到顶峰，并为清代所继承。该职主要负责驻守关津要道、缉盗安民、维持地方治安等。

清代，巡检司是驻扎于县以下基层空间中维持治安的重要机构，清远地区曾设有巡检司 11 所⑦。其驻地因地方社会发展或地理环境不利于巡检司控制而时常调整。

在地方志里，对于巡检司的设立，一般只有时间与地点的说明。如道光《阳山县志》记载："淇潭司巡检署，在淇潭堡，清乾隆二十一年自青莲移驻。"⑧ 对于青莲巡检司的废除，该书也是简单写道："青莲司巡检署，在青莲水口，今巡检移

---

① 杨楚枝修，吴光纂：《连州志》，清乾隆三十六年刻本，卷三。

② 《高宗纯皇帝实录》，卷九十七。

③ 《高宗纯皇帝实录》，卷九十七。

④ 《高宗纯皇帝实录》，卷九十七。

⑤ 《高宗纯皇帝实录》，卷九十七。

⑥ 《高宗纯皇帝实录》，卷九十七。

⑦ 清远县 4 所：横石、滨江、滙江、回岐；阳山县 2 所：淇潭、七巩；连州 2 所：朱冈、星子；连山 1 所：宜善；英德 2 所：象冈、洸口。

⑧ 陆向荣修，刘彬华纂：《阳山县志》，清道光三年刻本，卷三"建置"。

驻淇潭，署废。”①

为何要移驻？地方志没有说明，这其中原因只能从实录中了解：

吏部等部会议：两广总督杨应琚奏，广东阳山县原设青莲司巡检，距县甚近，无须专员分驻，请移驻淇潭，分管西乡村堡，估建衙署，换给阳山县淇潭堡巡检司印。②

乾隆二十年八月十五日的实录提到了巡检司从青莲移驻淇潭堡的原因：原青莲司距离县城太近，无须专门安排人员驻扎，于是移到淇潭，并分管西乡村堡。

（四）基层军事驻防

清代，营汛体系作为基层军事机构，对于地方治理具有十分重要的意义。乾隆时期，营汛体系建设在康雍时期的基础上发展得更为全面。塘汛作为基层军事系统也明确记载于地方志书之中。但对于军事系统的驻防具体如何调整与安排，以及后续保障措施，实录记载得更为详细。如乾隆五年十二月二十一日，两广总督马尔泰题复称：

连山县城北元武岭，应设炮台，安兵四十名；城西北铺前寨，应添设一汛，驻把总一员，安兵三十名；城东南茂古峒，安兵十五名；界元武岭、茂古峒，与城相近之黄瓜岭，安兵十五名，分处估建营房，弁兵请隶连阳营辖等语。③

朝廷批示：

查相险设防，自当因地制宜，应如所请。添设分驻，估项亦于税羡支销。又建造汛房地基，所买民田遗税，俟造竣请豁，各兵俟饬营召募足数，册报兵部，均应如所请行。④

此外，实录对于一个地方的兵员招募或裁汰也有具体的记载。如乾隆七年六月十二日，兵部同意“连阳营添兵一百名，均属额外另募，自应裁汰”⑤。

又有，乾隆八年四月二十四日，兵部议准：

连阳营新添之把总一员、兵一百名，以额外募设，悉行裁去。将三江协左、右二营额设兵内，每营抽五十名，于该协经制千总轮拨一员，带领驻防。⑥

再有，朝廷对多地连接的汛防兵员进行调整，这往往是地方志所难以完整记载的内容。如乾隆十七年六月初十，兵部议准：

广东清远县属之鳌塔应添一汛，安兵六名，于清远县存城内兵抽拨，大坪角

① 陆向荣修，刘彬华纂：《阳山县志》，清道光三年刻本，卷十二“古迹”。

② 《高宗纯皇帝实录》，卷四百九十四。

③ 《高宗纯皇帝实录》，卷一百三十三。

④ 《高宗纯皇帝实录》，卷一百三十三。

⑤ 《高宗纯皇帝实录》，卷一百六十八。

⑥ 《高宗纯皇帝实录》，卷一百八十九。

应添一汛，安兵五名，梨塘口改为水汛，除原有塘兵二名，应添三名，俱于英清营分防大塱底、白庙等九汛额兵内抽拨。曲江县属之石灰坪应添一汛，安兵六名，于右翼镇中营龙眼峒汛额兵内抽拨。白沙、老濛浬、新濛浬及英德县属之凤田、清溪、高陂、朗罟、太平坑、菜州等处均应各添一汛，安兵六名，于右翼镇右营分防界滩、乌石及高桥等汛额兵内抽拨。三丫塘、榄坑口应各添一汛，其小樟、黄土坑二塘改为水汛，除原有额兵二名，应添三名，于英清营分防大塱底等汛抽拨。①

（五）矿产开采

1. 硝泥开采

清代，因制作火器的需要，开采硝泥和熬硝得以发展。硝泥作为制造火药的重要原料，是一种军需物资。由于硝泥的开发与军事关系颇大，因此清政府对硝泥的控制极其严格，一般由官府垄断开采，硝矿的数量较多、规模较小。

在乾隆四年六月二十九日的实录中，有奏折称阳山县当地已经有人开采硝泥，并且朝廷对这些硝泥是“照价收买”② 的。经过三年的贮备，广东火药原料基本充足，阳山的硝泥也即将采尽。乾隆七年五月二十五日，工部回复了两广总督庆复的奏折：

粤省贮备三年火药，现据委员运回西硝，与阳山县收买民硝，并新炉煎办，业经足数，应将新炉停止。唯旧炉二十座，附近陈土早经采尽，须赴邻郡买运供煎，需费较繁，请每百斤增给价银二钱，并阳山县挑运硝泥脚价，亦一体加给。再增城县旧炉，现亦采办甚艰，应仍收买阳山县民硝，以充营匠之用。均应如所请。③

这二十座硝矿旧炉的具体位置可以从乾隆《阳山县志》④ 中一一找到，并且有开停时间，还有在阳山县所开采的硝泥的特点：

硝泥本产岩隙深处，风雨之所不及，燕雀、飞鼠等物依之作窠，遗粪与浮泥相积，其土始咸。乡民刨取加用灰咸煎练成硝，并非全山皆产可以就地锄挖。⑤

《阳山县志》还详细解释了乾隆元年奉命开采至乾隆六年报停的产硝情况：

故初开之时，土咸硝厚，刨挖稍久，即土淡硝薄。今采买已历多年，虽极尽方术，而每年所解之硝，终不能及初行采买解数之半。盖以将竭一岩之硝，而敌

---

① 《高宗纯皇帝实录》，卷四百十六。

② 《高宗纯皇帝实录》，卷九十五。

③ 《高宗纯皇帝实录》，卷一百六十七。

④ 万光谦纂修：《阳山县志》，清乾隆十二年刻本，卷六。

⑤ 万光谦纂修：《阳山县志》，清乾隆十二年刻本，卷六。

初开二十三岩之硝，其相去固不啻什伯也。[①]

通过实录与地方志相互补充，便可以了解乾隆年间阳山县硝泥开采与关停的来龙去脉了。

2. **硫磺开采**

硫磺与硝泥一样，主要用于制作火器弹药。同时，硫磺也可用作煎银炼药的添加剂。这类矿产资源与军事关系最大，因此清政府严禁民间私采私贩。为防止贼匪私采硫磺和硝泥制造火药，清政府对这两种矿产的开采更为小心谨慎。地方州县会根据官方的需求量开采，产出均由官收，足额即封，不足之时则再次令行开采。这些事件在地方志中一般很少记载，实录中则有。如：

乾隆二十六年八月二十三日：署两广总督、广东巡抚托恩多咨称：粤东岁需硫磺，前于乾隆十七年奏准在英德县属猫耳峡等处开采。二十一年，采毕封矿。今将次用完。请照前开采。[②]

乾隆三十三年七月十四日：两广总督李侍尧奏称：粤东采取硫磺，现存无几，请将前次封闭之英德县属猫耳峡等处山场，仍行开采。[③]

以上内容在《英德县志》中未有记载。

3. **煤矿开采**

乾隆时期，随着社会经济的发展，清政府开始允许并鼓励开矿。乾隆五年规定："凡产煤之处，无关城池龙脉，及古昔帝王、圣贤陵墓，并无碍堤岸通衢处所，悉听民间自行开采，以供炊爨。"[④] 根据清朝矿业政策，采煤有两大前提：其一，不得有碍陵寝、河岸、道路等基本设施；其二，优先开采日用煤。

乾隆年间，连州、阳山县虽然产煤较多，但两地的地方志却记载简略。如：

乾隆、同治两版《连州志》仅记载"州属土名'东瓜冲'煤山"[⑤]；乾隆、道光两版《阳山县志》仅记载"冬叶坑、黄矶石、东芒埇、蕉埇、崩冈岭、白石岩等处煤山"[⑥]。

煤矿开采是国计民生之大事，《清实录》则有较地方志更为完整的记载。如：

乾隆二十七年九月二十三日：工部议复：前任广东巡抚托恩多疏称，连州坑尾冲煤山煤泥已尽，饷项难完，请封停豁免。[⑦]

---

① 万光谦纂修：《阳山县志》，清乾隆十二年刻本，卷六。

② 《高宗纯皇帝实录》，卷六百四十三。

③ 《高宗纯皇帝实录》，卷八百十四。

④ 中国人民大学清史研究所、中国人民大学档案系、中国第一历史档案馆编：《清代的矿业》，北京：中华书局，1983 年，第 9 页。

⑤ 杨楚枝修，吴光纂：《连州志》，清乾隆三十六年刻本，卷三。

⑥ 万光谦纂修：《阳山县志》，清乾隆二十年刻本，卷六。

⑦ 《高宗纯皇帝实录》，卷六百七十一。

乾隆三十四年八月二十二日：工部议准：广东巡抚钟音疏称，阳山县高桥底等处煤山采挖日久，并无出产，应请封闭。①

乾隆四十五年五月初二：工部议复：广东巡抚李质颖疏称，阳山县商民陈嘉润，前经承认开挖县属横基石等处煤山，每年输饷银四十两。兹因该商病故，山煤亦已罄尽，请将山场封禁，其额征饷银豁除。②

4. **铜铅开采**

清政府需要铜铅作为铸钱的原料，常鼓励商民开采铜铅矿。尤其在乾隆时期，铜铅矿开发更受重视。乾隆四年六月二十九日，两广总督马尔泰奏请广东开铜矿、禁银矿，缘由是："英德县长岗岭开矿炼铜，内有炼出银两，请归该商工费之用。又河源县铜矿贴近银山，及英德县之洪磜矿出银过多，恐谋利滋事，应请封禁。"③

对此，乾隆皇帝朱批："但所谓银矿应闭之说，朕尚不能深悉，或者为开银获利多，则开铜者少乎？不然，银亦系天地间自然之利，可以便民，何必封禁乎？卿其详议以闻。"④ 他认为，开矿并非仅针对铜铅，凡便民之矿均可开采。此时，乾隆皇帝已意识到矿产资源开发是国家的重要政务，其关键在于如何开发才能做到趋利避害，而不是简单的开禁问题。

关于铜铅矿的招商与管理问题，地方志未载，但乾隆九年七月初十的实录有详细说明：

户部议复：两广总督马尔泰、署广东巡抚策楞条陈粤东开采矿厂、召商抽课各事宜。一、……连州及连山县报铜铅矿十七、铜矿一。……现勘明于田庐无碍，即召商试采。……一、铜矿原本无银，间杂银屑，为数甚微，现酌议何等以上抽课，何等以下免抽。应如所请，俟确查定议，其余铜铅仍照例二八抽课。一、定例：每县召一总商承充开采，听其自召副商协助。一县中有矿山数十处，远隔不相连者，每山许召一商，倘资本无多，听其伙充承办。应如所请。如矿少砂微，并令居民开采抽课，一并按季、按月汇报。一、每山设一山总，每陇设一陇长，约束稽查，每工丁十人设一甲长管领，应募者取保互结。亦应如所请，饬该管官严行防范。⑤

5. **铁矿采冶与炉渣处理**

铁矿采冶业是清代前期较发达的手工业之一。当时，生铁是制造各种生产工具和生活用具的最好原料。根据地方志记载，阳山铁矿的开采和冶炼最早源于唐

① 《高宗纯皇帝实录》，卷八百四十一。
② 《高宗纯皇帝实录》，卷一千一百六。
③ 《高宗纯皇帝实录》，卷九十五。
④ 《高宗纯皇帝实录》，卷九十五。
⑤ 《高宗纯皇帝实录》，卷二百二十。

代。[①] 宋代开宝五年，阳山县在同官峡地方开设了银铅场、在牛鼻地方开铁务。明代洪武六年，朝廷在阳山县还设置了铁冶所正使、副使各一员，负责铁冶事务。[②] 到了清代，阳山县“白莲乡产铁，邑人采以铸镬，岁计出镬甚多”[③]。

阳山县在冶铁过程中产生炉渣数十万斤，处理方式只有在乾隆二十一年四月三十日的实录中看到：

两广总督杨应琚等奏：阳山县属巩门槽等处路旁，有从前开设铁厂时遗剩炉渣数十万斤，加工镕化可获铁少许。向经封禁。缘该处距城窎远，有附近贫民掘取运售，而瑶人辄伺中途抢夺。应请于该县属之淇潭堡，官为设厂，将铁渣刨运，雇募贫民，给予工价，一面招商贩售。除已调设灾检一员驻扎，仍饬文武差拨兵役巡查，毋使透漏。得旨：如所议行，严禁聚众生事可也。[④]

（六）文化

1. 教育科举（连州私置吕留良牌位案）

吕留良是清初著名学者、理学家和思想家，在清代学术史上占有重要地位。雍正六年九月，发生了曾静反清案。此案牵连已故40多年的吕留良，并掀起了一场声势浩大的文字狱。文字狱给吕留良的声誉造成了巨大的损害。案发前吕氏被人奉为“东海夫子”，备受推崇，浙江地方官员上任时循往例给吕氏祠堂赠送匾额。案发后民众受到雍正“大义觉迷”的“感召”，任意指摘，纷纷批驳吕氏。

其中，吕留良的同乡朱振基也因此受到处分，他敬仰吕留良的为人，在广东连州任知州时，在衙门供奉吕留良牌位。吕案发生时，他已经调任广州府理瑶同知，但仍有连州生员告发他。雍正皇帝便将他革职严审，致使他死于狱中。至于告发朱振基的生员陈锡及当年连州应试学生，均得到恩赏。雍正七年九月十九日的实录记载：

署广东巡抚傅泰疏言：广州府理瑶同知朱振基于前任连州知州任内，私置逆贼吕留良牌位，设祠奉祀。连州学正王奇勋勒令阖学生员奔走趋奉。兹据连州生员陈锡等合词呈首，相应题参究治。得旨：朱振基、王奇勋俱革职拿问，其私置吕留良牌位，奉祀情由，该督严审究拟具奏。连州生员陈锡等，深明大义，不为邪说所惑，据实出首，以彰名教。着将今年该州应试完场之举子，交与该学政，秉公遴选学问优通者四人，赏作举人，送部一体会试，以示恩奖。如今科所取副

① 黄瓒修，朱汝珍纂：《阳山县志》，民国二十七年铅印本，卷五下。
② 黄瓒修，朱汝珍纂：《阳山县志》，民国二十七年铅印本，卷五下。
③ 黄瓒修，朱汝珍纂：《阳山县志》，民国二十七年铅印本，卷五下。
④ 《高宗纯皇帝实录》，卷五百十一。

榜内有连州生监，亦准作举人。[①]

在同治《连州志》中，关于朝廷恩赏陈锡等四人则有这样的记载：

特恩连州举人四名，生员卢伯蕃、陈锡、戴雯，贡生吴奇徽，俱准作举人，一体会试。[②]

以上四人，在雍正己酉科顺利地取得了功名。其中，卢伯蕃在雍正庚戌科考上了进士，任广西武宣县知县；[③] 陈锡任廉州府合浦县教谕；吴奇徽在地方志中并无记载；戴雯任惠州府龙川县教谕。[④]

可见，即使有"地方百科全书"之称的地方志，也往往更多记载官员最光鲜的一面，某些内情会被编纂者忽略或有意删除。

2. **民间信仰**

清远是一个民间信仰较为丰富的地区。清政府为了维护其统治，会通过赐庙宇匾额、对神灵追加封号等方式加强对中国传统宗教的管理和影响。如同治十一年二月十一日的实录记载："以神灵显应，加广东佛冈厅城隍神封号曰'灵佑'。"[⑤] 又如光绪四年正月十六日的实录记载："以神灵显应，颁广东佛冈厅田公神庙扁额，曰'珠江昭佑'。"[⑥]

四、《清实录》记载的清远人物

在《清实录》中，常常可以看到地方志所缺载的人物资料，诸如到本地任职的官员的人事背景、功过记评。地方志记述不便，而实录记载施政全程，就能写得很清楚了。对于地方重要人物的评价及升降，实录更能扼要点明，这是地方文献所不及的。

（一）贼目投诚

如清远籍官员侯陈带，他原是咸丰年间广东红巾军的一名将领，曾与三水县的陈金缸一起响应太平天国运动，并受封为列侯。其率领的起义军也成为太平天国兵力的一部分。后来，因起义军内讧，侯陈带被无情追杀。他带着部下两万余人接受了清政府的招抚，并于咸丰十一年九月十七日接受封赏："以广东攻克蓝山贼

① 《世宗宪皇帝实录》，卷八十六。

② 袁泳锡修，单兴诗纂：《连州志》，清同治九年刻本，卷三。

③ 袁泳锡修，单兴诗纂：《连州志》，清同治九年刻本，卷三。

④ 袁泳锡修，单兴诗纂：《连州志》，清同治九年刻本，卷四。

⑤ 《穆宗毅皇帝实录》，卷三百二十八。

⑥ 《德宗景皇帝实录》，卷六十六。

巢，免投诚贼目侯陈带罪，更名‘勉忠’，并擢守备，赏蓝翎。”①

侯陈带从一名反抗清廷的起义军将领，变成了一个向清廷投诚的“叛徒”，此事在光绪、民国《清远县志》均没有过多的描述，甚至没有提及其更名之事。

在地方志中，写到了侯陈带所率起义军到村庄劫掠的事件，也写到了侯勉忠后来在中法战争中参与了冯子材指挥的镇南关大捷，并获得清廷授予的“技勇巴图鲁”称号。民国《清远县志》职官表中说“侯勉忠，本邑人，于咸丰十二年任清远营右营守备”②，并没有说清楚侯陈带与侯勉忠其实是同一个人。

地方志编纂人员似乎有意将侯陈带与侯勉忠的历史掩盖了，读者一般无法从地方志中得知侯陈带即侯勉忠。

（二）官员的奖惩与任免

《清实录》有关官员的记载相当详细，包括官员的任免与调动、奖赏与处罚，对于原因也有详细的解释。如官员调任的去向，包括该官员原职务和重新任用后的职务，以及该官员缺位的补任情况，都有说明。特别是对官员的处理，也有详细的说明。如嘉庆十八年四月二十七日，蒋攸铦等奏“知县才难胜任”，请分别改用教职、佐杂一折：

阳山县知县邓文淳，据该督等查看，才识迂拘，不胜民社，着准以教职改用。③

在实录中还可以看到地方官员处分的前因后果。关于官员革职的原因与处理，地方志一般不载。我们只能从地方志中了解官员的任期、籍贯、功名，无法通过地方志了解官员革职后的详细去向。

如咸丰九年九月十九日，劳崇光奏“官军克复厅城”一折：

据称，贼匪分扰连山厅境，署同知韩凤翔带勇驰赴上吉抵御，该匪由天堂岭阑入厅城，该署同知退守金坑山，捐资募勇，随同副将恒通叠次进攻，将厅城克复。办理尚属迅速。署连山厅同知韩凤翔虽随同克复，究有失守处分，若竟予免议，不足示惩，着改为革职留任。④

贼匪攻入连山厅城，连山厅同知韩凤翔弃城退守，事后再率兵多次进攻，最终克复贼匪占领的厅城。对他的功与过如何处理，实录记载了清政府的论述与决定。

---

① 《穆宗毅皇帝实录》，卷五。

② 朱汝珍修纂：《清远县志》，民国二十六年铅印本，卷九“职官”。

③ 《仁宗睿皇帝实录》，卷二百六十八。

④ 《文宗显皇帝实录》，卷二百九十四。

又如咸丰十一年十月二十九日，劳崇光等奏参“玩视军务捏禀冒功之知县”，请旨革职一折：

广东署英德县知县乔泰阶身任地方，当蓝山匪徒滋扰之时，并不亲率团练协力剿洗。迨官军扫荡贼巢，转复捏禀邀功，实属荒谬胆玩。乔泰阶着即行革职，以示惩儆。[①]

（三）清远籍官员的事迹

一般而言，官员在朝廷的活动资料属于内部文书档案，地方志少载。借助实录，以人物为主线，可以通过奏折提到的任命、事迹、奖惩等了解其从政历程。尽管对于地方官员而言，此类史料在实录中所占比例不高，但其连续性内容可以补充地方志关于人物的记载。如清远地区的郭仪长、郑士超、吴光亮、何雄辉等，在实录中均有大量文字记载。

下面以阳山县人郑士超为例，通过实录了解他中举、任职、政绩及去世后的封赠，可以说这些都是郑士超整个从政生涯的重大事件。

乾隆六十年四月二十七日，内阁翰林院带领新进士引见，郑士超被朝廷安排到分部学习。[②]。

嘉庆九年七月初四，朝廷引见各衙门保送的御史人员五人，其中郑士超着记名以御史用。[③]

嘉庆十年四月初九，郑士超已任御史半年。期间，他对监察工作可谓尽心尽责，尤其关注地方治安问题。他给朝廷上奏了广东省开设赌局，地方兵匪勾结导致缉捕不力的问题：

广东省开设赌局，名曰“番摊馆”，为洋土各匪勾通兵役、探听消息之处。其主持开局，多系各衙门长随吏役人等。省城关厢内外，即不下二百余处，匪徒溷迹其中，其于缉捕消息，知之最确最速。地方不肖官员及查街道之委员兵役人等，每日收受陋规，因而纵容包庇。请敕下该督抚等严行查禁等语。[④]

嘉庆十年四月十九日，郑士超因四月初九朝廷官员礼仪问题向嘉庆皇帝上奏。不过，嘉庆皇帝对郑士超的这份奏折有一些意见：“此事该御史系初九日目击之事，于次日即应参奏，何以迟至十日之久，始行列诸弹章？朕心知其故，若明白

---

① 《穆宗毅皇帝实录》，卷八。

② 《高宗纯皇帝实录》，卷一千四百七十七

③ 《仁宗睿皇帝实录》，卷一百三十一。

④ 《仁宗睿皇帝实录》，卷一百四十二。

晓谕，恐阻言路，然此等伎俩，徒自苦耳，于朕前不应尝试也。”①

嘉庆十二年十月二十六日，郑士超给皇帝上了一份关于“粤东吏治废弛情形”的奏折，说了五件事：第一件事是盗犯劫人取赎；第二件事是奸徒结会拜盟；第三件事是棍徒开设赌局；第四件事是鸦片烟私贩私销，不遵例禁；第五件事是钱粮积弊。

嘉庆皇帝立即传旨斥责，要求吴熊光、孙玉庭将上述五件事一一查明后回奏，不可稍存回护，同时要求迅速查办，勿再拖延，以免酿成大患。他还警告说：“倘经此次询问，犹不肯据实奏闻，务存掩饰。经朕另行派人访查得实，恐伊二人不能当此重咎也。”②

一个月后，即嘉庆十二年十一月二十六日，朝廷重点查办士子“冒籍应试”一事。“正届顺天府试之期，已派出御史达德、郑士超二员前赴贡院，会同该府丞审音”，要求“该御史等当逐一详细确查，秉公点验，如一经查有弊窦，即着据实参奏”③。

嘉庆十二年十二月初七，吴熊光等复奏了一个多月前郑士超向皇帝所上关于“粤东吏治废弛情形”的奏折。④

后来，郑士超去世了，嘉庆二十二年十二月二十三日，朝廷批准御史郑士超入祀乡贤祠⑤。

五、结语

《清实录》是中国历代实录中保存最为完整的实录体史书，在清代官修史书中占有举足轻重的地位。其中涉及清远地区的史料基本完整地反映了清代清远的社会形态，对研究当地政治、经济、文化等方面的历史具有重要的史料价值。主要体现在以下四个方面：

一是通过与地方志作比较，实录可以弥补地方志的不足。如对于到本地任职官员的履历、政绩与任免原因，地方志往往记述不详，而实录属朝廷内部文书，比地方志更为详细。

二是对地方重要人物的奖惩、赏罚及处理意见，尤其是本地官员在外地任职的事迹，实录记载更为丰富和完善，这是地方文献所不及的。

---

① 《仁宗睿皇帝实录》，卷一百四十二。
② 《仁宗睿皇帝实录》，卷一百八十六。
③ 《仁宗睿皇帝实录》，卷一百八十八。
④ 《仁宗睿皇帝实录》，卷一百八十九。
⑤ 《仁宗睿皇帝实录》，卷三百三十七。

三是对于地方及周边所发生事件的时间、地点、经过、结果，各地方志记载或有偏差，实录则能从各方面展示全貌，其所记与地方文献或有出入，可作为校勘参考。

四是对于事件的内情，实录可以揭示朝廷对地方的态度，透露朝廷对本地采取政策措施的意图或依据，对地方案件、战事等发展轨迹的展现也比较清晰。

综上所述，《清实录》对研究地方历史的作用不可估量，也是清代地方历史研究的重要史实材料。

附录三

明清清远地区古地图

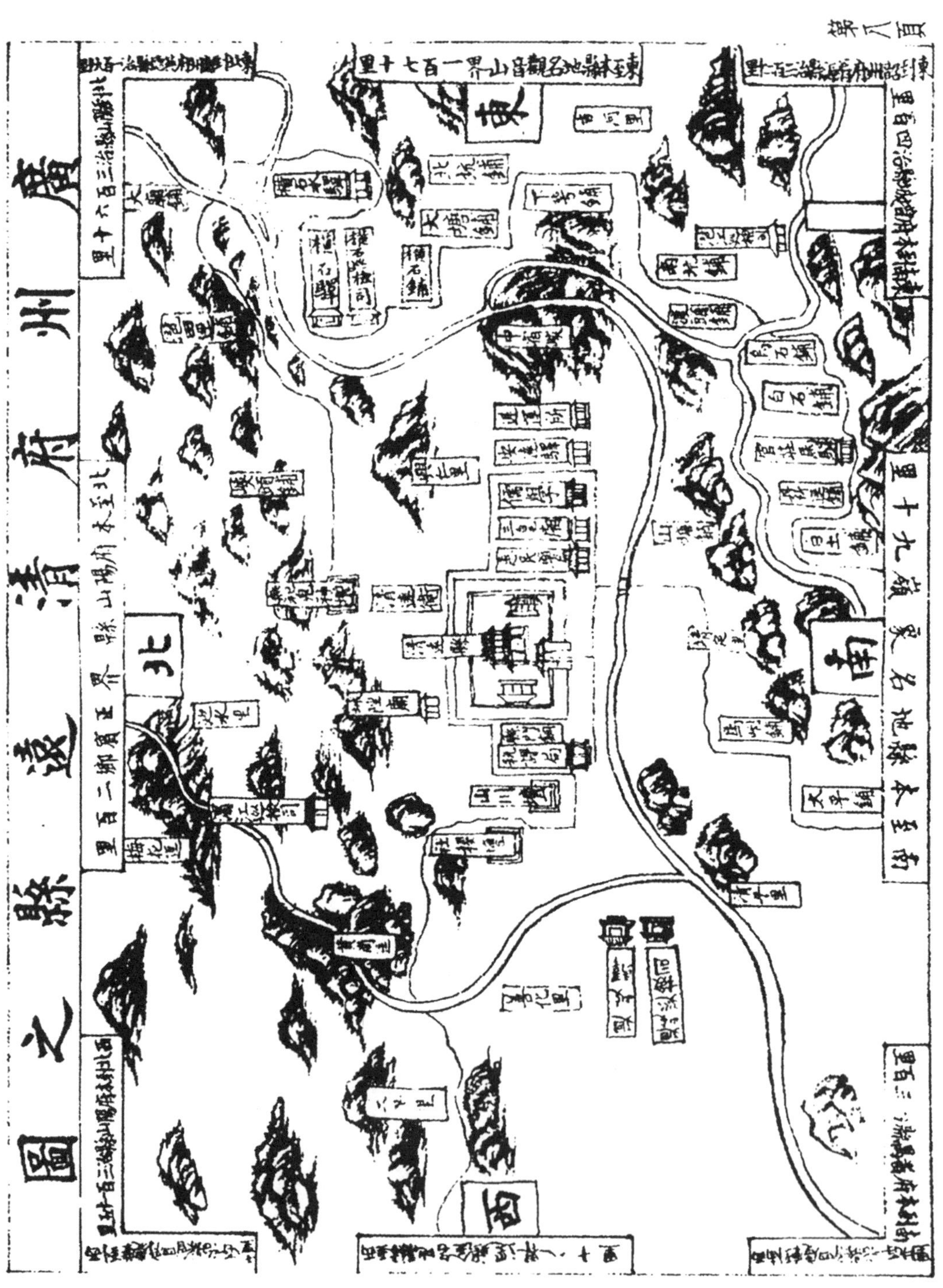

图1 明代《永乐大典》广州府清远县之图

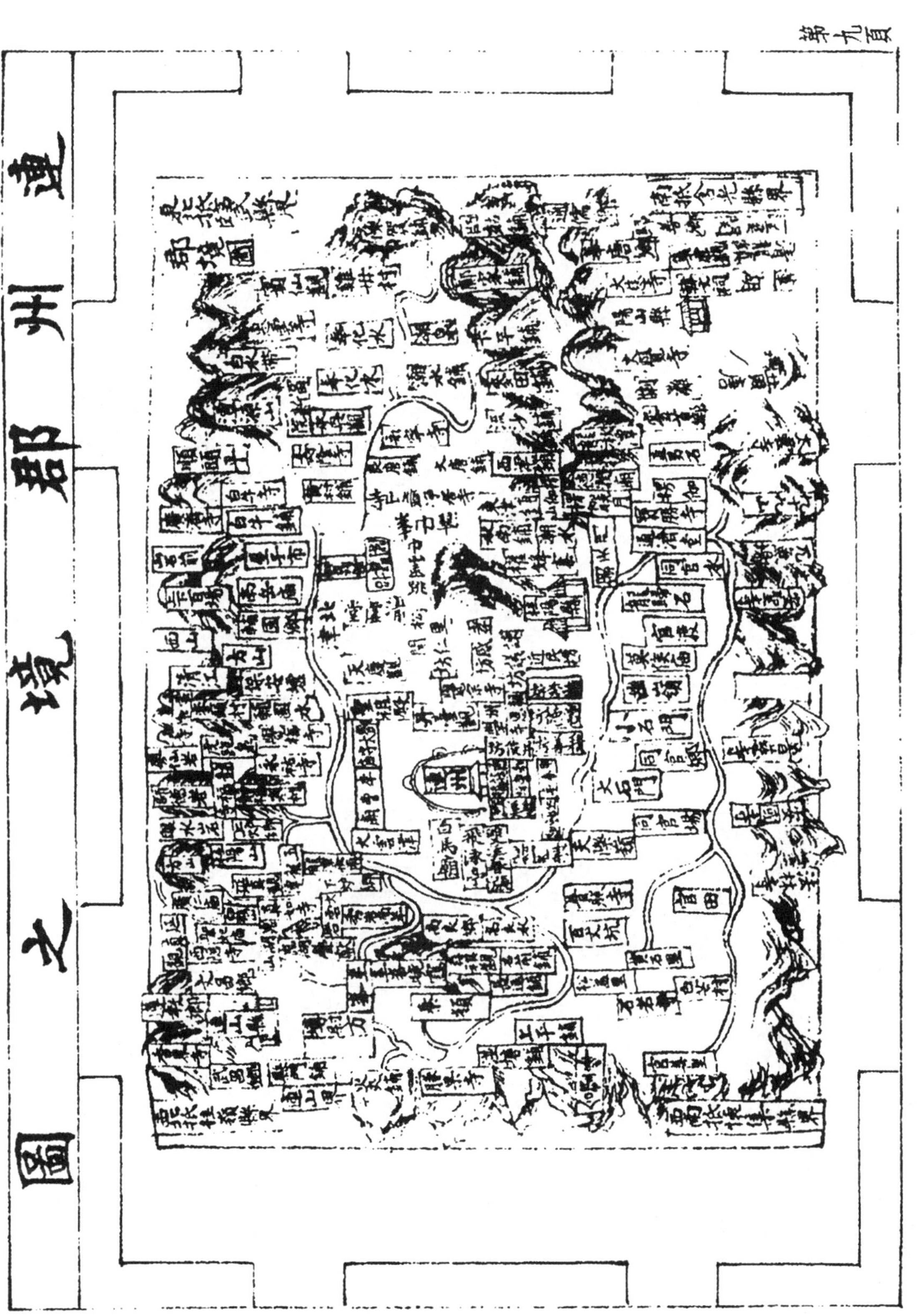

图2 明代《永乐大典》连州郡境之图

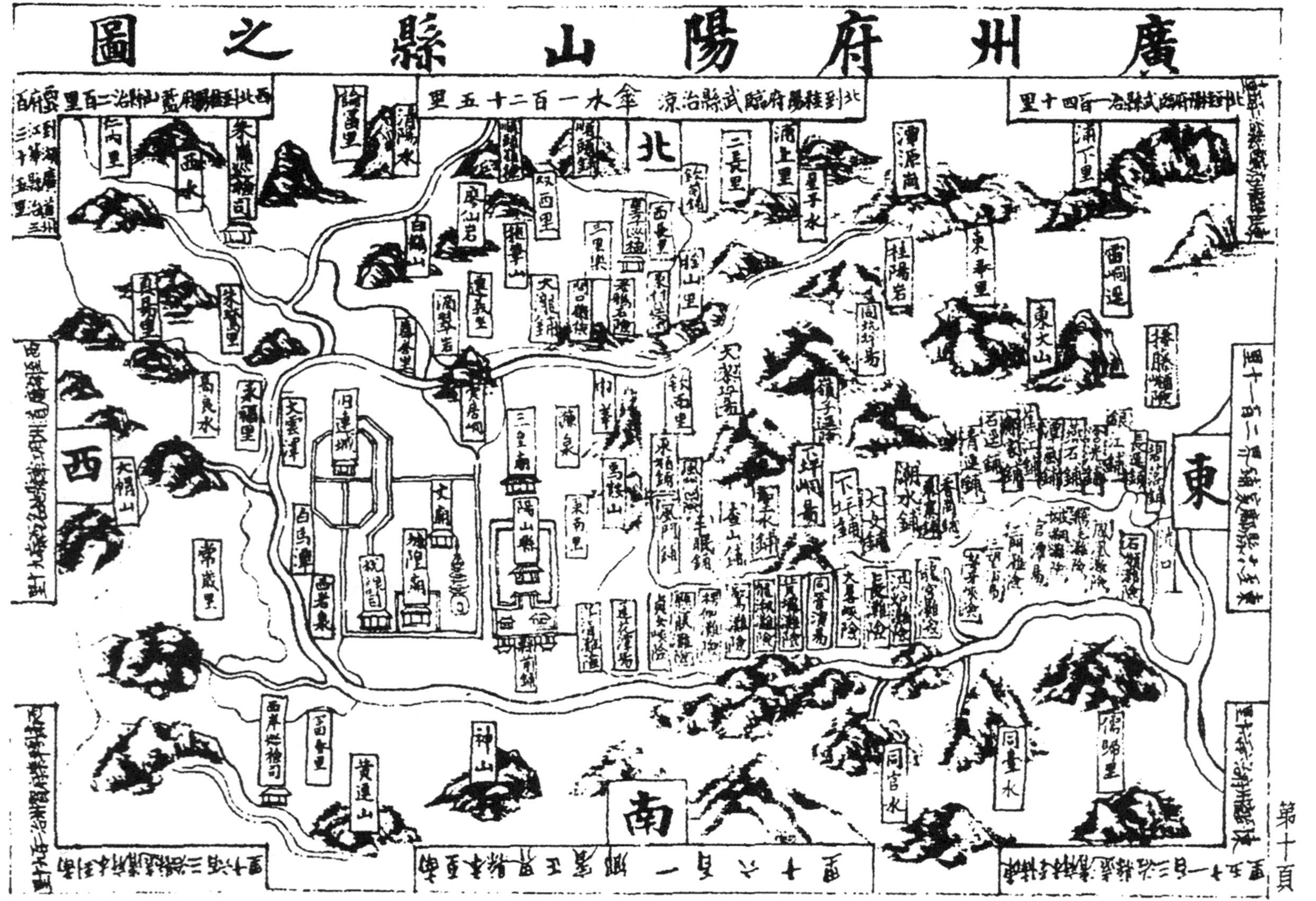

图3 明代《永乐大典》广州府阳山县之图

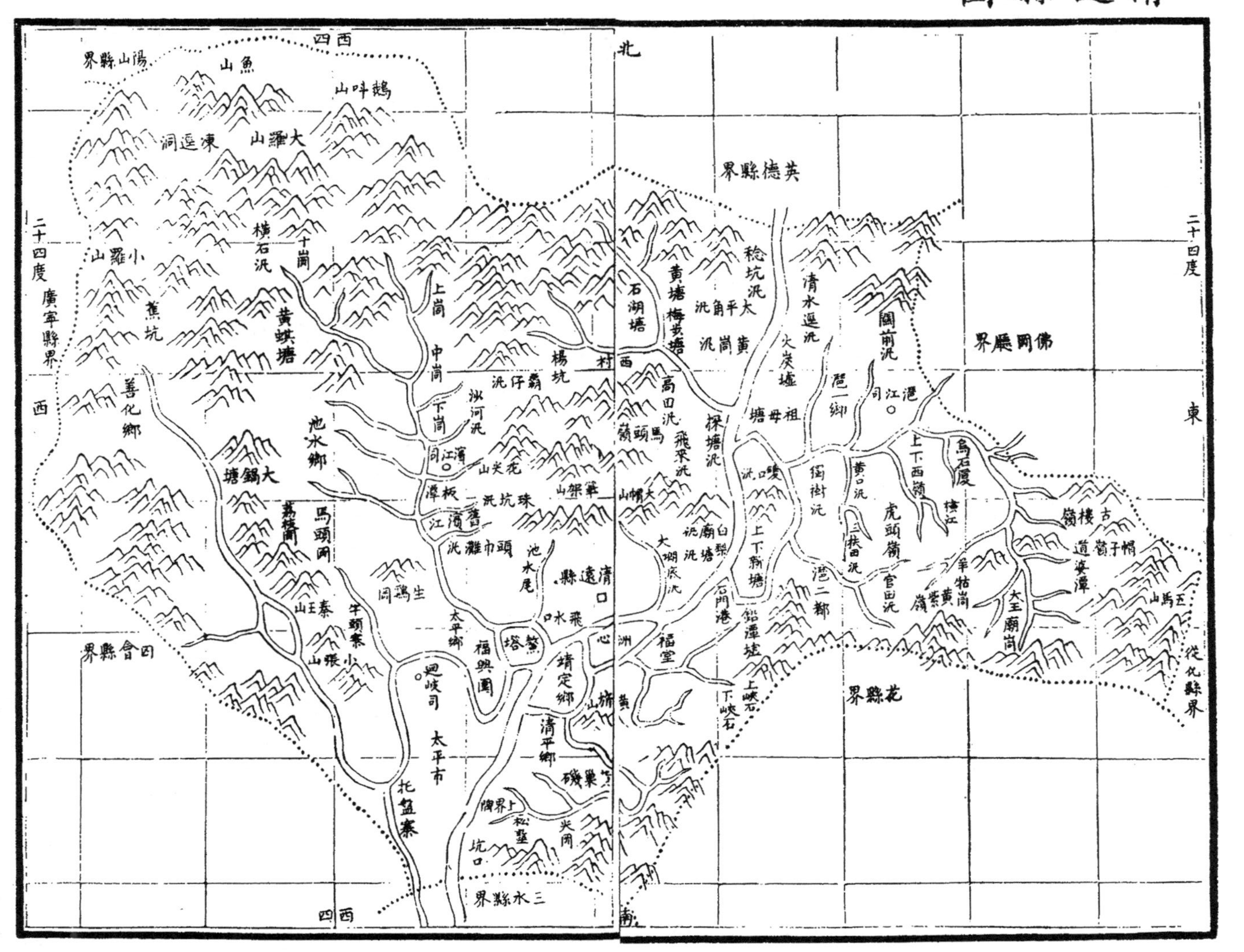

图4 清代道光二年《广东通志》清远县图

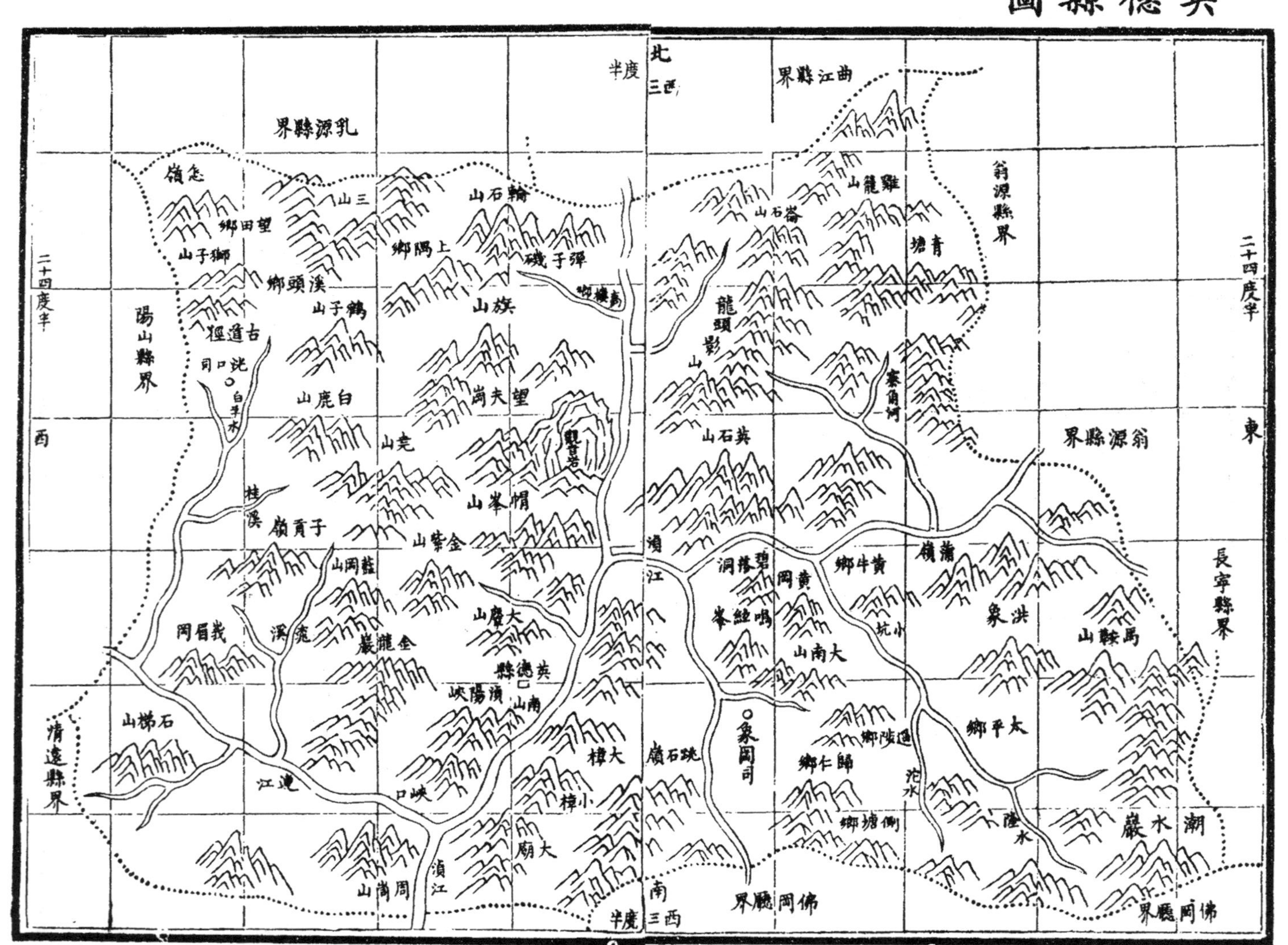

图5 清代道光二年《广东通志》英德县图

图6 清代道光二年《广东通志》连州总图

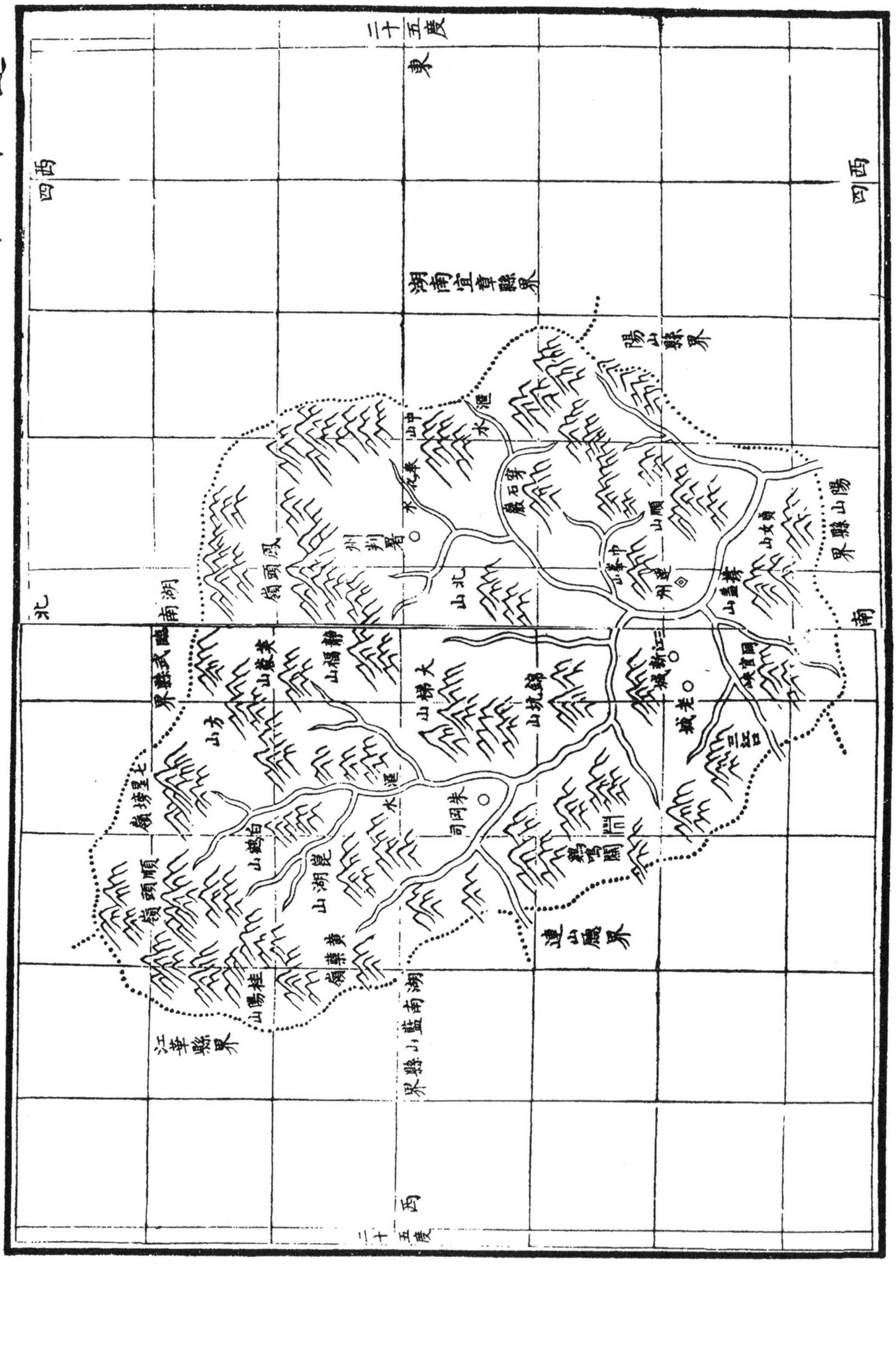

图7 清代道光二年《广东通志》连州图

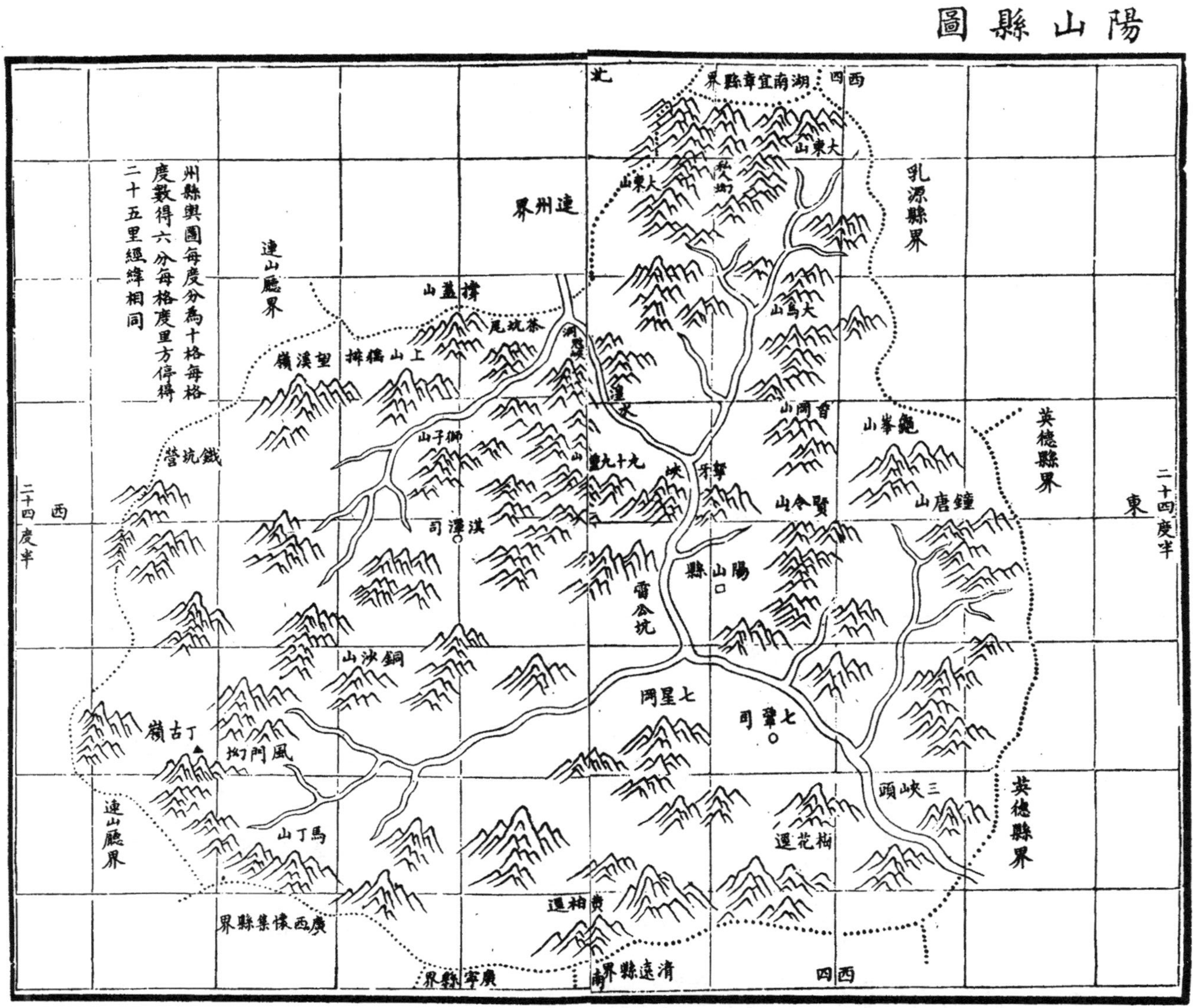

陽山縣圖

图8　清代道光二年《广东通志》阳山县图

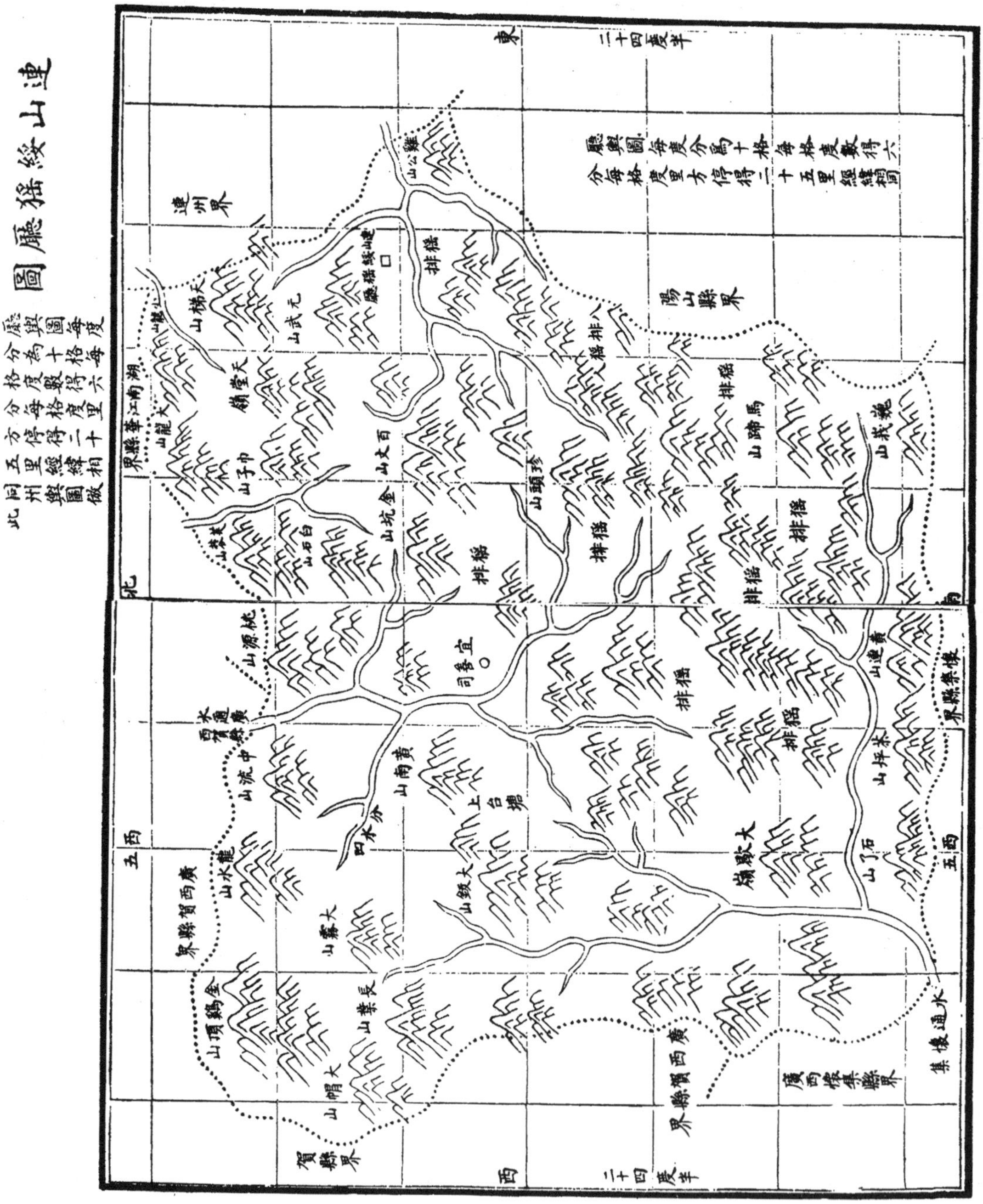

图9 清代道光二年《广东通志》连山绥瑶厅图

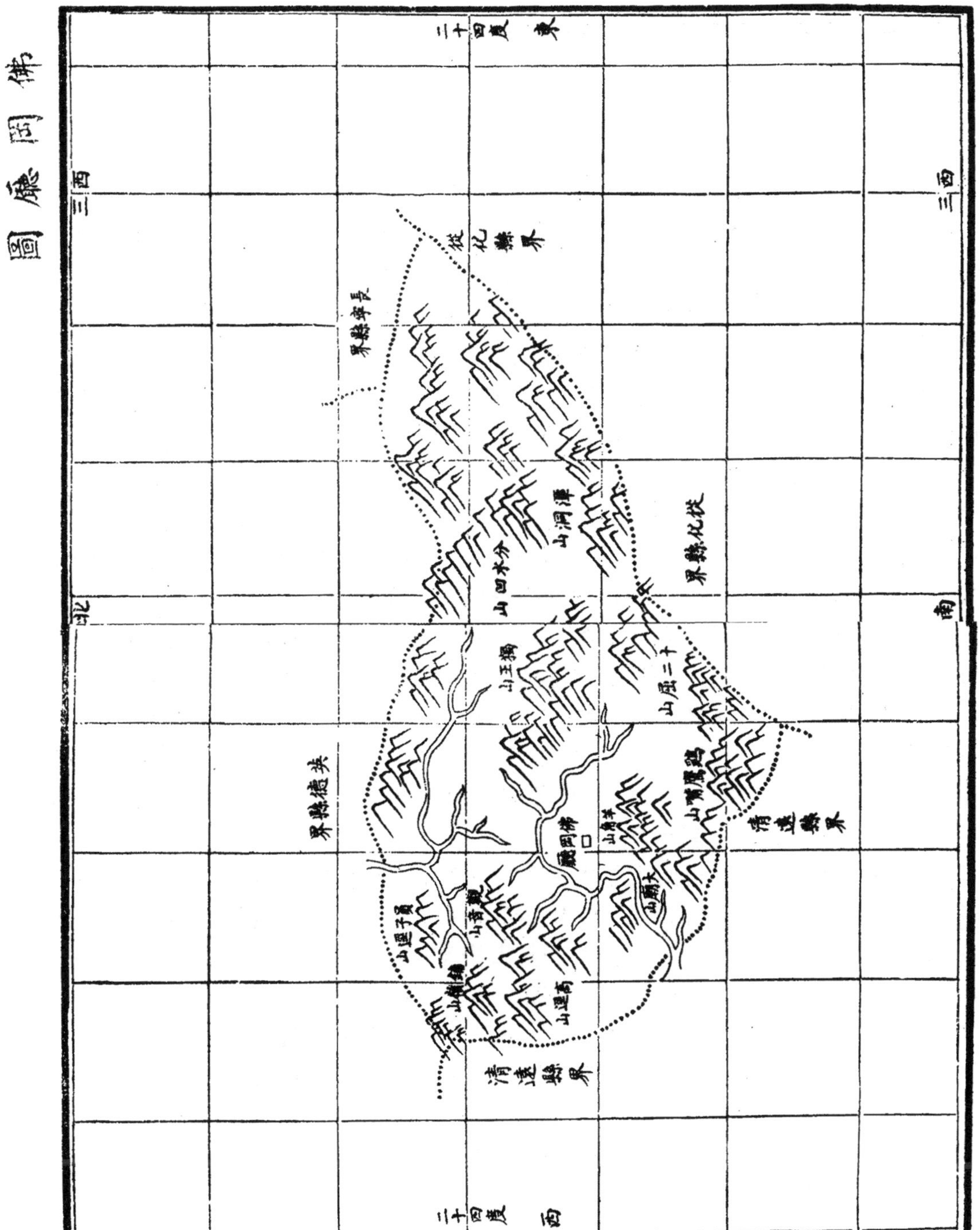

图10 清代道光二年《广东通志》佛冈厅图

后 记

在明清史料中寻章摘句，以挖掘和梳理与清远相关的内容，回溯一个时期的地方文化发展记忆，系笔者近几年从事的主要工作。本书是继 2018 年《明清时期清远县舆图及图说辑录》出版之后，又一项阶段性成果。

笔者从事清远地方志工作已有八年，在整理方志和撰写研究性论文的过程中，常囿于历史文献匮乏、史料碎片化等瓶颈，阻滞工作进展。求问同行师友，知悉他们也常面临“巧妇难为无米之炊”的困境。从更广阔的历史文献中打捞关于清远的记载，补方志之不足，也成为亟须解决的问题。

有感于此，自 2014 年起，笔者从《明实录》和《清实录》中寻找原清远县的相关内容，辑录了四万余字。受此激励，又将范围扩展到现今清远全市范围（包括清城区、清新区、英德市、连州市、佛冈县、连山壮族瑶族自治县、连南瑶族自治县、阳山县）。这些文字便构成了本书的主体内容。

从事史料辑录工作是枯燥而艰涩的。从卷帙浩繁又没有标点的古籍中逐字逐句地爬梳，没有捷径可言，笔者也每每陷入“大海捞针”之苦。但也不乏欣悦之事。如对于方志中“只见树木不见森林”的事件，作为明清两代宫廷档案的《明实录》和《清实录》，其记载可见来龙去脉，两相对应，恰可还原历史事件更完整、更清晰的脉络。也是在此过程中，笔者根据其中关于清远地区的记载，结合地方志，撰写了两篇小论文作为附录，以供参考。

本书在编辑过程中，得到了暨南大学中国文化史籍研究所陈广恩教授的指导和鼓励，以及高弘泽、刘烁伟两位硕士研究生的协助和支持，得以去谬存真、拾遗补阙，在此真诚致谢！同时，感谢清远市档案馆给予包容的平台、潜心研究的空间，感谢清远市史志办及相关文史专家的热忱襄助！

由于笔者学识阅历有限，书中难免有疏漏或不够严谨之处，有些论述较为粗浅，仍需不断完善，在此欢迎各位读者朋友批评指正，并恳请各位专家学者不吝赐教！

未来，笔者将继续在各类历史文献中挖掘清远元素，为打捞历史沉淀、丰富地方记忆尽绵薄之力。

钟洁华
2022 年 9 月